그동안 세계 신학계에서 그리스도론 연구의 대세는 사회정치적, 경제적 측면에서 역사적 예수의 모습을 드러내는 작업이었다. 이와 관련해 수많은 저서와 논문이 출간되었다. 그중 대표적인 것이 예수를 민중의 사회정치적 해방자로 파악하는 남미의 해방신학과 한국의 민중신학이었다. 이 같은 관점은 종래의 교의학적 범주를 벗어나 예수를 사회정치적, 경제적 측면에서 파악함으로써 오늘 우리의 구체적 현실과 연결해주는 장점을 보이는 동시에, 예수가 자신의 "아버지"라고 불렀던 하나님과의 관계에서 그의 존재와 사역을 총체적으로 파악하지 못하는 약점을 드러낸다. 백충현 교수의 이 책은 현대 그리스도론의 이 같은 약점을 극복하고 삼위일체론에 기초하여 예수를 총체적으로 파악하고자 한다. 이 책은 하나님과 창조세계를 잘 연결하는 창조주(성부) 중심주의, 그리스도에 대한 신앙과 열정을 강화하는 구속주(성자) 중심주의, 교회 중심의 삶과 신령한 은사를 강조하는 동시에 사회적, 역사적, 우주적 차원에서 하나님의 구원의 완성을 추구하는 완성주(성령) 중심주의의 삼위일체론적 기초에서 예수의 존재와 사역을 총체적으로 파악하는 뛰어난 저서다.

김균진 연세대학교 명예교수

그리스도인은 때와 장소를 불문하고 "예수란 누구인가"를 한결같이 고민해왔다. 이것은 모든 신자의 실존적 고민이자 교회의 정체성을 구성하는 문제이며, 세계 역사를 바꿔왔던 결정적 질문이다. 그런 이유에서 그리스도론의 의미와 역할을 찾아가는 선구적이고 도전적인 작업은 언제 어디서나 요구되어왔다. 『삼위일체중심주의 기독론』은 최근 국내에서 출간된 기독론 관련 서적 중 단연 돋보이는 작품이다. 저자는 자의적인 신학적 원리를 만드는 대신, 삼위일체중심주의적으로 사유함으로써 각 교리의 강점을 최대화하고 약점을 최소화하면서도 교리 간의 조화를 이끌어내는 일에 탁월함을 보여준다. 기존의 기독론 작업이 1세기 역사와 계시의 신비, 파토스와 로고스, 인격과 사역, 경륜과 내재 사이에 갇히곤 했다면, 이 책은 이러한 고질적 대립을 넘어서는 길을 지혜롭게 제시해준다. 이로써 내용이 더할 나위 없이 풍성하고, 이론적으로 탄탄하며, 실천적 지향점이 뚜렷한 통전적 기독론이 한국 독자에게 주어지게 되었다. 한마디로 예수 그리스도의 현대적 의미를 찾아 헤매다가 말라버린 가슴을 시원히 적셔주는 책이다.

김진혁 횃불트리니티신학대학원대학교 조직신학 부교수 그리스도인인 우리가 성부와 성자와 성령의 이름으로 세례를 받은 것은 분명하나, 사실상 우리는 일상적인 경건과 삶에서 부지불식간에 삼위일체론이 아니라 각 위를 고립시키는 유니테리언주의(일위일체론)에 빠질 여지가 다분하다. 더욱이 이 같은 현실에서는 삼위일체론이 없다고 해도 기독론에 결정적인 변화를 초래하지도 않을 것이다. 이러한 상황을 직시한 저자는 이를 타개하기 위해 삼위일체 조직신학을 제안하고 구체적으로 "삼위일체중심주의 기독론"을 시도한다. 저자는 계시의 신비이시고, 파토스와 로고스의 결합이신 예수 그리스도의 모습을 앞세우면서 인격과 사역을 통합하는 관점에서 그분의 정체성에 접근하는 한편, 여기에 경륜과 신학의 순환이라는 관점을 덧붙여 삼위일체론적으로 기독론을 정립한다. 박사학위 논문부터 시작하여 삼위일체론을 신학의 중심으로 삼아 활발한 신학 작업에 매진하는 저자가 성경과 교회사의 흐름에 발맞추어 실질적인 경건서로 제시하는 본서가 독자들을 믿음의 본류로 인도해주리라 확신하며 일독을 권한다.

유해무 고려신학대학원 은퇴교수

백충현 교수는 삼위일체론 연구에서 독보적 역할을 감당하고 있는 한국의 대표적 조직신학자 가운데 한 사람이다. 이 책은 성경의 그리스도가 누구이시며 어떤 일을 하시는지를 삼위일체론에 비추어 설명한다. 성경이라는 자료에 충실한 동시에 삼위일체신학이라는 내용을 풍부하게 펼쳐내는 책이다. 성경신학과 조직신학 간의 상호존중과 대화의 결과이기도 하다. 무엇보다 저자는 삼위일체신학의 관점에서 이해하는 기독론이 오늘날 그리스도인의 삶에 어떤 의미로 다가올 수 있는지를 고민했다는 점에서 실천적 조직신학자의 면모를 보인다고 할 수 있다. 앞으로 삼위일체중심주의 성령론, 삼위일체중심주의 교회론 등의 후속작들을 기대하게 하는 책이기도 하다. 성경적이면서 실천적인 기독론을 맛보고자 하는 모든 사람에게 일독을 권한다.

이경직 백석대학교 조직신학 교수

이 책은 삼위일체신학의 권위자 백충현 교수의 새로운 저서다. 백충현 교수는 삼위일체중심이라는 신학적 접근을 통해 현대적 상황에서 그리스도론을 재구성한다. 구체적으로 계시의 신비, 파토스와 로고스의 결합, 인격과 사역의 통합, 그리고 경륜과 내재의 순환을 중심으로 예수 그리스도의 다양한 측면을 깊이 있게 다루고 있다. 특별히 그의 저서가 오늘을 사는 한국의 그리스도인들에게 필요한 이유는 그리스도의 섭리적 현존과 구원을 교회 내적인 차원과 개인 영혼의 차원에서만 이야기하지 않고, 우주 만물을 지으신 창조주이시자 구원자로서의 정체성 안에서 이야기하고 있기 때문이다. 이러한 백충현 교수의 통전적 그리스도론은 인류의 역사 안에서 섭리적 행동을 통해 당신의 구원을 이루어가고 계시는 하나님의 역사를 그리스도론의 맥락에서 파악하는 데 큰 깨달음을 제공한다. 그러므로 이 저서는 신학자뿐만 아니라 폭넓은 독자들에게도 예수 그리스도의 신앙적, 문화적, 윤리적 중요성을 재인식시키는 데 크게 이바지할 것이다.

정대경 연세대학교 연합신학대학원 부교수

이 책은 기독교의 정체성을 규정하는 삼위일체 교리를 중심으로 기독론을 쉽고도 명료하게 소개하는 훌륭한 신학교육 교재다. 친절한 용어 설명과 명쾌한 글쓰기로 가독성이 높기 때문에 신학에 첫발을 내딛는 신학도들에게 매우 유용한 가이드가 될 것임에 틀림없다. 더욱이 통합적이고도 균형 있는 신학적 접근을 통해, 전통적 교리의 건전한 수용과 그에 대한 현대적 적용이라는 두 마리의 토끼를 다 잡고자 하는 시도가 권장할 만하다. 무엇보다 이 책의 최대 강점은 예수 그리스도에 대한 성경의 증언을 충실하게 다루고 있다는 점이다. 그리하여 성경신학적인 조직신학의 뛰어난 모범을 보여준다. 신학교육에 종사하는 한 사람으로서 이처럼 본질에 충실한 좋은 교재가 출판된다는 것이 매우 기쁘며, 환영하는 마음으로 추천하는 바이다.

한상화 아신대학교 조직신학 교수

삼위일체중심주의 기독론

예수 그리스도의 현대적 의미

삼위일체 중심주의
기독론

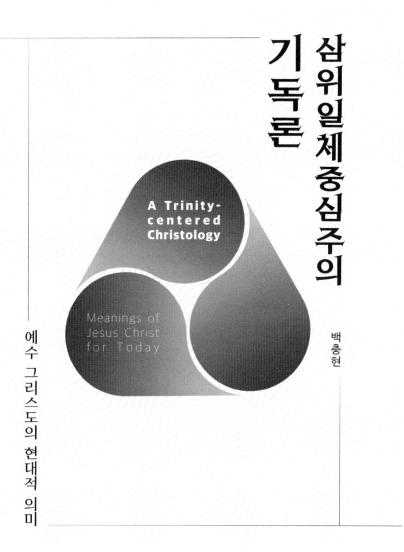

A Trinity-
centered
Christology

Meanings of
Jesus Christ
for Today

백충현

예수 그리스도의 현대적 의미

새물결플러스

이 저서는 2024년 순교자 김상현목사

가족기념석좌기금의 지원으로 수행된 연구임

목차

일러두기

- 본서에서 성경구절은 한글성경 개역개정을 사용한다. 본문의 의미를 명확히 드러낼 필요가 있을 경우에 표준새번역을 사용한다.

- 본서에서 영어성경은 기본적으로 NIV(New International Verson)를 사용하되, 원문의 의미를 더 분명히 드러내는 경우에 KJV(King James Verson)를 사용한다.

- 본서에서 히브리어, 그리스어, 아람어 등등 성경 원어는 바이블웍스(Bibleworks)를 바탕으로 하며 본문 안에서 필요에 따라 한글 또는 영어와 함께 표기한다.

머리말

본서는 삼위일체적 기독론을 추구하는 책으로 삼위일체중심적 신학(A Trinity-centered Theology), 즉 삼위일체중심주의(Trinity-centrism)의 관점에서 예수 그리스도에게 접근하는 시도다. 저자는 그동안 믿음의 여정에서 성경의 하나님이 과연 누구이신지를 알고자 달려오고 있으며, 이 과정에서 삼위일체 하나님을 조금씩 알아가며 삼위일체신학의 틀에서 여러 책과 많은 학술지를 통해 신학적 작업을 진행하여 오고 있다. 이러한 작업의 일환으로 삼위일체적 기독론과 삼위일체적 교회론을 시도하고자 구상하고 있었다.

그러던 중 장로회신학대학교 2024년 순교자 김상현목사 가족기념 석좌기금의 연구지원사업에 선정됨으로써 이러한 구상을 본격적으로 구체화할 수 있는 계기가 마련되었다. 이 연구프로젝트를 진행하는 동안 두 권의 책 집필에 집중할 수 있어서 참으로 큰 힘과 도움이 되었다. 책 집필을 위해서는 주제와 관련된 많은 고민과 여러 개념적, 논리적 혼동들이 뒤섞인 미로 속에서 헤맨다. 그러한 가운데서도 꾸준히 헤아리며 계속 길을 찾아 나가는 집중과 끈기가 필요한데 이 연구프로젝트가 아니었다면 제대로 나아가지 못하였을 것이다.

본서는 이번 연구프로젝트의 첫 번째 책에 해당되는 것으로 삼위일체중심주의 기독론을 추구하는 시도다. 지난 여러 해 동안 기독론 수업을 진행하면서 삼위일체신학을 바탕으로 하는 기독론 교재가 필요함을 계속 절감하여왔는데 이번 기회에 본서를 집필하고 출판할 수 있어서 삼위일체 하나님께 감사와 찬양과 영광을 돌린다.

물론 본서는 신학적으로 여전히 많은 부족함이 있다. 조직신학 분야에서 나온 기존의 여러 기독론 책들과는 달리 본서는 명시적으로 삼위일체중심적 신학, 즉 삼위일체중심주의라는 신학적 틀과 방향을 제시한다는 점에서 창의적이며 새로운 의의를 지닌다. 그렇지만 그러한 신학적 틀과 방향 안에서의 정합적 체계성과 엄밀한 전개성은 최종적인 완성이라기보다는 여전히 하나의 실험적인 시도다. 이러한 점에서 저자의 신학적, 학문적 역량이 여전히 부족함을 절실히 느끼고 있다. 그렇지만 서툴고 설익은 모습이라도 이렇게라도 시도하지 않는다면 다음 단계로 한 걸음도 내디딜 수 없기에 용기를 내어본다. 앞으로 계속되는 작업들을 통해 더욱 숙성시켜 완성해 나가고자 한다.

본서는 조직신학 분야에서 삼위일체중심주의 기독론을 추구하는 시도로서 다음과 같은 방법론적 특징들을 지닌다. 본서는 자료에 있어서는 성경적이고 내용에 있어서는 삼위일체신학적이다. 본서는 성서학에서의 다양한 논의들과 학문적 성과들을 참고하되 체계와 전개에 있어서는 조직신학적이다. 또한 본서는 하나님의 말씀으로 영감된 성경에서 기록되고 증언되는 대로의 예수 그리스도의 계시성, 역사성, 사실성, 확실성을 진지하게 받아들이되 그것들이 신앙과 삶에 어떤 연관성과 의미성이 있는지에 더 많은 관심을 가짐으로써 영성적이며 실천적이고자 한다.

삼위일체중심주의 기독론을 추구하는 시도로서 본서는 다음과 같이 네 가지 중요한 내용적 특징들을 지닌다. 첫째, 계시의 신비/비밀이 예수 그리스도이심을 강조한다. 둘째, 파토스(pathos)와 로고스(logos) 의 결합으로서의 예수 그리스도의 모습을 강조한다. 셋째, 예수 그리스도의 정체성(identity)을 인격(person)과 사역(work)의 통합이라는 관점으로 접근한다. 넷째, 경륜(오이코노미아, oikonomia)과 내재(테올로기아, theologia)의 순환이라는 관점에서 예수 그리스도에게 접근한다.

본서의 내용 중 몇몇 부분은 기존의 연구에서 논의되었거나 어렴풋이 개요적으로 제시된 것들을 조금 더 발전시키고 다듬고 체계화시킨 것들이다. 특히 2023년 가을 연구학기 중 작업하여 2024년 초에 출판하였던 『성경의 키워드로 풀어가는 신학세계 – 삼위일체 조직신학 개요』(서울: 새물결플러스, 2024)에서 삼위일체 조직신학 개요의 형태로 제시된 내용, 특히 "태초"(아르케), "경륜"(오이코노미아), "고난"(파토스), "신비"(뮈스테리온), "영성"(프뉴마티) 등에 관한 내용이 본서의 뼈대와 중추를 형성하는 데 큰 도움이 되었다. 물론 본서의 현재의 내용이 온전히 완성되려면 앞으로 더더욱 확장되고 심화하고 숙성되어야 할 필요가 있다.

아울러 본서의 삼위일체중심적 신학의 틀과 방향의 설정은 2009년 박사학위논문으로 빛을 보았고 이후 영문출판 및 한글번역으로 소개되었던 『내재적 삼위일체와 경륜적 삼위일체 – 현대 삼위일체신학에 대한 신학·철학의 융합적 분석』(서울: 새물결플러스, 2015), 『남북한 평화통일을 위한 삼위일체적 평화통일 신학의 모색』(서울: 나눔사, 2012), 그리고 그동안 삼위일체신학과 관련하여 작성된 학술지 논문들을 모아서 편집하여 출간되었던 『삼위일체신학의 핵심과 확장 – 성경·역사·교회·통일·사회·설교』(서울: 장로회신학대학교출판부, 2020)와 『삼위일체신학의 핵심과 확장 II ─ 인간·복음·세계·선교·평화·과학』(서울: 장로회신학대학교출판부, 2024)을 비롯한 여러 저술들에서 논의되고 제시된 내용을 바탕으로 한다.

본서는 신학대학교 및 신학교에서 기독론 수업을 듣는 학생들에게, 그리고 신학에 입문하면서 예수 그리스도에게 집중하는 기독론에 관심을 기울이는 성도들에게 어느 정도 도움과 유익을 주리라 기대한다. 특히 성경과 신학의 관계 또는 신학과 신앙의 관계에 관해 진지하게 생각하는 신앙인들의 고민을 조금이라도 해소해주어 신학적인 여정을 계속 지속하는 데 도움이 되기를 바란다.

본서에서 저자 나름의 방법론을 새롭게 만들어 제시하려고 하였으나 여전히 부족한 부분들이 많이 있고 그것들은 오로지 저자의 한계다. 그렇지만 주님을 얼굴과 얼굴로 대면하여 밝히 더 온전히 알 수 있을 때까지 앞으로 지속적인 연구를 통해 더 보완하고 다듬어 나가고자 다짐한다.

출판계의 상황이 어려움에도 이 책의 출판을 선뜻 결정해주신 새물결플러스 김요한 대표와 실무를 맡아주신 출판사 모든 담당자께 진심으로 감사드린다.

I.

서론:
연구방법론

1. 삼위일체중심주의 신학을 위한 제안[1]

1) 도입

아돌프 폰 하르나크(Adolf von Harnack, 1851-1930)는 삼위일체교리가 "복음의 헬라화"(the Hellenization of the Gospel)를 보여주는 가장 대표적인 사례 중 하나라고 주장한다. 그러면서 그는 삼위일체 교리를 알맹이를 안에 포함하고 있는 껍질로서 간주한다.[2] 그는 이러한 주장의 전제조건으로 "신학은 무수한 요인들에 의존하며 무엇보다도 시대의 정신에 의존한다"라고 진술하며, 또한 "교리들은 신학의 산물이지 그 역은 아니다. 당연히 시대의 신앙과 대체로 일치하는 신학의 산물이다"라고 진술한다."[3] 이렇게 해서 그는 신학과 교리가 그리스 문화와 철학에 의존함을 강조한다. 하르나크의 입장은 특히 신학/교리와 문화/철학 사이의 관계를 고려할 때 이해될 수 있다.

그러나 하르나크의 입장은 신학/교리와 문화/철학 사이의 상호작용들에 관한 일방적이고 과도한 강조 또는 과도한 단순화다. 야로슬라프 펠리칸(Jaroslav Pelikan, 1923-2006)은 신학과 교리는 그리스 문화와 철학에 일방적으로 영향을 받지 않는다고 주장한다. 오히려 교회는 그리

---

1   본서의 I장 1절은 다음의 영어논문을 번역한 것이다. Chung-Hyun Baik, "H. Richard Niebuhr's Suggestion Reconsidered: Towards Trinitycentrism as a Trinity-centered Theology (리차드 니버의 제안의 재고찰: 삼위일체-중심적 신학으로서의 삼위일체중심주의를 향하여)," *Theology Today* Vol. 81 No. 3 (October 2024): 204-213.

2   Adolf von Harnack, trans. Neil Buchanan, *History of Dogma* Vols. I-VII (New York: Russell & Russell, 1958).

3   위의 책, I. 9.

스 문화 및 철학과 상호작용할 것을 추구하며 신학과 교리를 형성하는 과정에서는 그리스 문화와 철학을 여과할 것을 추구한다.[4] 그는 다음과 같이 진술한다.

> 문자 그대로의 "헬라화"(Hellenization)는 정통 기독교 교리에서 발생했던 과정을 가리키기에는 지나치게 단순화되고 적절하지 않은 용어다. 그럼에도 불구하고 정통 기독교 교리는 언어에서 및 때때로 개념들에서 이교 사상을 이해하고 극복하려는 자신의 분투의 흔적들을 여전히 지니고 있음이 사실이다. 그래서 (고대의 무지한 세대들을 포함하여) 교회의 나중 세대들이 교회 교리에서 함께 물려받았던 것들에는 그리스 철학이 또한 적지 않게 포함되어 있었다.[5]

그리고 펠리칸은 또한 다음과 같이 지적한다. "삼위일체교리는 예전 안에 간직되어 있으며, 또한 성경을 바르게 읽는다면 성경 안에 기록되어 있다."[6] 이렇게 해서 그는 삼위일체교리는 그리스 문화와 철학과 적극적으로 만나며 상호작용한다고 하더라도 독특한 기독교적 정체성을 여전히 간직하고 있다고 주장한다.

---

4   Jaroslav Pelikan, *The Christian Tradition: A History of the Development of Doctrine: Vol.1 The Emergence of the Catholic Tradition (100-600)* (Chicago: The University of Chicago Press, 1971).

5   위의 책, I. 45.

6   위의 책, I. 223.

2) 니버의 제안의 재고찰

교회사에서 삼위일체교리는 인정과 평가에서 수많은 부침을 겪었다. 그럼에도 불구하고, 삼위일체교리는 기독교적 독특성과 그 잠재적 함의성을 계속 지니고 있다. 특히 20세기에 칼 바르트(Karl Barth, 1886-1968)는 삼위일체교리가 지니는 기독교적 독특성을 인정하며 다음과 같이 진술한다.

> 삼위일체교리는 기독교적 신론을 기독교적으로 기본적으로 구별해주는 것이고, 또한 그러므로 기독교적 계시개념을 기독교적으로 이미 구별해주는 것이다. 이러한 기독교적 신론과 계시개념은 모든 다른 가능한 신론들 또는 계시개념들과는 대조된다.[7]

그리고 리차드 니버(H. Richard Niebuhr, 1894-1962)는 1946년에 출판한 자신의 논문에서[8] 삼위일체교리는 "하나님에 대한 전체 교회의 신앙의 공식적 표현으로서의 에큐메니칼신학에 대해 큰 중요성을 지닌다"[9]라고 주장한다.

그러나 니버에 따르면 삼위일체교리는 교회사에서 항상 올바르

---

7   Karl Barth, trans. Geoffrey W. Bromiley. *Church Dogmatics* (Edinburgh: T&T Clark, 1975), I. 1. 301. 이후로 *Church Dogmatics*로 표기함.

8   H. Richard Niebuhr, "The Doctrine of the Trinity and the Unity of the Church," *Theology Today* Volume 3 Issue 3 (October 1946): 371-384. 이 논문은 1983년에 다음과 같이 재인쇄되었다. H. Richard Niebuhr, "Theological Unitarianisms," *Theology Today* Volume 40 Issue 2 (July 1983): 150-157.

9   위의 논문, 372.

게 해석되어 왔던 것은 아니었다. 니버는 삼위일체교리가 다신론이 된 것은 아니지만 실제로는 "세 유니테리언 종교들이 느슨하게 함께 묶인 연합이 되는 가능성이 더 크다"[10]라고 지적한다. 그런 다음에 그는 세 유니테리언주의들을 "성부 또는 창조주의 유니테리언주의"(the Unitarianism of the Father or the Creator),[11] "예수 그리스도 또는 성자의 유니테리언주의"(the Unitarianism of Jesus Christ or the Son),[12] "성령의 유니테리언주의"(the Unitarianism of the Spirit)[13]로 구별한다. 또는 그는 세 종교를 "창조주의 종교"(the religion of the Creator),[14] "예수 그리스도의 종교"(the religion of Jesus Christ),[15] "성령의 종교"(the religion of the Spirit)[16]로 구별한다.

　세 유니테리언주의 또는 세 종교 각각에 관하여 간략히 설명한 후에 니버는 그것들 전체를 다음과 같이 평가하여 말한다. "기독교에서 세 유니테리언 경향들은 세 구별된 신들을 이야기하는 세 분리된 종교들을 형성하는 것으로 끝나지 않았다. 부분적인 이유는 그것들이 논리적으로 및 역사적으로 상호의존적이기 때문이다."[17] 니버에 따르면, 각각의 유니테리언 경향 또는 종교는 독립적일 수 없고 다만 다른 둘에 의존적이어야 한다.[18] "모든 경우에 세 입장 중 어느 것도 홀로 설 수 없

10　위의 논문.
11　위의 논문, 373.
12　위의 논문, 374.
13　위의 논문, 377.
14　위의 논문, 380.
15　위의 논문, 382.
16　위의 논문.
17　위의 논문, 379.
18　위의 논문, 381-382.

고 다른 입장들로부터 무언가를 차용하여야 한다는 점은 사실로 보인다. 즉, 세 유니테리언주의가 상호의존적이라는 점은 사실로 보인다."[19]

그런 다음 니버는 결론에서 교회가 삼위일체교리를 일부 교회의 신앙으로가 아니라 전체 교회의 공통의 신앙으로 공식적으로 표현해야 한다고 주장한다. 니버는 이것을 "삼위일체교리의 재진술에 대한 에큐메니칼 접근(ecumenical approach to the restatement of Trinitarian doctrine)"[20]이라고 명명한다. 그렇게 하면서 그는 다음과 같이 제안한다.

> 전체 교회의 삼위일체론은 모든 부분적인 것들에 관한 신앙과 지식 안에 비록 명시적으로 드러나지는 않지만 암시되어 있는 것을 진술하도록 해야 한다. 전체 교회의 삼위일체론은 새로운 과도한 강조의 방식으로써가 아니라 모든 부분적 통찰들과 확신들이 결합되는 종합적인 공식(a synthesized formula)의 방식으로써 전체 중 부분들에 관한 과도한 강조들과 부분성을 교정하도록 해야 한다.[21]

"종합적인 공식"(a synthesized formula)에 대한 니버의 제안은 삼위일체 하나님에 관한 바른 이해를 위해 올바른 방향으로 나아가고 있는 것처럼 보인다.

그러나 아쉽게도 니버는 더 세밀하게 나아가지 않는다. 실제로 그는 그보다 앞서 1941년에 출판한 『계시의 의미』(*The Meaning of Revelation*)

---

19   위의 논문, 383.
20   위의 논문, 383-384.
21   위의 논문, 383.

라는 책에서[22] 예수 그리스도 또는 성령에 대해서보다 성부 하나님에 대해 더 많이 집중하는 성부 하나님 중심적인 신학, 즉 신중심주의(theocentrism)로 나아가는 약간의 경향을 보여준다. 하나님께서 자신을 계시하시는 "신적 자기 드러냄"(divine self-disclosure)을 통한 계시의 의미를 탐구하면서 니버는 "예수 그리스도 안에서 자신을 계시하시는 하나님"에게 집중한다.[23] 니버의 이러한 작업은 바르트의 작업과는 매우 다르다. 바르트는 "하나님께서 자신을 계시하신다"라는 진술 안에 드러난 성서적 계시 개념에 대한 분석을 통해 삼위일체 하나님의 교리로, 즉 "계시자, 계시, 계시됨"(Revealer, Revelation, and Revealedness)으로 나아가기 때문이다.[24]

1989년 사후에 출판되었지만 1940년대 말과 1950년대에 쓰인 다수의 미간행 원고들로 구성된 『지상에서의 신앙 – 인간의 신앙의 구조에 관한 탐구』(Faith on Earth: An Inquiry into the Structure of Human Faith)라는 책에서 니버는 신앙을 깊이 분석하고 신앙의 현상학을 제시한다.[25] 그러나 그는 신앙의 대상인 삼위일체 하나님에 관해서보다는 신앙의 본성과 구조에 더 많이 집중한다. 예를 들어 니버는 신앙의 "삼일체"(a triad)를 발견하지만 여기서 삼일체는 삼위일체 하나님을 직접 가리키지 않고 신앙이 일어날 수 있는 신앙의 구조를 가리킨다. 이러한 구조와 관련하여 니버는 다음과 같이 설명한다.

---

22   H. Richard Niebuhr, *The Meaning of Revelation* (Louisville: Westminster John Knox Press, 2006).

23   위의 책, 80-82.

24   Barth, *Church Dogmatics*, I. 1. 295-312.

25   H. Richard Niebuhr, *Faith on Earth: An Inquiry into the Structure of Human Faith* (New Haven: Yale University Press, 1989).

나(*I*), 너(*Thou*), 그것(*It*)은 하나의 삼일체를 형성한다. 즉, 그것(*It*)에 관한 모든 지식은 자아가 다른 자아들과 맺는 관계에 의존하며 나(*I*)는 또한 그것(*It*)에 대해 직접적인 관계를 지니는 다른 자아들의 공헌들을 이용하지 않고서는 그것(*It*)에 대한 직접적인 지식을 가지지 못한다. 그리고 나(*I*)는 어떤 대상에 대한 관계가 없이 너(*Thou*)와 어떤 직접적인 관계도 가질 수 없는 것처럼 보인다.[26]

게다가 니버는 나-너 관계성(the I-Thou relationship)에 기반하되 이것을 확장하여 제3의 요소를 포함하여 "신앙 공동체의 삼일체적 성격"(the triadic character of faith community)을 발견한다.[27] 그렇지만 여기서도 니버는 삼위일체에 관하여 언급하지 않는다. 단지 그는 신앙의 제3의 요소로서 "초월자"(the Transcendent)를 언급할 뿐이며 더 많이 설명하지 않는다. 그는 다음과 같이 진술한다.

지금까지 우리가 신앙의 구조에 관하여 탐구하였을 때 지평 위로 초월자(the Transcendent)의 신비가 나타난다. 우리의 일상 경험 안에서 신앙의 구조들을 발견하며 우리가 신앙의 구조들을 다루는 때조차도 우리는 자체들을 넘어서 뭔가를 가리키는 실재들을 다룬다. 즉 모든 원인을 넘어서는 어떤 원인을 가리키는 실재들을, 모든 구체적 인격들과 추상적 가치들을 넘어서는 어떤 충성의 대상을 가리키는 실재들을, 보편적 공동체 안에서 우리는 연합시키며 우리에게 신뢰를 의무적으로 요구하는 존

---

26   위의 책, 47.
27   위의 책, 53-54.

재(the Being) 또는 존재의 토대(the Ground of Being)를 가리키는 실재들을 다룬다. 기독교 신앙에 비추어 볼 때 이러한 점은 분명히 그렇다. 우리가 우리의 세계에서 발견하는 신앙의 구조들은 신적인 것들의 그림자들과 이미지들일 뿐만 아니라 궁극적 구조에 참여한다.…내가 확신하는 세 실재가 있는데, 그것은 자아(self), 동료들(companions), 초월자(the Transcendent)다.[28]

이후 니버는 1960년에 현대 문명에 관한 여러 강연을 하였고 이것은 『철저한 단일신론과 서구 문명』(*Radical Monotheism and Western Civilization*)이라는 책으로 출판되었다.[29] 여기서 니버는 성부 하나님과 예수 그리스도 사이의 어떤 내적인 구별을 암시하지만 삼위일체에 관해서는 말하지 않는다. 유일신론(henotheism) 및 다신론(polytheism)과 다른 단일신론(monotheism)을 탐구하면서 니버는 예수 그리스도가 철저한 신앙의 성육신을 대표한다고 여길 뿐이다. 니버에게 예수 그리스도의 성육신은 "철저하게 단일신론적(monotheistic) 신앙이 우리의 역사를 향하여 오는 것"을 의미하고, 또는 "한 분 하나님에 대한 철저한 신뢰를, 그리고 존재의 영역에 대한 보편적 충성을 철저히 인간의 삶 안에서 구체적으로 표현하는 것"을 의미한다."[30] 이러한 의미에서 니버는 예수 그리스도를 "하나님의 아들"(a son of God), "하나님의 말씀"(the word of God), "하나

---

28 위의 책, 60-61.
29 H. Richard Niebuhr, *Radical Monotheism and Western Culture* (Lincoln: The University of Nebraska Press, 1960). 이후로 *Radical Monotheism and Western Culture*로 표기함.
30 위의 책, 37-40.

님의 계시"(the revelation of God)와 동일시한다.[31] 그리고 이러한 계시와 연관하여 니버는 성부 하나님을 제1위격(the first person)이라고 간주한다. 그는 다음과 같이 진술한다. "하나님은 자신을 제1위격(First Person)으로 알려지도록 하신다."[32] 그러나 그는 삼위일체에 관하여 더 상세하게 다루지는 않는다.

이렇게 해서 니버가 삼위일체교리와 관련하여 제안하는 신학적 과제들은 크리스토프 슈뵈벨(Christoph Schwöbel)이 "삼위일체신학의 르네상스"(the renaissance or revival of Trinitarian theology)[33]라고 명명하는 것에 남겨지게 된다. 이것은 전반적으로 세 신적 위격 모두에 대한 동등한 강조를 어느 정도 회복하며 또한 세 신적 위격 사이의 상호적인 관계를 강조한다.

3) 삼위일체-중심적 신학으로서의 삼위일체중심주의를 향하여

그런데 만약 우리가 1946년 논문에서 이루어진 세 유니테리언주의에 관한 니버의 분석을 면밀하게 살펴본다면 신학적 용어들에 관한 그의 선택이 정확하지 않음을 발견할 수 있다. 그리고 니버가 교회사에서 삼위일체교리를 이해하고 표현하는 몇몇 일반적인 경향들을 보여주고 있음에 어느 정도 만족하고 있음을 우리는 발견할 수 있다. 유니테리언주

---

31   위의 책, 40, 42.

32   위의 책, 46.

33   Christoph Schwöbel, "The Renaisssance of Trinitarian Theology: Reasons, Problems and Tasks," in *Trinitarian Theology Today: Essays on Divine Being and Act*, ed. Christoph Schwöbel (Edinburgh: T&T Clark, 1995), 1.

의(Unitarianism)라는 용어는 오직 한 분의 신이 존재함을 전제하더라도 문자적으로 신의 유니테리언적 본성이 있다는 입장을 가리킨다. 오직 한 분의 신이 존재함을 주장하는 견해는 단일신론(monotheism)일 뿐이며 이러한 입장은 오직 한 분의 신 안에 어떤 내적인 구별이 있음을 허용할 수 있다.

실제로 유니테리언주의(Unitarianism)는 단일신론(monotheism)과 동일하지 않다. 단일신론은 자체 안에 한 분 하나님의 삼위일체적 본성을 포함할 수 있다. 니버가 세 유니테리언주의로 말하고자 하는 것은 유니테리언주의 그 자체가 아니라 삼위일체 내의 세 신적 위격 중 각각을 과도하게 강조하고 동시에 다른 두 위격을 최소화하는 몇몇 일반적인 경향들이다. 각각의 일반적인 경향은 삼위일체의 다른 두 신적 위격의 존재를 배제하지 않으며 삼위일체 하나님 안에서 각 신적 위격이 어떤 식으로든 다른 두 신적 위격과 서로 연결되어 있음을 인정한다. 이런 의미에서 니버는 세 유니테리언주의 중 각각은 홀로 설 수 없으며 그 대신에 서로에게 상호의존하고 있다고 또한 주장한다.

이러한 점을 고려하여 우리는 세 유니테리언주의 각각에 대해 "신중심주의"(Theocentrism), "그리스도중심주의"(Christocentrism), "성령중심주의"(Pneumacentrism)와 같은 용어들을 사용하는 것이 더 좋다. 신중심주의는 성부 하나님 중심적 신학 또는 창조주 중심적 신학(a God the Father-centered theology or a Creator-centered theology)을 가리킨다. 그리스도중심주의는 성자 하나님 중심적 신학 또는 구속주 중심적 신학(a God the Son-centered theology or a Redeemer-centered theology)을 가리킨다. 성령중심주의는 성령 하나님 중심적 신학 또는 완성주 중심적 신학(a God the

Holy Spirit-centered theology or a Consummator-centered theology)을 가리킨다.[34] 각각의 중심주의는 삼위일체의 세 신적 위격 각각에 대해 다른 강조를 두고 있음을 보여준다. 그렇지만 다른 두 신적 위격을 배제하는 것은 아니다.

그러면 이제 각 중심주의의 몇몇 주요한 특징들을 살펴보자. 그런 다음에 전체 교회의 공통의 신앙을 위해 이 세 중심주의가 서로에 대해 좀 더 상호의존적이고 상호연관적이 될 수 있도록 만드는 방안을 찾아 보자.

(1) 신중심주의(Theocentrism)

"테오"(theo)는 신을 가리키는 그리스어 "테오스"(θεός, theos)로부터 유래하기에 신중심주의(theocentrism)는 일반적으로 인간중심주의 (anthropocentrism)와 대조되는 개념으로서의 하나님중심주의를 의미한 다. 인간중심주의는 인간이 우주의 중심이라는 주장을 의미한다. 그러 나 기독교 신학 내에서 더 구체적으로 신중심주의는 또한 성부 하나님 중심적 신학(a God the Father-centered theology)을 가리킨다. 말하자면 성자 하나님 중심적 신학(a God the Son-centered theology) 및 성령 하나님 중심 적 신학(a God the Holy Spirit-centered theology)과 구별되는 신학이다. 게다 가 신중심주의는 또한 창조주 중심적 신학(a Creator-centered theology)을

---

34   백충현, 『남북한 평화통일을 위한 삼위일체적 평화통일 신학의 모색』(서울: 나눔사, 2012). 남북한 통일이라는 주제를 다루는 이전의 신학적 저서들과 논문들을 조사하고 분석하면서 이 책은 신학적 세 중심주의들이 있음과 각각에는 강점들과 약점들을 포 함하여 주요한 특징들이 있음을 발견한다. 이후로 『삼위일체적 평화통일 신학의 모색』 으로 표기함.

가리킨다. 왜냐하면 창조의 활동은 전통적으로 창조주로서의 성부 하나님에게 전유되며, 구속의 활동은 구속주로서의 성자 하나님에게, 그리고 완성의 활동은 완성주로서의 성령 하나님에게 전유되기 때문이다.

신중심주의에서 창조주는 온 창조세계, 즉 우주 전체의 만물을 창조하시는 하나님을 가리킨다. 여기서 만물은 그리스어로 판타($\pi\acute{\alpha}\nu\tau\alpha$, panta)이며 라틴어로 옴니아(*omnia*)다. 그러기에 신중심주의는 특별계시를 배제하지는 않는다고 하더라도 특별계시보다는 일반계시에 더 적합할 수 있다. 이러한 방식으로 신중심주의는 하나님과 창조세계를 잘 연결해준다는 강점이 있다. 특히 생태위기의 시대에는 더욱 그러하다. 그리고 신중심주의는 교회가 사회 안에서 공공성(publicness)과 공동선(common good)을 추구할 수 있게 해주는 강점이 있다.

신중심주의는 그리스도인들이 교회 중심적 삶 또는 내세 지향적 삶에 빠지지 않도록 방어해주는 중요한 함의를 지닌다. 더 나아가 신중심주의는 폭넓게 확장될 수 있고 포괄적일 수 있으므로 하나님은 모든 종교가 각각의 방식으로 예배하고자 추구하는 분일 수 있다. 이러한 의미에서 신중심주의는 종교 간 대화를 추구하는 일에 크게 기여할 수 있다.

반면에 신중심주의는 예수 그리스도에 대한 강한 신앙과 예수 그리스도를 향한 뜨거운 열정을 희석할 여지가 있고, 그럼으로써 특별계시, 즉 성령 안에서 예수 그리스도를 통해 드러난 성서적 계시에 토대를 둔 기독교의 독특한 정체성을 약화시킬 우려가 있다. 그리고 이러한 신중심주의는 교회 중심적 삶, 교회 성장, 개인적 경건에 잘 들어맞지 않을 수 있다.

(2) 그리스도중심주의(Christocentrism)

그리스도중심주의(Christocentrism)는 성자 하나님 중심적 신학(a God the Son-centered theology)을 가리킨다. 또한 그리스도중심주의는 구속주 중심적 신학(a Redeemer-centered theology)을 가리킨다. 구속의 활동이 전통적으로 성자 하나님에게 전유되기 때문이다. 하나님의 아들로서의 예수 그리스도의 인격과 사역에 집중적으로 근거하는 그리스도중심주의는 기독교의 독특한 정체성을 확보하고 유지하는 데 강점을 지닌다. 그리고 그리스도인들이 예수 그리스도에 대한 강한 신앙과 큰 열정을 가지기 쉽게 만들어줄 수 있다. 또한 그리스도중심주의는 그리스도인들이 예배, 친교, 봉사, 전도, 선교 등을 통한 교회 중심적 삶을 살도록 격려할 수 있다.

한편 그리스도중심주의는 예수 그리스도에게만 오로지 초점을 둘 수 있다. 그러기에 세상에 대한 관점이 많이 협소해질 수 있다. 만약 그리스도중심주의가 우주적 기독론, 즉 예수 그리스도가 우주의 창조에 참여하고 여전히 활동하고 있음을 확증하는 기독론에 토대를 둔다면, 이러한 기독론은 교회와 그리스도인 모두에게 몇몇 우주적, 역사적, 사회적 관점을 제공할 수 있다. 그러나 그러한 우주적 기독론은 넓게 퍼져 있지 않으며 교회사에서 일부 소규모 신학적 흐름이나 집단들에 제한되어 있다. 대다수 경우 그리스도중심주의는 협소한 기독론(a narrow christology)이 되거나 심지어 예수론(jesusology)이 되는 경향을 보인다. 또한 그리스도중심주의는 협소한 구원론(a narrow soteriology)으로 전개되기도 한다. 협소한 구원론은 그리스도인들로 하여금 오로지 구원에 대한 개인적 확신과 내세 지향적인 삶만을 추구하도록 만든다. 그 결과로 그리스도인들이 지상에서의 하나님 나라의 현재적 차원에 관해 많은 관심을 가지지 못하게 할 우려가 있다.

니버의 분석에 따르면, 철저한 단일신론(radical monotheism)이 유일신론(henotheism)으로 왜곡될 때 그 결과로 "교회 중심적 형태"(Church-centered form)와 "그리스도 중심적 형태"(Christ-centered form), 또는 "교회 중심적 신앙"(church-centered faith)과 "그리스도 중심적 신앙"(Christ-centered faith)으로 나타난다.[35] 전자와 관련하여 니버는 다음과 같이 지적한다.

> 교회를 진리의 근원으로 의존하기에 교회가 도달하는 것은 교회의 가르침이기 때문에 믿어지고 믿어져야 한다.…하나님을 신앙한다는 것과 교회를 믿는다는 것은 바로 동일한 것이다. 하나님에게로 향하는 것과 교회로 전향하는 것은 거의 동일한 것이다. 하나님에게로 나아가는 길은 교회를 통해서다. 이렇게 해서 철저한 단일신론(radical monotheism)으로부터 유일신론(henotheism)으로 미묘한 변화가 일어난다.…하나님과 교회가 아주 동일시됨으로써 "하나님"이라는 단어가 교회의 집단적 대표를 의미하는 것처럼 보인다. 하나님은 교회 안에서 만날 수 있는 분으로 거의 정의된다. 역사는 재해석되어 창조, 심판, 구속에서의 하나님의 위대한 행동들의 이야기가 교회의 역사 또는 "거룩한 역사"(holy history)로 대체된다. 즉 특별한 공동체가 형성되고 구원되도록 하는 특별한 행동들의 이야기로 대체된다.[36]

---

35   Niebuhr, *Radical Monotheism and Western Culture*, 61.
36   위의 책.

게다가 후자와 관련하여 니버는 다음과 같이 지적한다.

예수 그리스도가 확신과 충성을 위한 절대적 중심이 되어 버린다.…여
러 차례 역사에서 및 경건과 신학의 많은 분야들에서 기독교가 그리스
도-숭배(Christ-cult) 또는 예수-숭배(Jesus-cult)로 변형되었을 뿐만 아
니라 그리스도-[신앙](Christ-[faith]) 또는 예수-신앙(Jesus-faith)으
로 변형되어 왔다.…신학이 기독론으로 전환되었다. 그리고 이러한 전환
과 함께 또한 교회주의(eccleciasticism)로의 전환이 자주 있었다. 예수 그
리스도에게 중심을 두는 공동체가 자신의 충성의 대상으로, 그리고 그
리스도인의 충성의 대상으로 제시되는 한에 있어서 그러한 전환이 자주
있었다. 그리스도인이 된다는 것은 이제…오히려 특별한 집단의 일원이
된다는 것을 의미한다. 즉 특별한 신, 특별한 운명, 분리된 실존을 지니
는 특별한 집단의 일원이 된다는 것을 의미한다. 교회 중심주의(church-
centeredness)의 경우에서처럼 예배와 신학에서 표현되는 그러한 그
리스도 중심적 신앙(Christ-centered faith)은 철저한 단일신론(radical
monotheism)의 반향들로 가득 차 있다.[37]

(3) 성령중심주의(Pneumacentrism)

성령중심주의(Pneumacentrism)는 성령 하나님 중심적 신학(a God the Holy
Spirit-centered theology)을 가리킨다. 그리고 성령중심주의는 또한 완성주
중심적 신학(a Consummator-centered theology)을 가리킨다. 완성의 활동이
전통적으로 성령 하나님에게 전유되기 때문이다.

---

37   위의 책, 62-63.

만약 성령중심주의를 성령의 일차적 역할이 예수 그리스도를 가리키는 것이며 예수 그리스도가 말한 것을 가르치는 것이라고 이해한다면, 성령중심주의는 쉽게 기독론과 함께 가며 비슷한 경향들을 보인다. 그러면 성령중심주의도 또한 교회 중심적 삶 또는 신령한 은사 중심적 삶에 집중하는 경향을 보인다. 이럼으로써 대부분의 경우에 성령중심주의는 사회적, 역사적, 우주적 쟁점들에 무관심하는 정도가 된다.

그러나 만약 성령중심주의를 성령의 일차적 역할이 예수 그리스도에 대한 증언을 넘어서는 것이라고 이해한다면, 성령중심주의는 예수 그리스도와 성령 사이의 불가분의 관계를 배제하지 않으면서도 훨씬 더 많이 확장될 수 있다. 이 경우에 성령중심주의는 완전히 발달하지는 않더라도 신앙의 몇몇 사회적, 역사적, 우주적 차원들을 지니는 경향을 보인다.

그러나 대체로 성령중심주의는 후자의 경우에서보다는 전자의 경우에서 더 많이 나타난다. 성령중심주의는 더 수월하게 협소한 기독론(a narrow christology)과 함께 가며, 또한 협소한 성령론(a narrow pneumatology)이 된다. 이러한 성령중심주의는 그리스도인들로 하여금 예수 그리스도에 대한 강한 신앙과 큰 열정을 가질 수 있도록 하는 데 강점이 있고, 또한 교회의 활동들과 개인적 경건에 많이 관여하도록 할 수 있다. 반면에 이러한 성령중심주의는 그리스도인들로 하여금 교회 밖의 사회적, 역사적, 우주적 쟁점들에 참여하도록 하는 일에는 약점을 지닌다.

4) 결론

위에서 논의하였던 바와 같이 우리는 세 중심주의 각각에 몇몇 강점과 약점이 모두 있음을 발견하였다. 그러므로 몇몇 강점을 모아서 그것들을 최대화하고 몇몇 약점을 제거하여 그것들을 최소화하는 것이 훨씬 좋다. 바로 이 지점에서 우리는 니버가 자신의 논문 결론에서 제안하는 바에 귀를 기울일 필요가 있다. "그것[삼위일체주의(the Trinitarianism)]은…모든 부분적 통찰들과 확신들이 합쳐질 수 있는 종합적 공식에 의해…전체를 구성하는 각각에 대한 과도한 강조들과 편파들을 교정하도록 조치해야 한다."[38] 그러기에 우리는 강점들을 최대화하고 약점들을 최소화하는 "종합적 공식"(a synthesized formula)과 같은 삼위일체주의를 추구할 필요가 있다. 이 글은 그것을 "삼위일체중심주의"(Trinitycentrism)로 명명하는데 이것은 곧 "삼위일체-중심적 신학"(a Trinity-centered theology)이다.

한편으로 크리스토프 슈뵈벨이 인정하듯이, 20세기 중엽 이후로 전개된 "삼위일체신학의 르네상스 또는 부흥"(the renaissance or revival of Trinitarian theology)에서 삼위일체교리를 갱신하고 발전시키고자 시도하는 수많은 책들과 논문들이 나왔다.[39] 그것이 갱신한 이해들 중 하나에

---

38 Niebuhr, "The Doctrine of the Trinity and the Unity of the Church," 383.

39 Chung-Hyun Baik, *The Holy Trinity – God for God and God for Us: Seven Positions on the Immanent-Economic Trinity Relation in Contemporary Trinitatian Theology* (Eugene: Pickwick Publications, 2011), 1. 이 책은 한글로 다음과 같이 번역되어 출판되었다. 백충현, 『내재적 삼위일체와 경륜적 삼위일체 – 현대 삼위일체신학에 대한 신학·철학 융합적 분석- 존재론과 인식론을 중심으로』(서울: 새물결플러스, 2015). 이후로 『내재적 삼위일체와 경륜적 삼위일체』로 표기함.

따르면, 삼위일체는 세 신적 위격이 서로 간에 교제의 관계를 맺고 살아가는 한 분 하나님을 가리킨다. 성부 하나님, 성자 하나님, 성령 하나님이 서로 불가분리적으로 함께 존재하며 함께 활동한다.

삼위일체중심주의는 신중심주의, 그리스도중심주의, 성령중심주의와 같은 세 중심주의를 가능한 한 많이 인정하고 확인한다. 그러나 삼위일체중심주의는 세 중심주의 각각이 홀로 움직이거나 다른 둘과 독립적으로 활동하도록 하지 않는다. 그 대신 삼위일체중심주의는 그것들을 함께 모으려고 하며, 동시에 세 중심주의 각각이 더 발전하여 충분히 꽃피울 수 있도록 한다.

그러나 다른 한편으로 "삼위일체신학의 르네상스 또는 부흥"은 삼위일체중심주의의 정도로까지 아직 나아가지 않은 것처럼 보인다. 비록 그것이 세 중심주의 각각에 새롭고 심지어 충분한 추진력을 제공한다고 하더라도 여전히 삼위일체중심주의의 정도에는 미치지 못하고 있다. 그러기에 삼위일체중심주의를 위해서는 많은 작업이 앞으로 이루어질 필요가 있다.

2. 삼위일체중심주의 기독론의 방향과 특징들

신중심주의, 그리스도중심주의, 성령중심주의에 관해 논의한 내용들을 요약하면 다음의 표로 정리할 수 있다.[40]

---

40   이 도표는 다음의 책에서의 정리를 참고하되 더 일반화하여 새롭게 표현한 것이다. 백충현, 『삼위일체신학의 핵심과 확장 – 성경·역사·교회·통일·사회·설교』(서울: 장로회신학대학교출판부, 2020), 217-219. 이후로 『삼위일체신학의 핵심과 확장』으로 표기함.

유형	신중심주의 (Theocentrism)	그리스도중심주의 (Christocentrism)	성령중심주의 (Pneumacentrism)
	성부 하나님 중심적 신학 창조주 중심적 신학	성부 하나님 중심적 신학 구속주 중심적 신학	성부 하나님 중심적 신학 완성주 중심적 신학
강조	성부 하나님	성자 하나님	성령 하나님
	창조주(Creator)	구속주(Redeemer)	완성주(Consummator)
강점	하나님과 창조세계/ 우주 만물을 잘 연결	예수 그리스도에 대한 신앙과 열정 강화	성령의 일차적 역할이 예수 그리스도를 가리키는 것으로 기독론과 함께 감
	특별계시보다는 일반계시에 더 적합	기독교의 정체성 확보	교회중심적 삶을 사는 것에 집중
	생태위기 시대에 더 적합	교회중심적 삶(예배/ 친교/봉사/전도/선교 등)을 살도록 격려	신령한 은사 중심적 삶에 집중
	교회가 공공성과 공동선을 추구하도록 함		
	종교간 대화 추구에 도움		
약점	예수 그리스도에 대한 신앙과 열정 희석	세상에 대한 관점이 협소해짐 사회적, 역사적, 우주적 쟁점들에 무관심	
	일반적인 신을 강조하기에 기독교의 정체성 약화	협소한 구원론 경향: 개인영혼구원에 집중, 개인적 확신과 내세지향적인 삶을 추구	
	교회중심적 삶, 교회성장, 개인경건에 잘 맞지 않음	하나님 나라의 현재적 차원에 많은 관심을 가지지 못함	
참고	신중심주의 안에도 스펙트럼이 다양함	우주적 기독론이 있으나 매우 제한적임	우주적 성령론이 있으나 매우 제한적임

삼위일체중심주의는 각각의 중심주의의 강점들을 모아서 최대화하고 각각의 중심주의의 약점들을 제거하거나 최소화하고자 한다. 그리고 삼위일체중심주의 기독론은 그러한 삼위일체중심주의의 틀 안에서 기독론을 추구한다. 삼위일체중심주의 기독론의 기본적인 방향은 다음과 같다.

기독교의 정체성을 분명히 하면서도 삼위일체 하나님과 창조세계 및 우주 만물 전체와의 관계를 잘 정립한다. 예수 그리스도에 대한 강한 신앙과 뜨거운 열정으로 교회중심적인 삶을 살면서도 개인 구원 또는 교회중심주의로 한정되지 않는다. 더 나아가 교회의 공공성과 공동선을 지향하면서 사회와 세계 속에서 및 우주 만물 안에서의 삶을 추구한다.

이러한 방향을 추구하는 삼위일체중심주의 기독론은 다음과 같이 네 가지를 중점적으로 강조한다. 첫째, 계시의 신비/비밀이 예수 그리스도이심을 강조한다. 둘째, 파토스와 로고스의 결합으로서의 예수 그리스도의 모습을 강조한다. 셋째, 예수 그리스도의 정체성(identity)을 인격과 사역의 통합으로 보는 관점을 강조한다. 넷째, 경륜과 내재 사이의 순환이라는 관점에서 예수 그리스도의 삶에 접근하는 것을 강조한다.

1) 계시의 신비/비밀이신 예수 그리스도

일상적으로 사용되고 있는 "신비"(mystery)라는 단어는 감추어져 있어서 알려지지 않고 사람들이 잘 알지 못하는 것을 뜻한다. 그래서 사람들이 무언가를 잘 알지 못할 때 "신비" 또는 "미스터리"(mystery)라고 표현한다.

세계사에서 근대에 이르러 인간의 이성과 합리성이 더욱 강조되었고 인간의 인식과 지식을 더욱 강조하였다. 그래서 근대에서는 사람들이 이성으로 알기 어렵고 이해하기 어려운 것들을 신비라고 여겼다. 이렇게 해서 신비라는 용어는 현대에서는 거의 전적으로 인식론적인 의미로 사용된다.

성경에서도 "신비"라는 용어가 사용되고 있는데, 여기서는 주로 "비밀"이라고 번역되어 있다.[41] 이 단어는 신약성경의 그리스어로 "뮈스테리온"(μυστήριον, mysterion)이며 이것의 영어가 "미스터리"(mystery)다. 그리고 라틴어로는 "미스테리움"(mysterium) 또는 "사크라멘툼"(sacramentum)이다. 라틴어 사크라멘툼(sacramentum)으로부터 영어 새크러먼트(sacrament)가 나왔는데 이것은 신학에서 성례를 의미하며 구체적으로 세례와 성찬을 가리킨다.

성경에서 "신비" 또는 "비밀"이라는 단어가 사용되는 쓰임새에 주목하면 "신비"라는 단어는 단지 우리가 잘 알지 못하는 어떤 것을 의미하지 않는다. 대표적인 예로 신약성경 에베소서 3:2-4은 "신비/비밀"이 예수 그리스도라고 말한다.

> 너희를 위하여 내게 주신 하나님의 그 은혜의 경륜을 너희가 들었을 터이라. 곧 계시로 내게 **비밀**을 알게 하신 것은 내가 먼저 간단히 기록함과 같으니 그것을 읽으면 내가 **그리스도의 비밀**을 깨달은 것을 너희가 알 수 있으리라(엡 3:2-4).

---

41 백충현, 『성경의 키워드로 풀어가는 신학세계 – 삼위일체 조직신학 개요』(서울: 새물결플러스, 2024), 95, 108-109. 이후로 『성경의 키워드로 풀어가는 신학세계』로 표기함.

그리고 신약성경 골로새서 1:26-27과 2:1-3도 "신비/비밀"이 예수 그리스도라고 말한다.

> 이 비밀은 만세와 만대로부터 감추어졌던 것인데 이제는 그의 성도들에게 나타났고 하나님이 그들로 하여금 이 비밀의 영광이 이방인 가운데 얼마나 풍성한지를 알게 하려 하심이라. **이 비밀은 너희 안에 계신 그리스도시니** 곧 영광의 소망이니라(골 1:26-27).

> 내가 너희와 라오디게아에 있는 자들과 무릇 내 육신의 얼굴을 보지 못한 자들을 위하여 얼마나 힘쓰는지를 너희가 알기를 원하노니 이는 그들로 마음에 위안을 받고 사랑 안에서 연합하여 확실한 이해의 모든 풍성함과 **하나님의 비밀인 그리스도를** 깨닫게 하려 함이니 그 안에는 지혜와 지식의 모든 보화가 감추어져 있느니라(골 2:1-3).

에베소서 3:2-4, 골로새서 1:26-27과 2:1-3에서 비밀은 단지 우리가 알지 못하는 어떤 것을 의미하지 않고 우리에게 계시되어 나타나고 드러나고 알려진 예수 그리스도를 가리킨다. 계시(revelation)라는 용어는 그리스어로 "아포칼립시스"(ἀποκάλυψις, apokalypsis)인데 감추어져 있는 것이 드러나고 나타나고 알려지는 것을 의미한다.

성경에서는 "신비/비밀"이 예수 그리스도를 가리키는데 이 예수 그리스도는 우리에게 계시된 분이시다. 그러기에 성경에서의 "신비/비밀"은 우리가 알지 못하는 어떤 것이 아니라 오히려 우리에게 계시되어 드러나고 나타나고 알려지는 것이다. 성경에서 예수 그리스도를 "신비/비밀"이라고 표현하는 것은 단지 우리가 예수 그리스도를 잘 알지 못하기 때문인 것은 아니다. 왜냐하면 우리가 믿음을 통해 예수 그리스도를 만나고 그가 누구이며 무엇을 하는지를 알아가기 때문이다.

물론 우리가 예수 그리스도를 알아가면서 전적으로 다 아는 것은 아니다. 인간이 신(神)을 전적으로 다 알 수 있는 것은 아니라는 점에서 신론적 불가해성(incomprehensibility)을 인정한다. 예수 그리스도의 경우에도 마찬가지로 인간이 전적으로 다 알 수 있는 것은 아니라는 점에서 기독론적 불가해성을 인정한다. 그러나 불가해성을 인정한다고 하여 우리가 예수 그리스도를 전혀 모른다는 것은 아니다. 우리의 삶과 신앙과 구원에 필요한 정도는 계시되어 알려지기 때문이다. 예수 그리스도는 계시되어 드러나고 나타나고 알려지신 분이시다.

그렇다면 성경에서 예수 그리스도를 "신비/비밀"이라고 표현하는 것은 어떤 의미에서인가? 성경 안의 여러 이야기를 살펴볼 때 사람들이 예수 그리스도를 만나고 알아가면서 변화되고 치유되고 회복되는 일들이 있기에 놀랍고 경이로운 "신비/비밀"이라고 할 수 있다. 그 과정에서 사람들이 자신의 과거 인식론이 변화하고 그에 상응하여 자신의 과거 존재론이 변화하기에 "신비/비밀"이라고 할 수 있다.

이러한 의미의 "신비/비밀"에 오늘날 많이 사용되고 있는 "영성"(spirituality) 개념을 적용하면 "신비적 영성" 또는 "영성적 신비/비밀"이라고 할 수 있다. 영성에 대한 일반적인 정의는 자기초월의 경험이지만 기독교적 영성의 핵심은 "성령으로"(πνεύματι, pneumati)"(갈 5:16, 23)이다. 즉 성령과 함께 행하는 것이다. 기독교적 영성은 성령을 따라 걷고 사는 삶을 가리킨다.[42] 그러므로 "신비적 영성" 또는 "영성적 신비/

---

42   위의 책, 120-121.

비밀" 개념에서는 우리가 성령 안에서 예수 그리스도를 만나 알아가고 그 안에서 우리의 이전의 인식론과 존재론이 바뀌고 변화되기에 예수 그리스도를 "신비/비밀"이라고 표현한다.

따라서 신앙에서 "신비/비밀"은 단지 전혀 알지 못하거나 모르는 것도 아니며, 또한 어떤 초자연적인 현상이나 경험을 가리키는 것도 아니다. "신비/비밀"은 예수 그리스도를 가리킨다. 성령 안에서 "신비/비밀"이신 예수 그리스도를 만나고 변화되며 이를 통해 하나님의 형상이 회복되고 성장하고 성숙한다.

2) 파토스와 로고스의 결합

성령 안에서 예수 그리스도를 만나고 변화되는 것이 "신비적 영성" 또는 "영성적 신비/비밀"인데 이러한 만남 안에서 우리는 예수 그리스도를 파토스(pathos)로서 경험하고 체험하며, 또한 예수 그리스도가 로고스(logos)이심을 발견하고 깨닫는다.

성령 안에서 이루어지는 예수 그리스도와의 만남은 그의 파토스(pathos)로부터 시작된다.[43] 파토스(pathos)는 온 세상을 향한 예수 그리스도의 마음으로 고난과 긍휼과 공감의 마음이며 또한 이것에는 사랑, 즉 아가페(ἀγάπη, agape)가 전제되어 있다. 예수 그리스도에게 사랑의 마음이 있기에 고난과 긍휼과 공감의 마음이 있고, 그러기에 예수 그리스도는 온 세상과 사람들을 보시며 불쌍히 여기신다. 즉 함께 느끼시며 아파하신다.

---

43   위의 책, 75-78.

그리스어로 "파토스"(πάθος, pathos) 또는 "파테마"(πάθημα, pathema)는 일차적으로 "고난"을 뜻하며 "고통"으로 번역되기도 한다. 가장 핵심적으로는 예수께서 십자가에서 죽으실 때 받으셨던 어려움을 가리킨다. 예수께서 자신의 고난을 예고하실 때 이 단어의 동사 "파스코"(πάσχω, pathho)의 부정사 형태인 "파테인"(παθεῖν, pathein)이 사용되었다.

고난을 뜻하는 라틴어는 "파시오"(passio)이며 영어로는 "패션"(passion)이다. 영화 〈패션 오브 크라이스트〉(Passion of Christ)의 제목이 "그리스도의 수난"으로 번역되는 것처럼 패션은 고난받는 것, 즉 수난(受難)을 의미한다. 고난을 당하여 아픔을 겪는 것이기에 영어로 서퍼링(suffering)으로 번역하기도 한다.

그런데 파토스(pathos), 즉 패션(passion)은 십자가에서 고난을 겪는 것과 같은 수난(suffering)뿐만 아니라 성육신하여 사시면서 모든 아픔을 겪으심을 의미한다. 그리고 더 넓게는 시인이나 예술가처럼 외부에 의해 느껴지는 감정 또는 감성을 지니고 계심을 의미하기도 한다. 이렇게 파토스 또는 패션에는 다층적인 의미들이 있다.

그리고 그가 감정이 풍부하시다면 고난 또는 고통 중에 있는 자들에 대해 무감각하거나 냉담하지 않으시고 함께 느끼실 수 있다. 이것이 공감 및 긍휼(compassion)이다. 또한 감정이 풍부하다면 고난과 고통 중에 있는 자들을 외면하지 않으시고 돌보실 수 있다. 이것이 위로(consolation)다.

예수 그리스도가 고난, 즉 파토스(pathos) 및 패션(passion)의 삶을 사시기에 그는 또한 고난 중에 있는 자들과 함께 느끼실 수 있는 컴패션(compassion)의 삶을 사셨다. 컴패션은 "함께"(com)라는 말과 "고난"(passion)이라는 말이 합쳐진 단어로서 함께 느끼는 것을 의미한다.

컴패션은 "공감" 또는 "긍휼"로 번역되고 긍휼은 또한 자비(mercy)와도 연결된다.

예수가 탄생하신 것에서부터 공생애 시작에서 세례를 받으시는 것과 광야에서 시험을 받으시는 것, 그리고 지상에서 선포하시고 가르치시고 치유하시는 사역 등등 모든 활동들, 즉 예수의 삶 전체가 고난의 삶이다. 그리고 이러한 고난의 삶이 가장 극심하게 나타난 것이 바로 십자가 사건(crucifixion)이다. 이렇게 본다면 예수 그리스도의 삶 전체가 파토스(pathos)다.

그런데 예수 그리스도는 이러한 파토스(pathos)의 삶만 사신 것이 아니라 또한 로고스(logos)이시며 그러한 삶을 사셨다.[44] "로고스"(λόγος, logos)는 그리스어이며 이성, 말, 담론, 원리, 비율 등등을 의미하는데 서양 철학에서는 우주 만물의 원리를 가리킨다.

요한복음 1:1에서 "태초에 말씀이 계시니라"라고 말씀하는데 여기서 말씀에 해당하는 그리스어가 "로고스"다. 즉 로고스는 성경에서 "말씀"(the Word)으로 번역된다. 히브리어로 "다바르"(דָּבָר, dabar)로서 하나님의 말씀을 의미한다. 그리고 중국어 성경에서는 "태초유도"(太初有道)에서처럼 로고스가 "도"(道)로 번역된다.

예수 그리스도가 로고스(logos)시라는 말은 예수 그리스도가 우주 만물의 원리이심을 의미한다. 이러한 점을 요한복음 1:1-3에서 분명히 알려준다.

태초에 말씀이 계시니라. 이 말씀이 하나님과 함께 계셨으니 이 말씀은

---

44   위의 책, 22-23, 30-31.

곧 하나님이시니라. 그가 태초에 하나님과 함께 계셨고 만물이 그로 말미
암아 지은 바 되었으니 지은 것이 하나도 그가 없이는 된 것이 없느니라
(요 1:1-3).

그리고 골로새서 1:16-17에서도 다음과 같이 말한다.

만물이 그(예수 그리스도)에게서 창조되되 하늘과 땅에서 보이는 것들
과 보이지 않는 것들과 혹은 왕권들이나 주권들이나 통치자들이나 권세
들이나 만물이 다 그로 말미암고 그를 위하여 창조되었고 또한 그가 만
물보다 먼저 계시고 만물이 그 안에 함께 섰느니라(골 1:16-17).

여기서 만물은 하나님께서 창조하신 우주 만물 전체를 가리킨다. 만물
이 그리스어로 판타(πάντα, panta)인데 모든 것을 의미하는 그리스어 단
어 파스(πᾶς)의 중성 복수 명사형이다. 라틴어로는 옴니아(omnia)이다.
한자로는 만물(萬物) 또는 만유(萬有) 또는 범(凡)으로 표현한다. 우주 만
물은 하나님에 의해 창조된 것이기에 피조물(被造物, creature)이며 또한
자연(nature)이라고 표현할 수 있다. 그리고 창조세계(創造世界, creation)
로도 표현할 수 있다.[45]
  따라서 예수 그리스도가 로고스(logos)시라는 점은 예수 그리스도
가 말씀 또는 도(道)로서 우주 만물 전체와 관련이 있음을 의미한다. 더
구체적으로 예수 그리스도가 로고스(logos)시라는 점은 예수 그리스도가
우주 만물의 원리이시며 또한 인간의 모든 삶의 원리이심을 의미한다.

---

45   위의 책, 31.

로고스(logos)이신 예수 그리스도는 우주 만물의 창조에 함께 참여하셨고, 또한 성육신(成肉身, incarnation)하셔서 이 땅에 구체적으로 나타나셨으며, 또한 하나님의 참 형상으로서의 삶을 사셨다.

이런 점에서 본다면 예수 그리스도에게는 파토스(pathos)와 로고스(logos)가 함께 결합되어 있다. 온 세상을 향한 마음, 즉 파토스(pathos)의 삶을 사시지만 동시에 우주 만물의 원리 및 인간의 모든 삶의 원리로서의 삶을 사셨다. 특히 파토스(pathos)가 가장 극심하게 드러난 십자가 사건을 겪으시고 죽음을 당하셨지만, 또한 우주 만물의 원리로서 부활하셨고 이후 승천하셔서 하나님 우편에 계시며 종말에 다시 오실 것이다.

파토스와 로고스의 결합의 대표적인 표현이 고린도전서 1:18에 나오는 "십자가의 도(道)"(the word of the cross (RSV), ὁ λόγος τοῦ σταυροῦ, ho logos tou staurou)이다. 십자가는 고난, 즉 파토스(pathos)를 의미하고 도(道)는 말씀, 즉 로고스(logos)를 의미한다. 예수 그리스도는 이렇게 파토스(pathos)와 로고스(logos)가 함께 결합되어 있는 분이시다.

3) 인격과 사역의 통합

신학의 한 분과인 조직신학에서 다루는 신학적 주제(theological locus)가 많이 있는데 복수형으로는 신학적 주제들(theological loci)이라고 표현한다. 신론, 계시론, 성서론, 기독론, 구원론, 성령론, 교회론, 종말론 등등이 있다. 이러한 주제 하나하나를 라틴어로 로쿠스(locus)라고 하며 복수형은 로키/로치(loci)다.

이러한 주제들 가운데 예수 그리스도의 정체성(identity)을 집중적으로 다루는 신학적 주제가 기독론(Christology)이다. 영어로 그리스도

(Christ)와 학문을 뜻하는 "론"(-logy)이 합쳐진 것이다. 한자로는 그리스도(Christ)를 기독(基督)이라고 표현하기에 기독론(基督論)이라고 하며 또한 그리스도론이라고도 한다. 기독론/그리스도론은 예수 그리스도가 누구이시며 무엇을 하시는지를 집중적으로 다룬다. 이것을 광의의 기독론/그리스도론이라고 한다.

그런데 예수 그리스도를 누구(who)라는 관점에서 집중적으로 다루는 세부 신학적 주제를 또한 기독론/그리스도론(Christology)이라고 하는데 이것은 협의의 기독론/그리스도론이다. 이것은 예수 그리스도의 인격(person)을 집중적으로 다룬다. 여기서 "인격"(人格, person)이라는 말은 그가 누구(who)인지를 주로 가리키는데, 따라서 협의의 정체성(identity)이라고 할 수 있다.

철학과 신학에서 "인격"(person)의 고전적인 정의는 보에티우스(Boethius, 480-524)의 것으로서 라틴어로 "naturae rationabilis individua substantia"이다. 이것의 의미는 "이성적 본성을 지닌 개별적 실체"(an individual substance of a rational nature)이다. 여기서 이성적 본성을 지닌 세 존재는 신(神), 천사(天使), 인간(人間)으로서 단지 인간만은 아니기에 "person"을 인격(人格)으로 번역하는 것은 문제가 있다. 그렇지만 신학에서 통상적으로 "인격"이라는 용어가 세 존재를 지칭하기에 본서에서도 "person"을 "인격"으로 표현한다.

이것과는 구별되게 예수 그리스도를 무엇(what)이라는 관점에서 집중적으로 다루는 세부 신학적 주제를 구원론(soteriology)이라고 한다. 이것은 예수 그리스도의 사역/활동을 집중적으로 다루는데 그의 사역/활동(ministry/work)이 구원(σωτηρία, soteria)이라는 주제로 수렴되기 때문이다. 구원(soteria)이라는 말에 학문을 뜻하는 "론"(-logy)이 합쳐져서 구원론(soteriology)이 된다.

그런데 기존의 대부분의 조직신학 책들에서는 예수 그리스도의 정체성을 다룰 때 인격(person)과 사역/활동(ministry/work)을 구별할 뿐만 아니라 더 나아가 양자를 분리해서 다룬다. 즉 협의의 기독론을 구원론과 구별할 뿐만 아니라 분리해서 다룬다. 그러기에 기독론/그리스도론과 구원론을 구별할 뿐만 아니라 분리해서 별도의 장(chapter)에서 각각 따로 다룬다.

예를 들어 헤르만 바빙크는 『개혁교의학』 제7부 46장에서 그리스도의 인격을 다루고 47-48장에서 그리스도의 사역을 다룬다.[46] 그리고 루이스 벌코프는 『벌코프 조직신학』에서 기독론과 구원론을 따로 다루는데 기독론 안에서 그리스도의 위격, 그리스도의 신분, 그리스도의 직분을 따로 다루며 그리스도의 직분에서 그리스도의 사역을 주로 다룬다. 기독론 다음에 나오는 구원론은 주로 성령의 사역과 연관되어 다루어진다.[47] 그리고 스탠리 그렌즈는 『조직신학 - 하나님의 공동체를 위한 신학』 제3부 기독론 중 9-11장에서 예수의 인격을 다루고 12장에서 예수의 사명, 즉 예수의 사역을 다룬다. 그리고 제4부 성령론의 끝부분인 16장에서 넓은 관점에서 본 개인 구원에 관하여 다룬다.[48]

설사 그리스도론과 구원론을 동일한 장(chapter)에서 다룬다고 하더라도 그 안에서는 각각 별도의 절(section)로 따로 다룬다. 예를 들면

---

46   헤르만 바빙크 지음, 박태현 옮김, 『개혁교의학 1-4』(서울: 부흥과개혁사, 2011).

47   루이스 벌코프 지음, 권수경·이상원 옮김, 『벌코프 조직신학』(고양: 크리스챤다이제스트, 2006).

48   스탠리 그렌즈 지음, 신옥수 옮김, 『조직신학 - 하나님의 공동체를 위한 신학』(고양: 크리스챤다이제스트, 2003).

다니엘 밀리오리는 『기독교 조직신학 개론 ― 이해를 추구하는 신앙(개정3판)』제8장에서 예수 그리스도의 인격과 사역을 다루되 앞부분에서 그리스도의 인격을 다루고 뒷부분에서 그리스도의 사역을 다룬다.[49] 그리고 호르스트 게오르크 푈만은 『교의학』에서 그리스도론은 구원론이라고 주장하면서 IX장 "그리스도에 관하여"에서 주로 그리스도의 구원 행동, 즉 구원 사역을 다루며 그중 일부분에서만 예수의 신성과 인성, 즉 양성론을 다룬다.[50]

이러한 구별 및 분리는 한편으로 인격과 사역을 각각 따로 깊게 다룰 수 있는 장점이 있지만, 다른 한편으로는 예수를 온전히 통합적으로 및 통전적으로 다루지 못하는 단점이 되기도 한다.

사실 예수 그리스도가 누구(who)인지와 그가 무엇(what)을 하는지는 서로 연결되어 있으며 아주 밀접하다. 인격과 활동이 구별될 수는 있어도 서로 분리될 수는 없다. "예수"(Jesus)라는 이름은 신약성경의 그리스어로 "예수스"(Ἰησοῦς, Iesous)이며 구약성경의 히브리어로 "요슈아"(יֵשׁוּעַ, Joshua) 또는 "예호슈아"(יְהוֹשׁוּעַ, Jehoshua)다.

마태복음 1장에 따르면, '예수'라는 이름의 뜻을 천사가 요셉의 꿈에 나타나 알려주었다. "아들을 낳으리니 이름을 예수라 하라. 이는 그가 자기 백성을 그들의 죄에서[죄들로부터] 구원할 자이심이라"(마 1:21). "예수"라는 이름은 자기 백성을 죄로부터 구원하실 자라는 뜻을 지닌다. "구원하다"라는 뜻을 지닌 그리스어 동사가 "소조"(σώζω, sozo)

---

49 다니엘 밀리오리 지음, 신옥수·백충현 옮김. 『기독교 조직신학 개론 ― 이해를 추구하는 신앙(개정3판)』(서울: 새물결플러스, 2016). 이후로 『기독교 조직신학 개론』으로 표기함.
50 호르스트 게오르크 푈만 지음, 이신건 옮김. 『교의학』(서울: 신앙과지성사, 2012).

인데 여기서 파생된 명사 구원은 "소테리아"(σωτηρία, soteria)이고, 구원하는 자는 "소테르"(σωτήρ, soter)다.

이런 점에서 예수가 누구인지와 그가 무엇을 하는지는 서로 연결되어 있기에 양자가 분리될 수 없다. 예수 그리스도에게는 더더욱 인격과 활동/사역이 통합되어 있으며, 따라서 양자를 통합적인 관점에서 다루는 기독론을 전개할 필요가 있다.

4) 경륜과 내재의 순환

예수 그리스도의 삶은 경륜과 내재의 순환이라는 관점에서 살펴볼 수 있다. 그리스어로 경륜(經綸)은 "오이코노미아"(oikonomia)에 해당하며 내재(內在)는 "테올로기아"(theologia)에 해당한다. 계시의 신비/비밀이신 예수 그리스도가 경륜을 통해 우리에게 드러난다. 그리고 우리는 그 경륜을 통해 드러나는 예수 그리스도를 만나고 경험하면서 그와 관계를 맺고 그의 본연의 모습을 조금씩 알아간다. 그리고 그 안에서 예수 그리스도를 믿고 고백하고 예배하는 삶을 산다. 이러한 측면을 여기서는 경륜의 짝 개념으로 간주하여 내재(內在)라고 표현한다.

"경륜"(經綸)이라는 말은[51] 신약성경에 4번 나오는데 에베소서에 3번, 디모데전서에 1번 나온다(엡 1:9; 3:2; 3:9; 딤전 1:4). 경륜은 신약성경에 쓰인 그리스어로는 "오이코노미아"(οἰκονομία, oikonomia)다. 이 단어는 "오이코스"(οἶκος, oikos)와 "노모스"(νόμος, nomos)의 합성어다. 또는 "오이코스"(οἶκος, oikos)와 "네메인"(νέμειν, nemein)의 합성어다. 노모스는

---

51   백충현, 『성경의 키워드로 풀어가는 신학세계』, 59-60, 65-66.

법을 의미하며 네메인은 경영을 의미한다.

"오이코스"는 집 또는 가정을 의미하기에 "오이코노미아"는 어느 집 또는 가정의 법이나 경영을 의미한다. 영어로는 "이코노미"(economy)로서 경제(經濟)로도 번역된다. 라틴어로는 "오이코노미아"(oekonomia) 또는 "디스펜사티오"(dispensatio)이다. 그리고 디스펜사티오의 영어 번역은 "디스펜세이션"(dispensation)인데, 이것은 분배 및 경영에 관한 총체적인 계획을 의미하며 섭리(providence)와도 연결된다. 섭리는 하나님께서 관심과 사랑으로 미리 보시고 파악하시고 제공하시며 이끌어가시는 것을 의미한다.

집의 범위가 가정이면 가정경제가 되고 국가이면 국가경제가 된다. 그런데 하나님의 집이라고 한다면 그 집의 범위는 하나의 가정이나 국가에만 한정되지 않고 만물이며 온 세계까지 확장된다. 히브리서 3:4은 "집마다 지은 이가 있으니 만물을 지으신 이는 하나님이시라"라고 말씀한다. 여기서 집은 오이코스(οἶκος, oikos)이며 만물은 판타(πάντα, panta)다. 하나님은 만물, 즉 우주 만물 전체를 창조하시는 분이시기에 하나님의 집은 우주 만물 전체라고 할 수 있다. 그러기에 하나님의 경륜은 삼위일체 하나님께서 창조하신 우주 만물 전체를 이끌어가시는 계획이나 비전을 의미한다.

초기 교회에서 "오이코노미아"(경륜)라는 용어와 함께 사용된 단어가 있는데 바로 "테올로기아"(θεολογία, theologia)다. 테올로기아는 오늘날 사용되는 신학(神學, theology)이라는 용어의 어원이긴 하지만 오늘날 신학의 통상적인 의미, 즉 신(神)에 관하여 연구하는 학문(學問)이라는 의미와 사뭇 다르기 때문에 여기서는 신학이라고 하지 않고 "테올로기아"라고 표현한다.

크리스토퍼 빌리(Christopher A. Beeley)는 테올로기아를 "구원의 경륜 안(오이코노미아)에서 드러난 성부, 성자, 성령의 신성을 고백하는 행위"[52] 또는 "신적 경륜(오이코노미아) 안에서 드러난 대로의 성자와 성령의 신성에 대한 고백이며 또는 삼위일체 전체에 대한 고백"[53]이라고 정의한다. 그리고 테올로기아는 "신적 경륜(오이코노미아) 안에서 제시되는 삼위일체에 관한 지식이다"라고 정의하면서도 이러한 지식은 삼위일체 하나님과의 밀접한 삶임을 강조하여 "사람이 하나님을 알게 될 때 하나님 자신의 삼위일체적 삶 안으로 들어간다"라고 말한다.[54]

따라서 테올로기아는 경륜을 통하여 드러난 성부, 성자, 성령의 신성, 즉 하나님 되심을 인정하고 고백하고 아는 것이며, 또한 이를 통해 삼위일체 하나님과의 깊은 관계를 맺는 삶을 사는 것을 가리킨다. 이것 또한 영성적 신비/비밀 또는 신비적 영성이라고 할 수 있다. 다만 테올로기아는 경륜을 통하여 알려지고 드러난 삼위일체 하나님의 본연의 모습을 가리키기에 여기서 굳이 한글로 번역하자면 "내재"(內在)라고 표현한다. 삼위일체와 관련하여 "경륜적 삼위일체"(經綸的 三位一體, the economic Trinity)와 "내재적 삼위일체"(內在的 三位一體, the immanent Trinity)로 구별하여 논의하는 것처럼[55] 오이코노미아(oikonomia)와 테올로기아(theologia)를 짝 개념으로 이해하여 전자를 경륜(經綸)으로, 후자를 내재

---

52 크리스토퍼 빌리 지음, 백충현 옮김, 『삼위일체와 영성 – 나지안조스의 그레고리오스의 신앙여정』(서울: 장로회신학대학교출판부, 2018), 332. 이후로 『삼위일체와 영성』으로 표기함.
53 위의 책, 335.
54 위의 책, 336.
55 백충현, 『내재적 삼위일체와 경륜적 삼위일체 – 현대 삼위일체신학에 대한 신학·철학의 융합적 분석』(서울: 새물결플러스, 2015).

(內在)로 표현한다.

캐서린 모리 라쿠나(Catherine Mowry LaCugna)에 따르면,[56] 니케아 이전 초기 교회에서 오이코노미아는 "그리스도의 오심 안에서 알려진 계획"을 가리키며 "구속의 영원한 계획이 시간과 역사 안에서 이루어지는 실현"을 의미한다. 그리고 오이코노미아가 표현하는 테올로기아는 "하나님의 영원한 존재의 신비"를 가리킨다.[57] 그리고 니케아 이후에는 오이코노미아가 "그리스도의 인성 또는 성육신을 의미하는 것으로 점차로 한정된다." 또한 테올로기아는 "성육신한 말씀의 역사적 현현을 넘어서는 하나님의 내적인 존재를 의미"한다.[58]

여기서 라쿠나의 비판에 따르면, 니케아 이후에 오이코노미아와 테올로기아가 분리되어 오이코노미아보다는 테올로기아에 더 많은 관심이 주어졌다. 그럼으로써 테올로기아를 다루되 오이코노미아와 분리하여 다루었다. 즉 경륜과 분리하여 내재를 다루었고, 그래서 하나님과 세상의 관계보다는 세상과 분리된 하나님의 영원한 내적인 모습에 더 많은 관심을 가졌다. 그래서 라쿠나는 오이코노미아와 테올로기아가 다시 연결되도록 제안하고 주장한다. 라쿠나는 테올로기아가 오이코노미아에서 알려지고 드러남을 강하게 주장한다.

그런데 라쿠나의 비판, 즉 니케아 이후에 오이코노미아와 테올로

56   Catherine Mowry LaCugna, *God for Us: The Trinity and Christian Life* (New York: HarperCollins Publishers, 1991), 25. 이후로 *God for Us*로 표기함. 참고. 캐서린 모리 라쿠나 지음, 이세형 옮김, 『우리를 위한 하나님 – 삼위일체와 그리스도인의 삶』(서울: 대한기독교서회, 2008). 이후로 『우리를 위한 하나님』으로 표기함.

57   위의 책, 25. 참고. 라쿠나, 『우리를 위한 하나님』, 53.

58   위의 책, 43. 참고. 라쿠나, 『우리를 위한 하나님』, 83.

기아가 분리되었다는 비판은 일방적으로 과장된 것이다.[59] 적어도 카파도키아 교부들의 입장과 그중에서도 나지안조스의 그레고리오스의 입장에서는 양자 사이에 친밀한 연관성이 있다고 빌리는 주장한다.

> 비록 오이코노미아와 테올로기아가 서로 구별되지만, 그럼에도 불구하고 테올로기아는 오이코노미아 안에 항상 위치하며, 테올로기아는 항상 오이코노미아를 가리킨다. 이런 점에서 오이코노미아 밖의 테올로기아와 같은 것은 존재하지 않는다.[60]

위의 논의들을 고려하여 우리는 예수 그리스도의 삶을 오이코노미아와 테올로기아, 즉 경륜과 내재의 순환이라는 관점에서 살펴볼 수 있다. 경륜은 구원의 계획이 역사적으로 드러나고 실현되는 것이며 내재는 그러한 역사적 현현을 넘어서는 하나님의 내적인 존재를 의미한다. 그러나 내재가 하나님의 내적인 존재라고 하여 역사적으로 드러나고 실현되는 것인 경륜과 분리되는 것은 아니다. 경륜과 내재는 늘 함께 가는 것이다. 우리 인간의 입장에서 보자면, 경륜과 내재는 상호 순환 안에서 점점 발전하고 진보하는 것이다.

　　존재론적으로 본다면, 하나님의 내적인 존재가 있고 그것이 역사적으로 나타나고 실현된다. 그러나 인식론적으로 본다면, 우리가 경륜을 통해, 즉 성령 안에서 예수 그리스도와의 만남을 통해 구원의 경험

59　백충현,『내재적 삼위일체와 경륜적 삼위일체』, 91, 각주 88.

60　Christopher A. Beeley, "Gregory of Nazianzus: Trinitarian Theology, Spirituality, and Pastoral Theory," (Ph.D. diss., The University of Notre Dame, 2002), 235-236. 다음의 책에서 재인용함. 백충현,『내재적 삼위일체와 경륜적 삼위일체』, 91, 각주 88.

에 이르며 이 안에서 하나님의 내적인 존재에 대한 인식과 고백으로 나아간다.

그리고 이러한 과정은 단 한 번으로 종결되는 것이 아니라 평생 반복되어 나아간다. 그러면서 예수 그리스도에 대한 우리의 인식론적인 고백이 확장되어 가고 심화되어 가며 또한 심오해진다. 그러기에 우리는 예수 그리스도의 삶을 단순히 평면적으로만 살필 것이 아니라 경륜과 내재의 순환을 통해 다면적이고 다차원적으로 살필 필요가 있다.

경륜과 내재의 순환 안에서 우리는 예수 그리스도를 더 분명하게 믿고 고백하고 찬양하고 예배한다. 예수와의 만남의 경험 안에서 예수에 대한 인식과 신앙고백이 생겨나는데 이러한 인식과 신앙고백의 내용은 핵심적으로 찬양/찬송/송영으로 정리되고 표현된다. 그리고 기도로, 또는 증언 및 설교 등으로도 정리되고 표현된다. 물론 각각의 내용은 각각의 상황에서 나름대로 깊이와 넓이의 정도나 수준이 있으며 각각의 순간마다 차이가 날 수 있다.

그렇지만 이러한 내용들은 믿음 및 신앙의 여정과 함께 한층 더 깊어지고 넓어진다. 희미한 것을 더 분명하게 알게 되며 부분적으로 아는 것을 더 온전히 알아가게 된다. 그러한 만큼 자신과 인간과 사회와 세계와 우주가 다르게 보이며 또한 그러한 만큼 모든 것들이 존재하게 된다. 이러한 여정은 종말에 "얼굴과 얼굴을 대하여 볼" 정도로 깊어진다. 즉 존재에 대한 인식이 아무런 매개(media) 없이, 즉 비매개적으로 및 즉각적으로(immediately) 이루어질 정도로 깊어진다. "우리가 지금은 거울로 보는 것 같이 희미하나 그때에는 얼굴과 얼굴을 대하여(face to face) 볼 것이요, 지금은 내가 부분적으로(in part) 아나 그때에는 주께서 나를 아신 것 같이 내가 온전히(fully) 알리라"(고전 13:12).

이것은 계시의 신비/비밀이신 예수 그리스도를 우리가 만나고 경험하고 체험하면서 겪는 신비적 영성 또는 영성적 신비 안에서 일어난다.

3. 예수 그리스도의 오늘날의 의미

위에서 논의하였듯이 삼위일체중심주의는 신중심주의, 그리스도중심주의, 성령중심주의 각각의 강점들을 모아서 최대화하고 또한 각각의 약점들을 제거하거나 최소화하고자 한다. 그리고 삼위일체중심주의의 틀에서 이루어지는 삼위일체중심주의 기독론도 마찬가지이다. 이러한 접근하에서 삼위일체중심주의 및 삼위일체중심주의 기독론의 기본적인 방향은 다음과 같다.

기독교의 정체성을 분명히 하면서도 삼위일체 하나님과 창조세계 및 우주 만물 전체의 관계를 잘 정립한다. 예수 그리스도에 대한 강한 신앙과 뜨거운 열정으로 교회중심적인 삶을 살면서도 개인구원 또는 교회중심주의로 한정되지 않는다. 더 나아가 교회의 공공성과 공동선을 지향하면서 사회와 세계 속에서 및 우주 만물 안에서의 삶을 추구한다.

이러한 방향을 추구하는 삼위일체중심주의 기독론은 다음과 같이 네 가지를 중점적으로 강조한다. 첫째, 계시의 신비가 예수 그리스도이심을 강조한다. 둘째, 파토스와 로고스의 결합으로서의 예수 그리스도의 모습을 강조한다. 셋째, 예수 그리스도의 정체성, 즉 아이덴터티(identity)를 인격과 사역의 통합으로 보는 것을 강조한다. 넷째, 경륜과 내재 사이의 순환의 관점에서 예수 그리스도의 삶에 접근하는 것을 강조한다.

위에서 제시한 바와 같이 삼위일체중심주의 기독론의 기본적인 방향과 중점적인 특징들을 고려한다면 예수 그리스도가 지니는 오늘날의 의미가 더욱 선명하게 드러날 것이다.

첫째, 예수 그리스도는 삼위일체 하나님이 창조하신 창조세계 및 우주 만물 전체와 관련하여 중요한 의미를 지닌다. 인간의 영혼이 아주 중요하지만 단지 영혼 구원으로만 한정되지 않는다. 예수 그리스도는 인간의 영혼과 육체, 또는 인간의 영, 혼, 육 모두를 아우르는 통전적 인간 전체에, 또한 인간의 삶 전체와 관련하여서도 중요한 의미를 지닌다. 더 나아가 예수 그리스도는 인간의 사회와 공동체, 세계와 온 세상, 그리고 우주 만물 전체와 관련하여 중요한 의미를 지닌다.

둘째, 예수 그리스도는 인간의 고통과 고난을 비롯하여 우주 만물의 고통과 고난에 대해 함께 느끼시고 아파하시는 공감과 긍휼의 마음을 지니신다. 그러시면서 예수 그리스도는 인간의 삶과 우주 만물 전체의 원리가 되시기에 고통과 고난과 모든 문제를 치유하고 회복하시며 새롭게 하시는 분이시다.

셋째, 예수 그리스도는 자신의 인격과 자신의 활동이 통합되어 있으며 서로 분리되어 있지 않다. 그러기에 예수 그리스도는 그의 정체성대로 우리와 우주 만물에 대해 구원자가 되시며, 또한 구원자이시기에 우리와 우주 만물을 구원하실 수 있는 분이시다. 예수 그리스도는 그의 메시아 정체성대로 우리와 우주 만물에 대해 왕이시며 제사장이시며 예언자/선지자이시고, 또한 그러한 활동들을 통하여 자신이 메시아이심을 온전히 드러내신다.

넷째, 예수 그리스도의 구원의 경륜 안에서 이 모든 일이 일어나며,

우리는 구원의 경륜 안에서 일어나는 경험을 통하여 그의 영원하신 내적인 존재로 나아간다. 그리고 이것은 단지 한순간에 일어나는 것으로 끝나는 것이 아니라 평생 예수 그리스도를 믿고 고백하고 따르는 삶의 모든 여정을 통해 조금씩 더 깊어지고 더 넓어지고 더욱 심화된다. 그러면서 예수 그리스도를 얼굴과 얼굴을 대면하여 보듯이 더욱 분명하게 알아가며 찬양과 영광을 돌릴 것이다.

II.

뮈스테리온(Mysterion):
계시의 신비/
비밀이신 예수 그리스도

신약성경은 예수와의 만남의 이야기들로 가득하다. 믿음 안에서 이루어지는 예수와의 만남의 경험은 신비롭다. 예수와의 만남의 경험이 신비스러운 것은 바로 예수 자신이 신비이고 비밀이기 때문이다. 우리에게 먼저 다가오시는 예수와의 만남의 경험 안에서 예수에 대한 인식이 형성되고 새로워지며 예수에 대한 신앙고백과 찬양이 생겨난다. 성령 안에서 예수를 예배하면서 하나님의 말씀을 계속 듣고 세례와 성찬의 성례들을 통해 신비이고 비밀이신 예수 그리스도와의 사귐과 연합을 시작하고 심화시켜 나간다. 그리고 이에 따른 믿음의 삶을 살아간다.

1. 신비/비밀이신 예수[1]

성경에서 "신비" 또는 "비밀"로 번역되는 단어는 그리스어로 "뮈스테리온"(μυστήριον, mysterion)이며 영어로는 "미스터리"(mystery)이다. 라틴어로는 "미스테리움"(mysterium) 또는 "사크라멘툼"(sacramentum)이다.

　　일상적인 의미에서 신비 또는 비밀은 감추어져 있어서 알려지지 않은 것, 그래서 사람들이 잘 알지 못하는 것을 가리킨다. 그런데 성경에서 많은 경우에 신비 또는 비밀은 핵심적으로 예수 그리스도를 가리킨다.

　　대표적인 예로 신약성경 에베소서 3:2-4은 "신비/비밀"이 예수 그리스도와 관련된 것임을 알려 준다.

1　　백충현, 『성경의 키워드로 풀어가는 신학세계』, 95-100.

너희를 위하여 내게 주신 하나님의 그 은혜의 경륜을 너희가 들었을 터이라. 곧 계시로 내게 **비밀**을 알게 하신 것은 내가 먼저 간단히 기록함과 같으니 그것을 읽으면 내가 **그리스도의 비밀**을 깨달은 것을 너희가 알수 있으리라(엡 3:2-4).

신약성경 골로새서 1:26-27은 "신비/비밀"이 예수 그리스도임을 분명하게 말한다.

> **이 비밀**은 만세와 만대로부터 감추어졌던 것인데 이제는 그의 성도들에게 나타났고 하나님이 그들로 하여금 **이 비밀**의 영광이 이방인 가운데 얼마나 풍성한지를 알게 하려 하심이라. **이 비밀**은 너희 안에 계신 그리스도시니 곧 영광의 소망이니라(골 1:26-27).

그리고 골로새서 2:1-3은 "하나님의 **비밀**인 그리스도"라고 말한다.

> 내가 너희와 라오디게아에 있는 자들과 무릇 내 육신의 얼굴을 보지 못한 자들을 위하여 얼마나 힘쓰는지를 너희가 알기를 원하노니 이는 그들로 마음에 위안을 받고 사랑 안에서 연합하여 확실한 이해의 모든 풍성함과 하나님의 **비밀**인 그리스도를 깨닫게 하려 함이니 그 안에는 지혜와 지식의 모든 보화가 감추어져 있느니라(골 2:1-3).

여기서 비밀은 우리가 알지 못하는 어떤 것을 의미하지 않고 우리에게 계시되어 나타나고 드러나고 알려진 예수 그리스도를 가리킨다.

그리고 디모데전서 3:16에서 경건의 비밀은 성육신을 포함한 예수 그리스도의 삶 전체를 가리킨다.

> 크도다 경건의 비밀이여, 그렇지 않다 하는 이 없도다. 그는 육신으로 나
> 타난 바 되시고 영으로 의롭다 하심을 받으시고 천사들에게 보이시고 만
> 국에서 전파되시고 세상에서 믿은 바 되시고 영광 가운데서 올려지셨느
> 니라(딤전 3:16).

더 나아가 성경에서 신비 또는 비밀은 예수 그리스도를 가리키고 그의
삶 전체를 가리킬 뿐만 아니라 예수 그리스도가 선포하신 천국 및 하
나님 나라를 가리킨다. 이런 의미에서 예수 그리스도께서 "천국의 비
밀"(마 13:11) 또는 "하나님 나라의 비밀"(막 4:11; 눅 8:10)을 말씀하셨다.
여기서 "비밀"이 "뮈스테리온"인데, 예수 그리스도께서 선포하신 천국
복음 또는 하나님 나라 복음을 가리킨다. 복음(福音)은 그리스어로 "유
앙겔리온"(εὐαγγέλιον, euaggelion)이며 라틴어로 "에반겔리움"(evangelium)
이다. 영어로는 "가스펠"(gospel)이며 좋고 기쁜 소식(good news)을 의미
한다.

또한 좋고 기쁜 소식으로서의 복음은 온 세상의 구원과 관련된다.
로마서 11장에서는 신비가 이스라엘의 구원과 관련되어 있다.

> 형제들아, 너희가 스스로 지혜 있다 하면서 **이 신비**를 너희가 모르기를
> 내가 원하지 아니하노니 이 신비는 이방인의 충만한 수가 들어오기까지
> 이스라엘의 더러는 우둔하게 된 것이라. 그리하여 온 이스라엘이 구원을
> 받으리라(롬 11:25-26).

그리고 로마서 16장에서는 신비가 모든 민족의 믿음, 순종, 구원과 관련되어 있다.

> 나의 복음과 예수 그리스도를 전파함은 영세 전부터 감추어졌다가 이제는 나타내신 바 되었으며 영원하신 하나님의 명을 따라 선지자들의 글로 말미암아 모든 민족이 믿어 순종하게 하시려고 알게 하신 바 **그 신비**의 계시를 따라 된 것이니 이 복음으로 너희를 능히 견고하게 하실 지혜로 우신 하나님께 예수 그리스도로 말미암아 영광이 세세무궁하도록 있을 지어다, 아멘(롬 16:25-27).

요약하면 성경에서 신비 또는 비밀은 핵심적으로 예수 그리스도를 가리키며 성육신의 삶 전체를 가리킨다. 그리고 성경에서 신비 또는 비밀은 예수 그리스도께서 선포하신 천국과 하나님 나라, 또는 천국 복음과 하나님 나라 복음을 가리키며, 또한 복음에 따라 이루어지는 하나님의 구원을 가리킨다.

성경에서 신비 또는 비밀은 본래 감추어졌던 것이기는 하지만 여전히 감추어져 있어서 우리가 전혀 알지 못하는 어떤 것이 아니다. 이런 점에서 성경에서 신비는 계시(revelation)와 관련이 있다. 계시라는 용어는 그리스어로 "아포칼립시스"(ἀποκάλυψις, apokalypsis)로 감추어져 있는 것이 드러나고 나타나고 알려지는 것을 의미한다. 다시 말해 계시는 나타남, 드러남, 알려짐을 의미한다. 성경에서 신비는 계시의 신비다. 그런데 계시되어 나타나고 드러나고 알려지지만 신비이기를 중단하지는 않는다. 계시 중에도 여전히 신비이다. 그렇다고 이 신비는 우리가 여전히 알지 못하여 모르는 것이 아니다.

성경에서 계시의 신비 또는 계시의 비밀의 핵심이 예수 그리스도인 이유는 예수 그리스도와의 만남을 통해 우리가 철저한 변화라는 신비한 경험을 하기 때문이다. 한편으로 예수 그리스도를 만나면 그를 알아가면서도 여전히 그에 대해 모르는 부분들이 있다. 예수 그리스도를 믿는다고 해서 그를 전부 다 아는 것이 아니다. 오히려 믿음이 깊어질수록 계속 새롭게 알아간다.

예수 그리스도에 관하여 지금 믿고 아는 것 이상의 새로움이 계속 열리고 다가온다. 다른 한편으로 예수 그리스도를 만나면 우리 자신이 기존에 가지고 있는 인식이 그대로 드러나고 깨어지고 새로워지는 것을 경험한다. 우리 자신의 이전의 세계관이 흔들리고 새로운 세계관으로 계속 바뀌는 것을 경험한다. 그래서 우리 자신이 새로운 존재가 되며 온 세계의 존재가 새롭게 바뀌는 것을 경험한다.

이렇게 예수 그리스도를 만나면 한편으로 그를 믿고 알아가는 점에서 계속 새로운 변화를 겪으며, 다른 한편으로 우리 자신의 인식과 존재가 계속 새로운 변화를 겪는다. 예수 그리스도와의 만남에서 우리가 이처럼 철저한 변화를 겪기에 예수 그리스도는 우리에게 계시되는 도중에도 계속 신비이고 비밀이시다. 즉 그는 계시의 신비이시고 계시의 비밀이시다.

2. 신비/비밀이신 예수와의 만남의 이야기들

성경에는 예수와의 만남의 이야기들이 많이 있지만 그중에서 대표적으로 사마리아 여자, 베드로, 선천성 시각장애인, 도마, 사울/바울의 이야

기들을 살펴보자.[2]

1) 사마리아 여자

요한복음 4장은 사마리아 지역의 수가(Sychar) 동네에 사는 어느 여자가 예수를 만난 이야기다. 뜨거운 한낮에는 사람들이 없을 거라고 생각하여 정오경에 여자가 물동이를 가지고 물을 길으러 야곱의 우물에 왔다. 이 우물 곁에는 유대를 떠나 갈릴리로 가고자 사마리아를 지나시는 예수가 먼저 와서 쉬고 있었다.

예수가 여자에게 물을 좀 달라고 하였다. 여자는 "당신은 **유대인으로서** 어찌하여 사마리아 여자인 나에게 물을 달라 하나이까"(요 4:9)라고 말하며 거절하였다. 당시에는 역사적인 이유로 유대인들이 사마리아인들과 만나거나 대화하지 않았기 때문이었다. 이 사마리아 여자는 예수를 한 유대인 남자로 인식하고 보았기 때문에 당시의 역사적인 이유로 거절하였다.

그런데 예수를 만나 계속 이야기를 하였던 여자는 예수에게 "주여(κύριε, 퀴리에, Sir), 내가 보니 **선지자로소이다**"(요 4:19)라고 말하며 그를 선지자로 여기다가 최종적으로는 그가 그리스도(메시아)이심을 발견하였다. 그러자 여자는 곧장 물동이를 버려두고 동네로 들어가서 사람들을 찾아다니며 말하였다. "내가 행한 모든 일을 내게 말한 사람을 와서 보라. **이는 그리스도가 아니냐**"(요 4:28). 여자의 증언으로 많은 사마리

---

2   예수와의 만남의 이야기들은 아래의 책을 바탕으로 추가하고 보완한 것이다. 백충현, 『성경의 키워드로 풀어가는 신학세계』, 100-107.

아인이 예수를 믿었고, 또한 그들이 여자에게 "[우리는] 그가 [예수가] 참으로 **세상의 구주**(the Savior of the world)신 줄 앎이라"(요 4:42)라고 말하였다.

예수를 만난 사마리아 여자는 이렇게 변화되었다. 예수에 대한 인식이 변화되었고 또한 자신의 삶과 인생과 세계에 대한 인식이 변화되었다. 그래서 예수를 그리스도(메시아)로 발견하였고 또한 자신의 삶에 닥친 어려움들로 인해 움츠리며 사람들을 피하였는데 이제는 사람들을 만나고자 마을과 사회 안으로 들어갔다. 그리고 많은 사람이 예수를 만나 "세상의 구주"(ὁ σωτὴρ τοῦ κόσμου, 호 소테르 투 코스무, the Savior of the world)를 발견하도록 하는 새로운 삶을 살았다.

이렇게 예수와의 만남은 사마리아 여자의 삶과 세계를 완전히 바꾸어놓았다. 이것은 사마리아 여자의 삶에서 아주 커다란 변화였다. 신비이고 비밀이신 예수와의 만남의 경험 때문이었다.

2) 베드로

요한복음 1장에서 베드로는 자기의 형제 안드레를 통해 예수를 만난 적이 있었다. 안드레는 세례 요한의 제자였다가 요한의 말을 듣고 예수를 따랐다. 그리고 자기의 형제 베드로를 찾아서 "우리가 메시아/그리스도(Messiah/Christ, Μεσσίας/Χριστός)를 만났다"(요 1:41)라고 말하고, 베드로를 예수에게로 데리고 갔다. 이때 예수는 베드로에게 "네가 요한의 아들 시몬이니 장차 게바/베드로(Cephas/Peter, Κηφᾶς/ Πέτρος)라 하리라"(요 1:42)라고 말씀하셨다.

이후 베드로는 예수를 따르지 못하다가 누가복음 5장(마 4장; 막

1장)에서 예수를 다시 만났다. 베드로는 밤이 새도록 수고하였지만 잡은 것이 없었고 그물을 씻고 정리하는 중이었다. 이렇게 베드로는 일상의 삶에서 곤경에 처하였다. 그런데 이때 예수가 베드로의 배에 올라 사람들을 가르치셨다. 그 후에 예수가 베드로에게 "깊은 데로 가서 그물을 내려 고기를 잡으라"(눅 5:4)라고 말하였다. 베드로는 예수의 말씀에 의지하여 그물을 내렸고 심히 많은 고기를 잡았으며 그물이 찢어질 정도였다.

이에 베드로가 예수의 무릎 아래에 엎드려 "주여(κύριε), 나를 떠나소서 나는 죄인(ἀνὴρ ἁμαρτωλός)이로소이다"(눅 5:8)라고 고백하였다. 이전에 자신의 형제 안드레를 통해 메시아/그리스도이신 예수를 만났으나 그때는 따르지 아니하였던 것이 베드로에게 죄로 느껴졌기 때문이었다. 이에 예수는 "무서워하지 말라. 이제 후로는 네가 사람을 취하리라"(눅 5:10), 또한 "나를 따라오라. 내가 너희를 사람을 낚는 어부가 되게 하리라"(마 4:19)라고 말씀하였고 이에 베드로는 모든 것을 버려두고 예수를 따랐다.

이후 베드로는 예수를 따라다니며 그의 말씀을 들었고 또한 그가 행하신 많은 치유와 기적을 목격하고 경험하였다. 마태복음 8장(막 1장; 눅 4장)에서 예수가 베드로의 장모를 비롯하여 많은 사람을 치유하셨다. 마태복음 14장(막 6장; 요 6장)에서 베드로는 예수님께 부탁하여 배에서 내려 물 위를 걷기도 하였다. 그뿐 아니라 마태복음 15장(막 7장) 등에서 예수의 비유를 비롯한 많은 말씀을 들었다.

마태복음 16장(막 8장; 눅 9장)에서 예수는 베드로에게 "너희는 나를 누구라 하느냐"(마 16:16)라고 물었다. 이에 대해 베드로는 "주는[당신은] 그리스도시요 살아 계신 하나님의 아들이시니이다"(마 16:16)라고 대답하였다. 예수는 베드로의 대답을 칭찬하시고 그의 이름을 "시몬"에서 "베드로"(Πέτρος, Petros, 페트로스)로 바꾸어주시며 "반석"(πέτρα, petra, 페트라) 위에, 즉 베드로의 신앙고백 위에 교회를 세우겠다고 하시며 그에게 천국 열쇠를 주시겠다고 하셨다.

그런데 이때로부터 예수는 자신이 예루살렘으로 가서 고난을 받고 죽임을 당하고 제3일에 부활할 것을 비로소 알리셨다. 그러자 베드로는 예수를 붙들고 항변하여 말하였다. "주여, 그리 마옵소서. 이 일이 결코 주께 미치지 아니하리이다"(마 16:22). 그러자 예수는 다음과 같이 말씀하셨다. "사탄아, 내 뒤로 물러가라. 너는 나를 넘어지게 하는 자로다. 네가 하나님의 일을 생각하지 아니하고 도리어 사람의 일을 생각하는도다"(마 16:23). 또한 제자들에게 말씀하셨다. "누구든지 나를 따라오려거든 자기를 부인하고 자기 십자가를 지고 나를 따를 것이니라. 누구든지 제 목숨을 구원하고자 하면 잃을 것이요, 누구든지 나를 위하여 제 목숨을 잃으면 찾으리라"(마 16:24-25).

마태복음 26장(막 14장; 눅 22장)에서 예수가 잡힐 때 베드로는 예수를 "멀찍이"(마 26:58; 막 14:54; 눅 22:54) 따라갔고 심지어 예수를 알지 못한다고 세 번 부인하였고 이를 깨닫고 심히 통곡하였다. 부활하신 예수를 만났지만 베드로는 이전의 삶으로 되돌아가서 물고기를 잡고 있었다. 요한복음 21장에서 베드로는 예수를 다시 만났고 예수의 말씀을 통해 많은 물고기를 잡는 일을 다시 체험하였다. 이후 그는 예수로부터 "내 양을 먹이라"(요 21:17)라는 사명을 받고 예수를 온전히 따랐으며 십자가에 거꾸로 매달려 순교하였다.

이렇게 베드로의 삶은 변화되었다. 베드로는 처음 예수를 만났을 때는 따르지 아니하였다가 예수가 자신의 삶의 곤경을 해결해주시는 분이심을 경험하면서 따랐다. 베드로가 비록 메시아/그리스도에 대한 잘못된 이해를 지니고 있었지만 예수를 따르는 과정에서 예수가 어떠한 분이신지를 온전히 깨닫게 되었고, 또한 마지막에 순교하면서까지 예수의 사명을 온전히 따르는 삶을 살았다.

3) 선천성 시각장애인

요한복음 9장은 시각장애인으로 태어나 구걸하며 힘들게 살아가는 사람의 이야기다. 이 사람에 대해 "누구의 죄로 인함이니이까? 자기니이까, 그의 부모니이까?"(요 9:2)라는 논쟁이 있었고 그런 이유에서 예수의 제자들도 위와 같이 예수에게 여쭈었다. 그런데 예수님의 대답은 명확하였다. "이 사람이나 그 부모의 죄로 인한 것이 아니라. 그에게서 하나님이 하시는 일을 나타내고자 하심이라"(요 9:3).

예수의 이러한 말씀 자체만으로 시각장애인은 큰 감동을 받았다. 자신의 삶이 정죄 받은 삶이 아니라 하나님이 하시는 일이 드러나는 삶이라는 점을 예수를 통해 새롭게 발견하였다. 그렇기 때문에 예수께 마음을 열고 말씀을 듣고 순종하며 따라가고자 하였다. 그가 예수의 말씀대로 실로암 못에 가서 씻으니 그의 눈이 밝아졌다.

그런데 이렇게 놀라운 일이 일어나자 시각장애인이었던 사람에게는 더 큰 어려움이 닥쳐왔다. 예수를 경계하던 유대인들이 이러한 일과 관련하여 "누구든지 예수를 그리스도로 시인하는 자는 출교하기로 결의하였으므로"(요 9:22) 누가 눈을 뜨게 하였는지에 관해 사실과 진실을 말하기 어려운 상황이 되었다. 그래서 그의 부모조차도 제대로 말하지 못하고 "그에게 물어보소서. 그가 장성하였으니 자기 일을 말하리이다"(요 9:21)라고 말하며 대답하기를 회피하였다.

시각장애인이었던 사람은 담대하게 사실과 진실을 유대인들에게 말하였다. 그리고 "이 사람이 하나님께로부터 오지 아니하였으면 아무일도 할 수 없으리이다"(요 9:33)라고까지 말하였다. 그러자 유대인들은 이 사람을 출교하였다. 말하자면 마을 밖으로 내쫓음으로써 사회적으로 완전히 생매장하였다. 이 사람은 마을 안으로 들어올 수 없고 밖에서만 살아야 했기에 사회적인 교제와 안전과 소속으로부터 완전히 차단되었다.

이같이 눈이 뜨인 일로 인하여 더 큰 어려움이 생겼지만, 이 사람은 예수를 따르기로 다짐하였다. 이 사람이 출교당했다는 소식을 듣고 예수가 찾아와서 "네가 인자를 믿느냐"(요 9:35)라고 물으셨다. 그러자 이 사람은 "이르되 '주여, 내가 믿나이다' 하고 절하는지라"(요 9:38). 즉 이 사람은 예수를 신앙과 예배의 대상으로 여기며 예수를 따르는 삶을 살아갔다.

시각장애인이었던 이 사람은 예수와의 만남을 통해 자신의 삶을 완전히 새롭게 보는 비전을 가지게 되었다. 그래서 예수의 말씀에 순종하고 따르며 사실과 진실 그대로 증언하였다. 비록 출교를 당하였더라도 그는 예수를 믿고 예배하는 삶을 계속 살아간다. 이러한 과정에서 그는 예수를 그리스도/메시아와 인자로 인식하였고, 예수를 신앙과 예배의 대상으로 받아들였다.

4) 도마

도마는 예수의 열두 제자 중 하나로 부름을 받았고 예수를 따랐다(마 10장; 막 3장; 눅 6장). 요한복음 11장에서 나사로가 죽었을 때 예수가 그에게로 가자고 하자 도마는 "우리도 주와 함께 죽으러 가자"(요 11:16)라고 다른 제자들에게 말하였다.

요한복음 14장에서 예수가 "너희는 마음에 근심하지 말라. 하나님을 믿으니 또 나를 믿으라. 내 아버지 집에 거할 곳이 많도다. 그렇지 않으면 너희에게 일렀으리라. 내가 너희를 위하여 거처를 예비하러 가노니, 가서 너희를 위하여 거처를 예비하면 내가 다시 와서 너희를 내게로 영접하여 나 있는 곳에 너희도 있게 하리라. 내가 어디로 가는지 그 길을 너희가 아느니라"(요 14:1-4)라고 말씀하셨다. 이에 도마는 "주여, 주께서 어디로 가시는지 우리가 알지 못하거늘 그 길을 어찌 알겠사옵나이까?"(요 14:5)라고 물었다. 그러자 예수는 "내가 곧 길이요 진리요 생명이니 나로 말미암지 않고는 아버지께로 올 자가 없느니라"(요 14:6)라고 말씀하셨다.

요한복음 20장에서 다른 제자들이 부활하신 예수를 보았다고 말하였지만 도마는 부활하신 예수를 보지 못하였기 때문에 "내가 그의 손의 못 자국을 보며 내 손가락을 그 못 자국에 넣으며 내 손을 그 옆구리에 넣어 보지 않고는 믿지 아니하겠노라"(요 20:25)라고 말하였다. 여드레 후에 부활하신 예수가 도마와 제자들에게 나타나셨고 특히 도마에게 "네 손가락을 이리 내밀어 내 손을 보고 네 손을 내밀어 내 옆구리에 넣어 보라. 그리하여 믿음 없는 자가 되지 말고 믿는 자가 되라"(요 20:27)라고 말씀하셨다. 그러자 도마는 "나의 주님(ὁ κύριός μου, 호 퀴리오스 무, my Lord)이시요 나의 하나님(ὁ θεός μου, 호 테오스 무, my God)이시니이다"(요 20:28)라고 대답하였다.

이러한 과정을 거쳐 도마는 예수를 주와 하나님으로 인식하며 신앙을 고백하였다. 그리고 도마는 예수를 위하여 다른 어떤 제자보다 더 먼 곳으로 가서 복음을 증언하는 삶을 살았다.

5) 사울/바울

사울은 예수를 믿는 자들을 핍박하던 인물이었다. 스데반이 설교하면서 순교를 당하는 현장에 청년 사울이 있었다(행 7:58). 사울은 스데반의 순교를 마땅히 여겼다. 그리고 이날에 예루살렘에 있는 교회에 큰 박해가 있어서 믿는 자들이 흩어졌다(행 8:1). 사울은 "교회를 잔멸할새 각 집에 들어가 남녀를 끌어다가 옥에 넘기"(행 8:3)었다. 더 나아가 사울은 대제사장의 허가 공문을 받아 다메섹으로 가서 예수를 믿는 자들을 결박하여 예루살렘으로 잡아오고자 하였다.

그런데 다메섹으로 가는 길에 사울은 홀연히 하늘로부터 환히 비추는 빛을 보았고 땅에 엎드러졌다. 그리고 "사울아, 사울아, 네가 어찌하여 나를 박해하느냐?"(행 9:4)는 소리를 들었다. 사울이 누구이신지 물으니 소리의 주인공은 "나는 네가 박해하는 예수라"(행 9:5)라고 대답하였다. 사울은 이렇게 예수라는 분의 존재를 직접 만나게 된다. 이후 사울은 땅에서 일어나 눈은 떴으나 아무것도 보지 못하고 사람의 손에 끌려 다메섹으로 가서 사흘 동안 보지 못하고 먹지도 마시지도 아니하였다.

그때 예수께서 보내신 아나니아가 사울을 만나 안수하니 사울의 눈에서 비늘 같은 것이 벗겨져 다시 보게 되었고 그는 세례를 받았다. 이후 사울은 다메섹의 여러 회당을 다니며 예수가 하나님의 아들이심을 전파하였고 예수가 그리스도이심을 증언하였다. 사울(Saul)은 하나님의 부르심을 받은 사도로서 바울(Paul)로 이름이 바뀌었고 이후 예수의 제자들과 함께 복음을 전하였다. 그는 교회의 파송을 받아 당시 세계 곳곳으로 다니며 예수를 증언하는 선교의 삶을 살았다.

이렇게 사울의 삶은 전적으로 변화되었다. 부활하신 예수를 환한 빛 가운데서 만나고 체험하였기 때문이다. 신비/비밀이신 예수와의 만남의 경험을 통해 사울은 완전히 바뀌어 전적으로 새로운 삶을 살았다.

3. 신비/비밀로서의 성례 - 세례와 성찬

성경에서 "신비" 또는 "비밀"로 번역되는 단어는 그리스어로 "뮈스테리온"(μυστήριον, mysterion)이며 영어로는 미스터리(mystery)이다. 라틴어로는 "미스테리움"(mysterium) 또는 "사크라멘툼"(sacramentum)이다. 그런데 라틴어 사크라멘툼(sacramentum)에서 나온 영어 "새크러먼트"(sacrament)는 성례를 의미하는데, 구체적으로 세례와 성찬을 가리킨다. 이런 점에서 성례는 신비/비밀이신 예수 그리스도와 관련되어 있다.

신비/비밀이신 예수 그리스도가 하나님의 말씀이시므로 성례는 "눈에 보이는 말씀"(visible words)이다. 아우구스티누스에 따르면, 성례는 "비가시적 은혜에 대한 가시적 표지들"(visible signs of an invisible grace)이다. 그리고 웨스트민스터 소요리문답에 따르면, 성례는 예수 그리스도께서 친히 "제정한 거룩한 규례"로서 예수 그리스도의 제정의 말씀이 분명하게 제시되어 있는 세례와 성찬을 가리킨다.[3]

신비이신 예수 그리스도와의 만남을 통해 영성적 신비/비밀 또는 신비적 영성을 경험하기 때문에 우리는 성례인 세례와 성찬을 통해 예수 그리스도와 더욱 깊은 사귐과 교제와 연합으로 나아간다.

1) 세례(Baptism)

부활하신 예수는 제자들을 만나 지내신 후에 제자들에게 다음과 같이 말씀하셨다.

> 예수께서 나아와 말씀하여 이르시되 "하늘과 땅의 모든 권세를 내게 주셨으니 그러므로 너희는 가서 모든 민족을 제자로 삼아 아버지와 아들과 성령의 이름으로 세례를 베풀고 내가 너희에게 분부한 모든 것을 가르쳐 지키게 하라. 볼지어다! 내가 세상 끝날까지 너희와 항상 함께 있으리라" 하시니라(마 28:18-20).

이것은 예수께서 세례를 제정하시는 말씀이다. 그러므로 교회는 예수의 말씀에 근거하여 세례를 행하여 오고 있다.

예수는 세례를 제정하기 훨씬 이전에, 즉 공생애를 시작하기 직전에 친히 세례를 받으셨다. 마태복음 3장, 마가복음 1장, 누가복음 3장에서 예수는 세례 요한으로부터 친히 세례를 받으셨다. 세례를 받고자 하

---

3   밀리오리, 『기독교 조직신학 개론』, 484-485.

는 예수를 요한이 말렸으나 예수는 "이제 허락하라. 우리가 이와 같이 하여 모든 의를 이루는 것이 합당하니라"(마 3:15)라고 말씀하셨고 이에 요한이 허락하였다.

여기서 의(righteousness)는 그리스어로 "디카이오쉬네"(δικαιοσύνη, dikaiosyne)다. 이것은 하나님과의 올바른 관계를 의미하며 구원의 본질적인 모습을 가리킨다. 예수 자신은 성부 하나님과 올바른 관계를 맺고 계심에도 친히 세례를 받음으로써 죄인인 우리에게 의(義)의 길을 보여 주시고자 하셨다.

예수가 친히 세례를 받을 때 다음과 같은 현상이 나타났다.

> 예수께서 세례를 받으시고 곧 물에서 올라오실새 하늘이 열리고 하나님의 성령이 비둘기 같이 내려 자기 위에 임하심을 보시더니 하늘로부터 소리가 있어 말씀하시되 "이는 내 사랑하는 아들이요 내 기뻐하는 자라" 하시니라(마 3:16-17).

예수가 세례를 받을 때 성령이 비둘기 같은 모습으로 나타났는데 여기서 비둘기는 온유함을 상징한다. 이것은 앞으로 있을 예수의 공생애 사역이 온유할 것임을 상징한다. 그런데 성경에서 온유함의 의미는 다음과 같은 예수의 초대 말씀에 분명하게 드러나 있다.

> "수고하고 무거운 짐 진 자들아, 다 내게로 오라. 내가 너희를 쉬게 하리라. 나는 마음이 **온유하고** 겸손하니 나의 멍에를 메고 내게 배우라. 그리하면 너희 마음이 쉼을 얻으리니 이는 내 멍에는 쉽고 내 짐은 가벼움이라" 하시니라(마 11:28-30).

예수는 자신의 마음이 온유하고 겸손하다고 말씀하신다. 여기서 형용사 "온유한"은 그리스어로 "프라우스"(πραΰς, praus)이며 명사로는 "프라우테스"(πραΰτης, prautes, gentleness/meekness)다. 예수의 말씀에서 온유함의 핵심은 수고하고 무거운 짐 진 자들을 모두 자신에게로 부르시고 초대하시고 품어주시고 포용하시는 것이다. 하나님과 올바른 관계를 맺고 있지 아니한 모든 죄인을, 그리고 자신들의 죄로 인하여 지치고 힘들어하는 모든 이들을 불러주시는 것이다.

그리고 예수가 세례를 받을 때 하늘로부터 소리가 들렸는데 그 내용으로 보아 소리의 주체는 성부 하나님이시다. 우리가 예수처럼 세례를 받을 때 성부 하나님은 우리에게도 "너는 내 사랑하는 자녀요. 내가 너를 기뻐하리라"라고 말씀하실 것임을 성경은 알려준다. 세례를 통해 우리가 하나님의 양자가 되고 하나님의 자녀가 되기 때문이다.

이렇게 볼 때 세례는 매우 중요한 의미를 지닌다. 성부와 성자와 성령의 이름으로 세례를 받을 때 성령 안에서 예수에 대한 믿음을 통해 죄의 문제들이 해결되어 하나님과 의(義)의 올바른 관계를 맺는다. 그래서 하나님의 양자가 되고 하나님의 자녀가 되며 하나님의 백성이 된다.

더 핵심적으로 우리는 세례를 통해 예수 그리스도와 연합하는 자가 된다. 즉 세례를 통해 예수 그리스도와의 연합(Union with Jesus Christ)을 이룬다. 우리는 세례를 통해 예수 그리스도의 죽으심과 연합하게 되고, 또한 예수 그리스도의 부활과 연합하게 된다.

무릇 그리스도 예수와 합하여[연합하여, united] 세례를 받은 우리는 그의 죽으심과 합하여[연합하여] 세례를 받은 줄을 알지 못하느냐? 그러므로 우리가 그의 죽으심과 합하여[연합하여] 세례를 받음으로 그와 함께 장사되었나니, 이는 아버지의 영광으로 말미암아 그리스도를 죽은 자 가운데서 살리심과 같이 우리로 또한 새 생명 가운데서 행하게 하려 함이라. 만일 우리가 그의 죽으심과 같은 모양으로 연합한 자가 되었으면 또한 그의 부활과 같은 모양으로 연합한 자도 되리라(롬 6:3-5).

이런 점에서 세례의 본질적인 핵심은 예수 그리스도와의 연합(Union with Jesus Christ)이며, 이를 통해 삼위일체 하나님의 신적 공동체에 참여하는 것이다. 그러므로 세례는 신비이신 예수 그리스도와의 연합을 이루는 매우 중요한 성례다.

2) 성찬(Holy Communion/Eucharist)

예수 그리스도께서 제자들과 함께 가지신 최후의 만찬은 마태복음 26장, 마가복음 14장, 누가복음 22장, 요한복음 13장에 나타난다. 또한 고린도전서 11:23-26에서 사도 바울은 예수의 최후의 만찬의 모습을 간결하게 전해준다.

내가 너희에게 전한 것은 주께 받은 것이니 곧 주 예수께서 잡히시던 밤에 떡을 가지사 축사하시고 떼어 이르시되 "이것은 너희를 위하는 내 몸이니 이것을 행하여 나를 기념하라" 하시고 식후에 또한 그와 같이 잔을 가지시고 이르시되 "이 잔은 내 피로 세운 새 언약이니 이것을 행하여 마실 때마다 나를 기념하라" 하셨으니 너희가 이 떡을 먹으며 이 잔을 마실 때마다 주의 죽으심을 그가 오실 때까지 전하는 것이니라(고전 11:23-

26).

최후의 만찬 때 예수는 떡을 가지고 축사하셨고, 또한 잔을 가지시고 축사하셨다. 여기서 축사하다는 단어가 그리스어로 "유카리스테오"(εὐχαριστέω, eucharisteo)이며 영어로는 "give thanks"다. 마태복음 26:27, 마가복음 14:23, 누가복음 22:17, 19에서는 "감사기도 하시고"라고 번역되어 있다. 이 단어에서 나온 명사가 그리스어로 "유카리스티아"(εὐχαριστία, eucharistia)이며 영어로는 "유카리스트"(Eucharist)라고 하는데 그 기본적인 의미는 "감사"다.

최후의 만찬 때 예수는 떡을 주시며 "이것은 내 몸이니라"(마 26:26)라고 말씀하셨고, 잔을 주시며 "이것은…나의 피 곧 언약의 피니라"(마 26:28)라고 말씀하셨다. 그러므로 떡은 예수 그리스도의 몸이며 잔은 예수 그리스도의 피다. 예수 그리스도의 몸을 먹고 그의 피를 마신다는 것은 세례를 통해 예수 그리스도와 이룬 연합을 확인하고 더 심화시키는 것이다. 이를 통해 삼위일체 하나님의 연합(communion)에 더 깊이 참여하는 것이다. 여기서 연합은 문자적으로 함께(com) 하나가 되는 것(union)을 의미하며 그리스어로 "코이노니아"(koinonia), 영어로는 "펠로우쉽"(fellowship)으로 교제, 일치, 사귐 등을 의미한다. 그러기에 성찬을 거룩한 연합(Holy Communion)이라고도 표현한다.

이런 점에서 성찬의 본질적인 핵심은 예수 그리스도와의 연합을 확인하고 더 심화시키는 것이며, 이를 통해 삼위일체 하나님의 신적 공동체의 연합에 더욱 깊이 참여하는 것이다. 그러기에 성찬은 신비/비밀이신 예수 그리스도와의 연합을 더 심화시키는 매우 중요한 성례다.

III.

파토스와 로고스의
결합으로서의 예수 그리스도

1. 파토스 - 고난/공감

예수와의 만남은 예수의 파토스(pathos)로부터 시작된다. 파토스(pathos)
는 온 세상을 향한 예수의 마음이다. 파토스(pathos)는 긍휼과 고난의 마
음이며 또한 이것에는 사랑(아가페, agape, ἀγάπη)이 전제되어 있다. 예수
에게 사랑의 마음이 있기에 고난과 공감의 마음이 있고, 그렇기 때문에
예수는 온 세상 사람들을 보시며 "불쌍히 여기신다." 즉 함께 느끼시며
아파하신다.

1) 파토스의 의미[1]

"고난"은 그리스어로 파토스(πάθος, pathos) 또는 "파테마"(πάθημα,
pathema)다. "고통"으로 번역되기도 한다. 이는 예수께서 십자가에서 죽
으실 때 받으셨던 어려움을 가리킨다. 예수께서 자신의 고난을 예고
하실 때 동사 "파스코"(πάσχω, pathho)의 부정사 형태인 "파테인"(παθεῖν,
pathein)이 사용되었다.

　　고난을 뜻하는 라틴어는 "파시오"(passio)이며 영어로는 패션
(passion)이다. 영화 〈패션 오브 크라이스트〉(Passion of Christ)의 제목이
"그리스도의 수난"으로 번역되는 것처럼 패션은 고난을 당하는 것, 즉
수난(受難)을 의미한다. 고난을 당하여 아픔을 겪는 것이기에 영어로
"서퍼링"(suffering)으로 번역하기도 한다.

　　그런데 파토스(pathos), 즉 패션(passion)은 십자가에서 고난을 겪는

1　　백충현, 『성경의 키워드로 풀어가는 신학세계』, 75-84.

것과 같은 수난(suffering)뿐만 아니라 성육신하여 사시면서 모든 아픔을 겪으심을 의미한다. 그리고 더 넓게는 시인이나 예술가처럼 외부에 의해 느껴지는 감정 또는 감성을 지니고 계심을 의미하기도 한다. 이렇게 파토스 또는 패션에는 다층적인 의미들이 있다.

그리고 감정이 풍부하다면 고난 또는 고통 중에 있는 자들에 대해 무감각하거나 냉담하지 않으시고 함께 느끼실 수 있다. 이것이 공감 및 긍휼(compassion)이다. 또한 감정이 풍부하다면 고난과 고통 중에 있는 자들을 외면하지 않으시고 돌보실 수 있다. 이것이 위로(consolation)다,

예수가 고난, 즉 파토스(pathos) 및 패션(passion)의 삶을 사시기에 그는 또한 고난 중에 있는 자들과 함께 느끼실 수 있는 컴패션(compassion)의 삶을 사셨다. 컴패션은 "함께"(com)라는 말과 "고난"(passion)이라는 말이 합쳐진 단어로서 함께 느끼는 것을 의미한다. 컴패션은 공감(共感) 또는 긍휼(矜恤)로 번역되는데 긍휼은 또한 자비(mercy)와도 연결된다.

예수가 고난, 즉 파토스(pathos) 및 패션(passion)의 삶을 사셨고 고난 중에 있는 자들과 함께 느끼실 수 있는 컴패션(compassion)의 삶을 사셨기에 그는 또한 고난 중에 있는 사람들을 보듬고 돌보시는 위로(consolation)의 삶을 사셨다. 그러므로 고린도후서 1:5은 "그리스도의 고난이 우리에게 넘친 것 같이 우리가 받는 위로도 그리스도로 말미암아 넘치는도다"라고 말씀한다. 예수 그리스도는 고난을 겪으시는 분이시므로 또한 위로를 주시는 분이시다.

여기서 위로라고 번역된 그리스어 단어가 "파라클레시스"(παράκλησις, paraklesis)다. 파라클레시스는 "파라"(para)라는 전치사와 "클레시스"(klesis)라는 명사가 합쳐진 합성어다. "파라"는 "옆으로, 함께"라는 뜻이며 "클레시스"는 "부름을 받은 것"을 뜻한다. 그래서 파라

클레시스는 누군가의 옆으로 부름을 받아 함께 있는 것을 의미한다. 이것이 바로 위로다.

위로는 고난이나 고통을 당하는 자들 옆으로 부름을 받아 그들과 함께 있는 것이다. 위로를 행하는 자, 즉 위로를 위해 부름을 받아 함께 있는 자를 가리켜 "파라클레토스"(παράκλητος, parakletos)라고 하는데 이 단어가 성경에서 예수를 가리켜 사용되었다.

> 나의 자녀들아, 내가 이것을 너희에게 씀은 너희로 죄를 범하지 않게 하려 함이라. 만일 누가 죄를 범하여도 아버지 앞에서 우리에게 **대언자**가 있으니 곧 의로우신 예수 그리스도시라(요일 2:1).

여기서 대언자가 그리스어로 파라클레토스다. 죄인을 위해 부름을 받아 옆에 와서 도와주되 구체적으로 대언하고 변호하고 옹호하는 자라는 의미다. 그래서 영어로는 "애드버킷"(advocate)으로 번역한다.

이같이 예수의 고난, 즉 파토스(pathos) 및 패션(passion)에는 수난(suffering), 공감과 긍휼(compassion), 위로(consolation)가 모두 포함된다. 예수는 고난과 고통을 당하여 아픔을 겪으시며 고난 중에 있는 자들과 함께 느끼시고 고난 중에 있는 자들을 위로하시는 분이시다.

이렇게 예수는 고난(passion)의 예수, 곧 파토스(pathos)의 예수시다. 그래서 예수는 고난(passion)을 느끼실 수 있는 감동성(passibility)을 지니신다. 예수는 고난을 느끼실 수 없는 무감동성(impassibility)의 예수가 아니시다.

2) 예수의 고난/공감의 모습들

예수는 고난(pathos/passion)의 삶을 사셨다. 동정녀로부터 탄생하시는 것에서부터 공생애의 시작, 세례를 받으시고 광야에서 시험을 받으시는 것, 그리고 지상에서 선포하시고 가르치시고 치유하시는 사역 등 그의 모든 활동, 즉 예수로 사신 삶 전체가 고난의 삶이다.

따라서 예수는 하나님 나라의 복음을 전하기 위해 다니면서 만나시는 사람들에게 공감하셨고 그들을 긍휼히 여기셨다.

> 예수께서 모든 도시와 마을에 두루 다니사 그들의 회당에서 가르치시며 천국 복음을 전파하시며 모든 병과 모든 약한 것을 고치시니라. 무리를 보시고 불쌍히 여기시니 이는 그들이 목자 없는 양과 같이 고생하며 기진함이라(마 9:35-36).

여기서 "불쌍히 여기다"라는 단어가 그리스어로 "스플랑크니조마이"(σπλαγχνίζομαι, splagchnizomai)라는 동사인데, 이 동사의 명사형인 "스플랑크논"(σπλάγχνον, splagchnon)은 몸 안의 기관, 즉 창자 등을 가리키므로 마음속 깊이 느끼는 것을 뜻한다. 그래서 영어로는 "컴패션을 가지는 것"(have compassion)으로 번역되고 있다.

마태복음 14장에서 예수 그리스도는 오병이어의 기적을 일으키셨다. 그러나 그는 자신의 힘이나 권능을 자랑하시고자 기적을 일으키신 것이 아니었다. 오히려 그는 "큰 무리를 보시고 불쌍히 여기사"(14절), 즉 그들에 대해 컴패션(compassion)을 가지셨고 그러한 공감 또는 긍휼의 마음으로 그들 중 병자들을 치유하셨으며 그들을 위해 기적을 베푸셨다.

마태복음 15장에서 칠병이어의 기적을 일으키실 때도 예수 그리스도는 "내가 무리를 불쌍히 여기노라"(32절)라고 제자들에게 말씀하시며 그들을 위하여 기적을 베푸셨다. 여기서도 불쌍히 여기는 것이 바로 컴패션(compassion)의 삶이다.

그리고 마태복음 20장에서 예수 그리스도는 길가에서 시각장애인 두 사람을 만나시고 이들을 "불쌍히 여기사"(34절) 그들의 눈을 만져주시고 눈을 뜨게 하셨다. 이러한 기적을 일으키신 것은 예수께서 그들에 대해 컴패션(compassion)을 느끼셨기 때문이다.

이러한 기적들 외에도 예수께서 하신 모든 일은 바로 그가 만나시는 사람들에 대해 공감 또는 긍휼을 가지셨기 때문에 일어난 일들이다.

또한 요한복음 11장에서 예수는 마리아와 마르다와 나사로를 사랑하셨는데 나사로의 죽음에 대해 많은 고난(passion)을 느끼셨다. 예수는 나사로가 죽고 마리아와 조문객들이 우는 것을 보시고 "심령에 비통히 여기시고 불쌍히 여기셨다"(요 11:33). 표준새번역에서는 예수께서 "마음이 비통하여 괴로워하셨다"라고 표현한다. 그래서 "예수께서 눈물을 흘리"셨다(요 11:35).

이렇게 예수는 비통함과 괴로움을 느끼시고 눈물을 흘리시는 패션(passion), 즉 고난의 삶을 사셨다. 사실 예수의 삶 전체가 고난의 삶이었다.

이러한 고난의 삶이 가장 극심하게 나타난 것이 바로 십자가 사건(crucifixion)이다. 예수는 이 사건이 있을 것이라고 제자들에게 미리 알리셨다.

이때로부터 예수 그리스도께서 자기가 예루살렘에 올라가 장로들과 대제사장들과 서기관들에게 많은 고난을 받고 죽임을 당하고 제삼일에 살아나야 할 것을 제자들에게 비로소 나타내시니(마 16:21).

예수는 자신의 예고대로 대제사장과 장로들이 보낸 무리에게 잡히셨고 결박을 당하셨다. 더 나아가 제자 유다에게 배신당하시고 제자 베드로에게 부인당하셨으며 제자들이 다 도망가서 홀로 남으셔야 했다.

이후 총독 빌라도에게 넘겨지고, 군병들에 의해 옷이 벗겨지고, 홍포가 입혀지고, 가시관이 머리에 씌워지고, 갈대가 오른손에 들려지고 온갖 희롱을 당하셨다. 침 뱉음을 당하고, 갈대로 머리를 맞으셨고 채찍에 맞으셨다. 십자가를 어깨에 지셨고 유대인의 왕이라는 죄패가 머리 위에 붙여졌고 온갖 모욕을 당하며 골고다로 끌려가셨다. 그리고 십자가에서 못박히셨다.

이때의 고난이 얼마나 극심하였던지 예수는 크게 소리 지르셨다. "'엘리 엘리 라마 사박다니' 하시니 이는 곧 '나의 하나님, 나의 하나님, 어찌하여 나를 버리셨나이까' 하는 뜻이라"(마 27:46). 극도의 고난과 고통 속에서 예수 그리스도는 자신이 성부 하나님으로부터 버림을 받은 것처럼 느끼셨다. 이러한 느낌이 드실 만큼 그에게 고난이 극심하였다.

이런 예수의 삶에는 파토스(pathos)만 있는 것이 아니다. 예수의 삶 전체가 고난(pathos/passion)의 삶이고 그 절정은 십자가 사건에서의 죽음의 고난이지만 파토스(pathos)가 전부는 아니었다. 왜냐하면 십자가 사건이 성경에서 "십자가의 도(道)"(고전 1:18)라고 표현되기 때문이다.

여기서 도(道)는 로고스(logos)를 의미하며 십자가는 파토스(pathos)를 가리킨다. "십자가의 도"(the word of the cross)는 그리스어로 "호 로고스 투 스타우루"(ὁ λόγος τοῦ σταυροῦ, ho logos tou staurou)다. "십자가"(σταυρός, 스타우로스)는 십자가 처형을 가리키므로 고난/고통/죽음을 의미하며 파토스(pathos)를 상징한다. 따라서 예수의 삶은 파토스(pathos)와 로고스(logos)가 공존하는 삶이며 양자가 결합되어 있는 삶이다.

2. 로고스 – 말씀/도[道]

1) 로고스의 의미[2]

예수가 탄생하신 사건에서부터 공생애의 시작, 세례를 받으신 일, 광야에서 시험받으신 일, 그리고 지상에서 선포하시고 가르치시고 치유하신 사역 등 그의 모든 활동, 즉 예수의 삶 전체가 고난의 삶이며 파토스(pathos)의 삶이다. 그런데 예수는 이러한 파토스(pathos)의 삶만 사신 것이 아니라 그와 동시에 로고스(logos)로서의 삶을 사셨다.

　　"로고스"(λόγος, logos)는 그리스어이며 이성, 말, 담론, 원리, 비율 등등을 의미하는데 서양 철학에서는 우주 만물의 원리를 가리킨다. 성경에서는 "말씀"(the Word)으로 번역된다. 요한복음 1:1은 "태초에 말씀이 계시니라"라고 말씀하는데 여기서 말씀에 해당하는 그리스어가 "로고스"(logos)다. 중국어 성경에서는 "태초유도"(太初有道)라는 표현에서 볼 수 있는 것처럼 "로고스"(logos)가 "도"(道)로 번역된다. 동양 철학에

2　　위의 책, 19-23.

서 도(道)는 우주 만물의 생성과 운영의 원리를 가리킨다.[3] 그리고 히브리어로는 "다바르"(דָּבָר, dabar)로서 하나님의 말씀을 의미한다. 그리스어 "로고스"(logos)에는 정적인 의미가 많이 담겨 있는 반면 히브리어 "다바르"(dabar)에는 역동적인 의미가 강하게 담겨 있다.

"하나님의 말씀"은 구약 히브리어에서는 "여호와의 말씀"(דְּבַר־יהוה, the word of the Lord)(창 15:1; 15:4 등) 또는 "하나님의 말씀"(דְּבַר־אֱלֹהִים, the word of God, 왕상 12:22; 대상 17:3 등)으로 표현된다. 구약에서 하나님의 말씀은 삶의 원리를 의미한다. 그리고 신약성경에서 사용된 로고스(logos)는 당시 그리스/로마 철학에서 통용되던 우주 만물의 원리를 의미한다. 따라서 예수 그리스도가 말씀이라는 말은 예수 그리스도가 삶의 원리이며 우주 만물의 원리이심을 의미한다.

이러한 점을 요한복음 1:1-3과 골로새서 1:16-17에서 분명히 알려준다.

> 태초에 말씀이 계시니라. 이 말씀이 하나님과 함께 계셨으니 이 말씀은 곧 하나님이시니라. 그가 태초에 하나님과 함께 계셨고 만물이 그로 말미암아 지은 바 되었으니 지은 것이 하나도 그가 없이는 된 것이 없느니라 (요 1:1-3).

> 만물이 그(예수 그리스도)에게서 창조되되 하늘과 땅에서 보이는 것들

---

3 도(道)를 바탕으로 신학을 전개한 예로는 다음과 같다. 김흡영, 『기독교 신학의 새 길, 도(道)의 신학』(서울: 동연, 2022). 김흡영, 『道의 신학 Toward a Theo-tao』(서울: 다산글방, 2000). 김흡영, 『道의 신학 II』(서울: 동연, 2012). 이세형, 『道의 신학』(서울: 한들출판사, 2002).

과 보이지 않는 것들과 혹은 왕권들이나 주권들이나 통치자들이나 권세들이나 만물이 다 그로 말미암고 그를 위하여 창조되었고 또한 그가 만물보다 먼저 계시고 만물이 그 안에 함께 섰느니라(골 1:16-17).

여기서 만물은 하나님께서 창조하신 우주 만물 전체를 가리킨다. 만물은 그리스어로 "판타"(πάντα, panta)인데 모든 것을 의미하는 그리스어 단어 "파스"(πᾶς)의 중성 복수 명사형이다. 라틴어로는 "옴니아"(omnia)라고 번역된다. 한자로는 "만물"(萬物), "만유"(萬有) 또는 "범"(凡)으로 표현한다. 우주 만물은 하나님에 의해 창조된 것이므로 피조물(被造物, creature)이며 또한 자연(自然, nature)이라고 표현할 수 있다. 그리고 창조세계(創造世界, creation)라고도 표현할 수 있다.[4]

따라서 예수가 로고스(logos)시라는 말은 예수가 말씀 또는 도(道)로서 우주 만물 전체와 관련되어 있음을 의미한다. 더 구체적으로 예수 그리스도가 로고스(logos)시라는 말은 예수 그리스도가 우주 만물의 원리이시며 또한 인간의 모든 삶의 원리이심을 의미한다.

이러한 점을 우리는 "태초에"라는 표현에서도 알 수 있다. 성경에서 가장 처음 나오는 말이 "태초에"다. 구약성경 39권 중 첫 번째인 창세기 1:1에 나타난다. 그리고 신약성경 27권 중 네 번째인 요한복음 1:1에도 나타난다. "태초에"는 영어로 "인 더 비기닝"(In the beginning)이다. "처음에"라는 뜻이다. 한자로는 "태초"(太初)인데 아주 오래전 먼 옛날의 처음을 뜻한다. 이런 점에서 태초는 시간적인 처음을 의미한다.

"태초에"라는 말을 구약성경의 히브리어로 보면 "베레쉬트"(בְּרֵאשִׁית,

---

4   백충현, 『성경의 키워드로 풀어가는 신학세계』, 31.

bereshit)다. 여기서 "태초"는 "레쉬트"(רֵאשִׁית, reshit)인데 "시작, 처음, 으뜸"을 의미한다. 그리고 신약성경의 그리스어로 보면 "엔 아르케"(ἐν ἀρχῇ, en arche)인데 여기서 "태초"는 "아르케"(ἀρχή, arche)다. 여기서 그리스어 "아르케"는 주목할 가치가 있다. 서양 철학에서 매우 중요한 의미를 지니는 단어이기 때문이다.

서양 철학은 기원전 6-7세기에 활동한 그리스사람 탈레스(Thales)를 비롯하여 많은 자연철학자들에게서 본격적으로 시작되었다. 이후에 소크라테스, 플라톤, 아리스토텔레스와 같은 유명한 철학자들이 등장하였다. 자연철학자들은 우주 만물이 생겨나고 돌아가는 원리를 자연 속에서 찾고자 탐구하였다. 예를 들면 탈레스는 우주 만물의 원리가 물이라고 주장하였다. 물이 없이는 씨앗이 트일 수 없고 생명이 성장하지 못하기 때문이었다.[5] 자연철학자들은 자신들이 발견하고자 하였던 우주 만물의 원리를 "아르케"라고 하였다. 이런 점에서 철학은 우주 만물의 원리인 아르케를 탐구하는 여정의 학문으로 시작하였다.

그렇다면 "태초에"라는 말에는 시간적인 의미뿐만 아니라 원리적인 의미가 함께 담겨 있다고 볼 수 있다. 라틴어로 번역된 불가타(Vulgate) 성경으로 보면, 창세기 1:1과 요한복음 1:1 모두 "인 프린키피오"(in principio)라고 되어 있다. 영어로 그대로 옮긴다면 "인 프린시플"(in principle)인데 "프린시플"은 원리를 의미한다.

이런 점에서 창세기 1:1의 "태초에 하나님이 천지를 창조하시니라"라는 구절은 하나님께서 맨 처음에 천지를 창조하셨음을 선언할 뿐

---

5   스털링 P. 램프레히트 지음, 김태길·윤명로·최명관 옮김, 『서양철학사』(서울: 을유문화사, 1991), 21-22.

만 아니라 하나님께서 천지창조의 원리이심을 선언하는 셈이다. 그리고 요한복음 1:1의 "태초에 말씀이 계시니라"라는 구절은 맨 처음에 말씀이 존재하셨음을 선언할 뿐만 아니라 이 말씀이 우주 만물의 원리이심을 선언하는 것이다.

그리고 요한복음 1:2-3은 말씀이 성부 하나님과 함께 계시는데, 또한 말씀 자체가 하나님이시라고 말하면서 "만물이 그(말씀)로 말미암아 (through) 지은 바 되었으니"라고 표현한다. 이를 창세기 1:3에서는 "하나님이 이르시되"라고 표현한다. 즉 하나님께서 말씀하심으로써, 그리고 자신의 말씀을 통해 우주 만물을 창조하심을 알려 준다.

2) 말씀으로서 예수의 모습들

로고스(λόγος, logos)로서의 말씀(the Word)은 창조 이전부터 창조를 거쳐 종말에 이르기까지 활동한다. 요한복음 1:1-3에 따르면, 태초에 말씀은 성부 하나님과 함께 계셨고 존재하셨다. 그리고 이 말씀을 통하여 우주 만물이 창조되었다.

> 태초에 **말씀**이 계시니라. 이 **말씀**이 하나님과 함께 계셨으니 이 **말씀**은 곧 하나님이시니라. 그가 태초에 하나님과 함께 계셨고 만물이 그로 말미암아 지은 바 되었으니 지은 것이 하나도 그가 없이는 된 것이 없느니라 (요 1:1-3).

그리고 요한복음 1:14에 따르면 이 말씀은 사람이 되셨다.

말씀이 육신이 되어 우리 가운데 거하시매 우리가 그의 영광을 보니 아버지의 독생자의 영광이요 은혜와 진리가 충만하더라(요 1:14).

"말씀이 육신이 되어"(The Word became flesh)라는 구절은 그리스어로 "호 로고스 사르크스 에게네토"(ὁ λόγος σὰρξ ἐγένετο, ho logos sarks egeneto)다. 말씀이 육신이 된 것을 성육신(成肉身, incarnation)이라고 하며 육화(肉化)라고 표현하기도 한다.[6]

여기서 로고스(logos)이신 말씀이 육신이 되었다고 해서 단지 말씀이 육체라는 점만을 의미하지 않는다. 육신을 가리키는 그리스어가 "사르크스"(σάρξ, sarks)인데, 이 단어는 영혼과 구별되는 육체를 의미하기도 하지만 때로는 영혼과 육체를 아우르는 온전한 전인적인 몸 전체를 의미하기도 한다.

예를 들어 마태복음 19장에서 바리새인들이 예수를 시험하여 이혼에 관하여 질문을 하자 예수는 다음과 같이 답하였다.

예수께서 대답하여 이르시되 "사람을 지으신 이가 본래 그들을 남자와 여자로 지으시고 말씀하시기를, '그러므로 사람이 그 부모를 떠나서 아내에게 합하여 그 둘이 한 몸이 될지니라' 하신 것을 읽지 못하였느냐? 그런즉 이제 둘이 아니요 한 몸이니 그러므로 하나님이 짝지어 주신 것을 사람이 나누지 못할지니라" 하시니(마 19:4-6).

---

6   윤성런, "신체 현상학을 통한 육화 개념의 수평적 이해 – 고백자 막시무스의 창조적 육화론과 메를로-퐁티의 살 존재론을 중심으로," 미간행박사학위논문(연세대학교 대학원, 2024).

여기서 "몸"이 그리스어로 "사르크스"(σάρξ, sarks)인데, 결혼하는 남자와 여자 각각의 온전한 전인적인 몸을 의미하는 것이지, 단지 남자와 여자 각각의 육신만을 합하는 것을 의미하지는 않는다.

그러기에 말씀이 육신이 된 성육신은 말씀이 온전한 전인적인 몸 전체를 지닌 사람이 되었음을 의미한다. 그리고 성육신은 단지 로고스 (logos)이신 말씀이 사람이 되는 한순간만을 의미하지는 않는다. 즉 성 육신은 단지 성육신하신 분의 탄생 순간만을 의미하지 않는다. 성육신 은 사람이 되어서 사람으로 살아가는 삶 전체를 의미한다. 즉 성육신은 예수의 탄생과 성장, 공생애 시작에서의 수세와 시험, 이후 하나님 나라 의 복음을 선포하시는 삶 전체, 그리고 마지막에서의 고난과 십자가에 서의 죽음과 부활까지 모두 포함한다.

이렇게 성육신하셔서 나타나신 예수는 요한복음 1:18에 따르면 "아버지 품속에 있는 독생하신 하나님"이시다. "본래 하나님을 본 사 람이 없으되 아버지 품속에 있는 독생하신 하나님이 나타내셨느니 라"(요 1:18). 여기서 "독생하신 하나님"은 그리스어로 "모노게네스 테오 스"(μονογενὴς θεός, monogenes theos)인데 여기에 하나님을 뜻하는 그리스 어 단어 "테오스"(θεός)가 사용되었다.

하나님은 하나님이지만 독생하신 하나님이기에 외아들/독생자(獨 生子, the only begotten Son)로 표현한다. 이 독생자, 즉 성자 하나님은 성부 하나님의 품속에 있을 정도로 성부와 성자 사이의 관계가 아주 밀접하 다. 여기서 "품"은 그리스어로 "콜포스"(κόλπος, kolpos)로서 가슴을 뜻하 는데 이것은 둘 사이의 관계가 아주 밀접한 관계임을 의미한다.

그런데 빌립보서 2장에서는 이러한 성육신을 다른 측면에서 조명 해주고 있다.

너희 안에 이 마음을 품으라. 곧 그리스도 예수의 마음이니, 그는 근본 하나님의 본체시나 하나님과 동등됨을 취할 것으로 여기지 아니하시고, 오히려 자기를 비워 종의 형체를 가지사 사람들과 같이 되셨고, 사람의 모양으로 나타나사 자기를 낮추시고 죽기까지 복종하셨으니 곧 십자가에 죽으심이라(빌 2:5-8).

예수는 근본 하나님의 본체로서 성부 하나님과 동등하시지만 오히려 자기를 비우시고 종의 형체를 가져 사람이 되셨다. 여기서 "자기를 비우다"에 해당하는 그리스어 동사가 "케노오"(κενόω, kenoo)인데 여기서 파생된 명사가 "케노시스"(κένωσις, kenosis)로서 자기비움(self-emptiness) 또는 공(空)을 의미한다. 이러한 점을 부각시키는 기독론을 케노시스 기독론(Kenosis Christology 또는 Kenotic Christology) 또는 공(空)의 기독론이라고 한다.

말씀이 성육신하여 나타나신 예수가 공생애를 시작하면서 세례를 받은 직후 광야에서 마귀에게 세 번 시험을 받을 때 세 번 모두 말씀으로 이기셨다. 첫째, 돌들이 떡덩이가 되도록 하라는 시험에 대해 예수는 "기록되었으되 '사람이 떡으로만 살 것이 아니요 하나님의 입으로부터 나오는 모든 말씀으로 살 것이라' 하였느니라"(마 4:4; 눅 4:4)라고 하시며 물리치셨다. 둘째, 성전 꼭대기에서 뛰어내리라는 시험에 대해 예수는 "또 기록되었으되 '주 너의 하나님을 시험하지 말라' 하였느니라"(마 4:7; 눅 4:12)라고 하시며 물리치셨다. 셋째, 사탄에게 경배하면 천하만국과 그 영광을 주겠다는 시험에 대해 예수는 "사탄아, 물러가라. 기록되었으되 '주 너의 하나님께 경배하고 다만 그를 섬기라' 하였느니라"(마 4:10; 눅 4:8)라고 하시며 물리치셨다.

말씀이 성육신하여 나타나신 예수가 행한 첫 표적은 요한복음 2장에 따르면 갈릴리 가나 혼인 잔치에서 물을 포도주로 변화시킨 것인데 이것은 아주 의미심장한 사건이다. 그리스의 자연철학자 탈레스는 물이 우주 만물의 원리라고 주장하였는데, 예수 그리스도는 이 물을 포도주로 변화시키셨다. 이를 통해 예수 그리스도는 그리스의 자연철학자들이 찾고자 하였던 아르케, 즉 우주 만물의 원리가 바로 자신임을 알려 주신다.

말씀이 성육신하여 나타나신 예수는 이후 "회개하라. 천국이 가까이 왔느니라"(마 4:17), "때가 찼고 하나님의 나라가 가까이 왔으니 회개하고 복음을 믿으라"(막 1:14-15)라고 하시면서 하나님 나라의 복음을 전파하셨다. 그리고 가르치심, 천국 복음을 전파하심, 고치심/치유하심이라는 삼대 사역을 계속 펼치셨다.

예수께서 온 갈릴리에 두루 다니사 그들의 회당에서 가르치시며 천국 복음을 전파하시며 백성 중의 모든 병과 모든 약한 것을 고치시니, 그의 소문이 온 수리아에 퍼진지라. 사람들이 모든 앓는 자 곧 각종 병에 걸려서 고통당하는 자, 귀신 들린 자, 간질하는 자, 중풍병자들을 데려오니 그들을 고치시더라(마 4:23-24).

IV.

인격과 사역의 통합의
정체성으로서의 예수
그리스도

한 사람의 정체성은 그가 누구(who)이며 무엇(what)을 하는지를 알려준다. 정체성을 영어로는 "아이덴터티"(identity)라 부르고 간단히 줄여서 "아이디"(ID 또는 id)라고 한다.

신학에서 사용하는 전문적인 용어로는 누구(who)에 해당하는 내용을 인격(person)이라고 하고 무엇(what)에 해당하는 내용을 활동/사역(work/ministry)이라고 한다. 이런 의미에서 "예수"라는 이름은 하나의 정체성을 의미하며 이 안에는 인격(person)과 사역(work)이 하나로 통합되어 있다. 즉 "예수"라는 이름에는 정체성, 곧 아이덴터티(identity)가 담겨 있다.

예수의 인격을 다루는 신학적 주제를 기독론이라고 한다. 이것은 협의의 기독론이다. 그리고 예수의 활동 및 사역은 구원으로 수렴되기 때문에 이것을 다루는 신학적 주제를 구원론이라고 한다. 그리고 예수의 인격과 사역을 모두 다루는 신학적 주제를 광의의 기독론이라고 한다.

1. 예수

1) "예수"라는 이름의 뜻

우리가 믿는 분은 "예수"(Jesus)다. "예수"(Jesus)라는 이름은 신약성경의 그리스어로 "예수스"(Ἰησοῦς, Iesous)이며 구약성경의 히브리어로 "요슈아"(יֵשׁוּעַ, Joshua) 또는 "예호슈아"(יְהוֹשׁוּעַ, Jehoshua)다.

마태복음 1장에 따르면, "예수"라는 이름의 뜻을 천사가 요셉의 꿈에 나타나 알려주었다. "아들을 낳으리니 이름을 예수라 하라. 이는 그가 자기 백성을 그들의 죄에서 [죄들로부터] 구원할 자이심이라"(마 1:21). "예수"라는 이름은 자기 백성을 죄로부터 구원하실 자라는 뜻을 지닌다. "구원하다"라는 뜻을 지닌 그리스어 동사가 "소조"(σώζω, sozo)인데 여기서 파생된 명사 "소테리아"(σωτηρία, soteria)는 구원(救援)을 뜻하고 "소테르"(σωτήρ, soter)는 "구원하는 자" 곧 "구원자"(救援者)다.

그리고 누가복음 2장에 따르면, 예수의 탄생 때 천사가 목자들에게 다음과 같이 알려주었다.

> 보라. 내가 온 백성에게 미칠 큰 기쁨의 좋은 소식을 너희에게 전하노라. 오늘 다윗의 동네에 너희를 위하여 구주[구원자]가 나셨으니 곧 그리스도 주시니라(눅 2:11-12).

여기서 "구주"(Savior)로 번역된 그리스어는 "소테르"(σωτήρ, soter)로서 구원자와 같은 의미이다. 소테르를 구주(救主)로 번역함으로써 구원하시는 자가 주(主)님이시라는 점을 의미한다. 누가복음 2:12 끝에서 "구주[구원자]가 나셨으니 곧 그리스도 주(主, κύριος[퀴리오스], the Lord)시니라"라고 말씀하기 때문에 구원자를 구주(救主, Savior)로 번역하는 것은 의미상 아무런 문제가 없다.

위에서 마태복음 1장과 누가복음 2장을 살펴본 대로 "예수"라는 이름의 뜻을 고려하면 우리가 예수를 믿는다는 것은 예수가 구원자이시고 구원하시는 주님, 곧 구주이심을 알고 받아들이는 것을 의미하고, 예수를 구원자, 곧 구주로 믿고 신뢰하고 따르며 산다는 것을 의미한다.

더 구체적으로 말하면, 예수를 믿는다는 것은 예수가 우리를 죄로부터 구원하시는 분이심을 받아들이며 산다는 것을 의미한다. 마태복음 1장에서 천사가 "예수"라는 이름의 뜻을 알려주면서 "그[예수]가 자기 백성을 그들의 죄에서[죄들로부터] 구원할 자이심이라"(마 1:21)라고 말하였다. 여기서 구원은 "~로부터의 구원"인데 바로 죄(ἁμαρτία, hamartia)로부터의 구원이다. 죄가 무엇인지에 관해서는 여러 의미가 있으므로 구원도 여러 다양하고 다층적인 의미들을 지닌다.

또한 예수를 구원자/구주로 믿고 받아들이는 것은 이 예수가 하나님이심을 또한 의미한다. 왜냐하면 성부 하나님에게 구원자/구주라는 칭호가 이전부터 적용되었기 때문이다. 따라서 구원자/구주라는 칭호가 예수에게도 사용된다는 점은 예수가 하나님이심을 함의한다.

예를 들어 누가복음 1장에서 마리아는 천사를 만나 수태고지를 받으면서 하나님을 찬양하였다. 마리아는 소위 "마리아 찬가"(Magnificat)에서 하나님을 다음과 같이 찬양한다. "내 영혼이 주를 찬양하며 내 마음이 **하나님 내 구주를** 기뻐하였음은 그의 여종의 비천함을 돌보셨음이라. 보라! 이제 후로는 만세에 나를 복이 있다 일컬으리로다"(눅 1:46-48).

여기서 "주를"이라는 표현은 그리스어로 "톤 퀴리온"(τὸν κύριον)이며 "하나님 내 구주를"은 그리스어로 "에피 토 테오 토 소테리 무"(ἐπὶ τῷ θεῷ τῷ σωτῆρί μου)이다. 마리아는 하나님을 찬양하면서 하나님을 "주"(the Lord)와 "하나님 내 구주"(God my Savior)로 표현하고 있는데, "주"(主)는 그리스어로 "퀴리오스"(κύριος)이며 "구주"(救主)는 그리스어로 "소테르"(σωτήρ)다. 이러한 점은 하나님이 구원자/구주이심을 알려준다.

그러므로 예수에게 "구원자/구주"라는 칭호가 사용된다는 점은 예수가 하나님이심을 함의한다. 그러므로 이러한 점은 예수가 자기 백성을 죄로부터 구원할 수 있는, 즉 죄의 문제를 해결하실 수 있는 하나님이심을 알려 준다.

히브리서 2장에서는 이러한 예수를 "구원의 창시자"(the pioneer of salvation)로 표현한다.

> 오직 우리가 천사들보다 잠시 동안 못하게 하심을 입은 자 곧 죽음의 고난 받으심으로 말미암아 영광과 존귀로 관을 쓰신 예수를 보니 이를 행하심은 하나님의 은혜로 말미암아 모든 사람을 위하여(for everyone) 죽음을 맛보려 하심이라. 그러므로 만물이 그를 위하고 또한 그로 말미암은 이가 많은 아들들을 이끌어 영광에 들어가게 하시는 일에 그들의 **구원의 창시자**(the pioneer of their salvation)를 고난을 통하여 온전하게 하심이 합당하도다(히 2:9-10).

여기서 "구원의 창시자"는 그리스어로 "아르케고스 테스 소테리아스"(ἀρχηγός τῆς σωτηρίας, archegos tes soterias)다. 여기서 "창시자"에 해당하는 단어인 "아르케고스"(ἀρχηγός)는 요한복음 1:1의 "태초에"(엔 아르케, Ἐν ἀρχῇ, en arche)라는 표현에 사용된 "아르케"(ἀρχή, arche)와 관련되어 있다. 아르케가 시작 및 원리라는 뜻이므로 "아르케고스"는 "시작자, 창시자, 또는 원리자"라는 의미다. 즉 예수는 구원의 시작자이면서 또한 구원의 원리자이심을 의미한다.

9절에 따르면, 구원이 이루어지는 원리는 예수가 모든 사람을 위하여 죽음을 맛보고, 이러한 죽음의 고난을 받은 후에 영광과 존귀의 관을 쓰시는 것이다. 여기서 "모든 사람을 위하여"(for everyone)라는 말은 그리스어로 "휘페르 판토스"(ὑπὲρ παντός, hyper pantos)이다. 판토스 (παντός)를 남성형으로 본다면 "모든 사람을 위하여"라는 의미가 되며 중성형으로 본다면 "모든 것(만물)을 위하여"라는 의미가 된다. 이런 점에서 구원의 시작자이며 원리자이신 예수의 구원은 모든 사람 및 모든 것(만물)과 관련이 있다.

사도행전 3장에서는 예수를 가리켜 "생명의 주(主)"라고 표현하는데 여기서 "주"(主)에 해당하는 그리스어 단어는 히브리서 2장에 나오는 "구원의 창시자"라는 표현에서 "창시자"와 동일하다. 베드로가 솔로몬의 행각에서 설교할 때 예수의 죽음 및 부활과 관련하여 "[너희가] 생명의 주(the author of life)를 죽였도다. 그러나 하나님이 죽은 자 가운데서 그를 살리셨으니 우리가 이 일에 증인이라"(행 3:15)고 말하였다.

여기서 "생명의 주"(the author of life)는 그리스어로 "아르케고스 테스 조에스"(ἀρχηγός τῆς ζωῆς, archegos tes zoes)다. 한글성경 개역개정 역본에는 "생명의 주(主)"로 번역되어 있는데, 구체적으로는 생명의 창시자, 시작자, 원리자라는 의미다. 예수가 생명의 원리자시기 때문에 예수는 구원을 이루시는 구원자/구주시다.

2) "예수"는 구원자/구주

예수가 구원자/구주이심을 믿는 신앙은 이 예수와의 만남을 통해 생겨난다. 각자의 구체적인 상황 속에서 예수와 만나 자신이 구원받음을 경험한다. 그러면서 이 예수를 구원자와 구주로 고백하고 찬양하고 예배한다. 그리고 예수의 정체성에 관한 깊은 인식으로 나아간다. 성경에는 이러한 이야기들이 많이 있다.

마태복음 8장(막 4장; 눅 8장)에서 예수와 제자들이 탄 배가 바다의 큰 놀로 인하여 물결에 덮이게 될 때 제자들이 주무시는 예수를 깨우며 "주여, **구원하소서**. 우리가 죽겠나이다"(마 8:25)라고 요청하였다. 예수께서 "어찌하여 무서워하느냐? 믿음이 작은 자들아"(마 8:26)라고 말씀하시며 바람과 바다를 꾸짖자 그것들이 아주 잔잔하게 되었다. 이 구체적인 상황에서 제자들은 예수를 통해 구원을 경험하였다.

마태복음 14장(막 6장; 요 6장)에서 제자들이 배를 타고 가다가 역풍을 만나 물결로 고생하고 있었다. 이때 예수께서 바다 위로 걸어오는 것을 보고 베드로도 물 위로 걸어가다가 바람을 보고 무서워 빠져가면서 외쳤다. "주여, 나를 **구원하소서**"(마 14:30). 예수께서 즉시 손을 내밀어 베드로를 붙잡으시고 "믿음이 작은 자여, 왜 의심하였느냐"(마 14:31)라고 말씀하시며 그를 배에 오르게 하셨다. 베드로는 자신이 처한 위급한 상황에서 예수를 통해 구원을 경험하였다.

마가복음 5장(마 9장; 눅 8장)에는 회당장 야이로의 딸의 치유 이야기가 있고, 또한 이 이야기 안에 열두 해 동안 혈루증을 앓은 여자의 치유 이야기가 있다. 이 둘 모두 구원의 경험을 알려주는 이야기들이다.

회당장 야이로는 예수에게 간곡히 요청하여 말하였다. "내 어린 딸이 죽게 되었사오니 오셔서 그 위에 손을 얹으사 **그로 구원을 받아 살게 하소서**"(막 5:23). 그런데 회당장의 집에서 사람들이 와서 회당장에게 그의 딸이 죽었다고 말하였다. 예수께서 들으시고 회당장에게 "두려워하지 말고 믿기만 하라. 그리하면 딸이 구원을 얻으리라"(눅 8:50)라고 말씀하셨다. 그리고 예수께서 회당장의 집으로 가셔서 "달리다굼"(ταλιθα κουμ, Talitha koum)(막 5:41)이라고 말씀하셨다. "달리다굼"은 아람어로 "소녀야(달리다), 일어나라(굼)"라는 의미다. 그러자 회당장의 딸이 일어나서 걸었다. 이렇게 해서 회당장 야이로의 딸은 예수를 통해 치유되는 구원을 경험하였다.

마가복음 5장(마 9장; 눅 8장)에 회당장 야이로의 딸의 치유 이야기와 함께 나타나는 이야기에서 열두 해 동안 혈루증을 앓고 있는 여자는 "내가 그[예수]의 옷에만 손을 대어도 구원을 받으리라 생각"(막 5:28)하였고 그렇게 하니 치유되었다. 예수께서는 "딸아, 네 믿음이 너를 구원하였으니 평안히 가라. 네 병에서 놓여 건강할지어다"(막 5:34)라고 말씀하셨다. 이렇게 병을 앓던 여자는 예수를 통해 치유되는 구원을 경험하였다.

마가복음 10장(마 20장; 눅 18장)에는 예수께서 여리고 길가에 앉아 구걸하는 시각장애인 바디매오를 만나시는 장면이 기록되어 있다. 바디매오는 "예수여, 나를 불쌍히 여기소서"(막 10:47)라고 외쳤고 예수는 그에게 소원을 물어보셨다. "선생님이여, 보기를 원하나이다"라고 답하는 그에게 예수는 "가라, 네 믿음이 너를 구원하였느니라"(막 10:52)라고 말씀하셨고 그는 곧 보게 되었다. 바디매오는 예수와의 만남을 통해 자신의 삶에서 구원을 경험하였다.

누가복음 7장에는 죄를 지은 여자가 향유 담은 옥합을 가지고 예수의 뒤로 와서 울면서 눈물로 그의 발을 적시고 머리털로 그의 발을 닦고 입맞추고 향유를 붓는 장면이 등장한다. 예수께서 여자에게 "네 죄 사함을 받았느니라.…네 믿음이 너를 구원하였으니 평안히 가라"(눅 7:48-50)라고 말씀하셨다. 이 여자는 예수를 통해 죄 사함을 받는 구원을 경험하였다.

누가복음 8장(마 8장; 막 5장)에서 예수는 갈릴리 맞은편 거라사인의 땅에 이르러 귀신 들린 사람을 만나셨다. 이 사람은 옷을 입지도 않고 집에 거하지도 않고 무덤 사이에서 살았다. 예수께서 보시고 더러운 귀신에게 명하여 그 사람에게서 나오라고 하셨다. 그러자 이 사람에게서 귀신이 나갔고 이 사람은 옷을 입고 정신이 온전하여졌고 예수의 발치에 앉았다. 이 사건을 보았던 자들은 **"귀신 들렸던 자가 어떻게 구원 받았는지를"**(눅 8:36) 사람들에게 알렸다. 귀신 들렸던 사람은 예수를 통해 구원을 경험하였다.

누가복음 17장에서 예수는 사마리아와 갈릴리 사이로 지나가시다가 한 마을에서 한센병 환자 열 명을 만나시고 그들을 깨끗하게 치유하셨다. 그중 한 사마리아 사람이 예수의 발아래 엎드려 감사하였다. 예수는 그에게 "일어나 가라, 네 믿음이 너를 **구원하였느니라**"(눅 17:19)라고 말씀하셨다. 이 사람은 예수를 통해 깨끗이 치유되는 구원을 경험하였다.

누가복음 19장에는 예수가 여리고에서 세리장이자 부자인 삭개오를 보시고 그의 집에 가셔서 머무시는 장면이 기록되어 있다. 예수를 만난 삭개오는 "주여, 보시옵소서. 내 소유의 절반을 가난한 자들에게 주겠사오며 만일 누구의 것을 속여 빼앗은 일이 있으면 네 갑절이나 갚겠나이다"(눅 19:8)라고 말하였다. 그러자 예수께서 "오늘 **구원이** 이 집에 이르렀으니 이 사람도 아브라함의 자손이로다. 인자가 온 것은 잃어버린 자를 찾아 구원하려 함이니라"(눅 19:9-10)라고 말씀하셨다. 삭개오는 예수와의 만남과 대화를 통해 구원을 경험하였고 자신의 삶이 변화되었다.

요한복음 5장에서 예수는 안식일에 예루살렘 베데스다 못에서 38년 된 병자를 보았고 병이 벌써 오래된 줄 알았다. 그리고 그에게 "네가 낫고자 하느냐?"(요 5:6)라고 물었고 고쳐주었다. 이 사람은 고침을 받은 후에 자신의 자리를 들고 걸어갔다. 유대인들은 안식일에 이렇게 자리를 들고 가는 것이 옳지 않다고 시비를 걸었다. 이 사람은 자신을 고친 이가 누구인지 처음에는 알지 못하였으나 나중에 성전에서 예수를 만나 명확히 알게 되었다. 그런 후에 이 사람은 유대인들에게 "자기를 고친 이는 예수다"(요 5:15)라고 분명히 말하였다. 안식일에 병자를 고친 일로 유대인들이 예수를 박해하게 된 엄중한 상황임에도 불구하고 이 사람은 예수가 자신을 고쳤다고, 즉 예수가 자신을 고쳐준 구원자라고 분명하게 선언하였다.

위와 같이 예수를 만난 이들은 각자의 구체적인 상황에서 예수를 통해 자신이 구원을 받음을 경험하였다. 그들은 예수를 구원자/구주로 받아들이고 고백하고 찬양하고 예배한다. 그리고 예수의 정체성에 관한 깊은 인식으로 나아간다.

3) 구원의 다층적 의미

위에서 살펴본 것처럼 구원은 여러 의미를 지니고 있다. 제자들이 탄 배가 물결에 덮이는 곤경으로부터 벗어나는 구원의 경험, 베드로가 물 위를 걸어가다가 바람을 보고 무서워 빠져가다가 건져지는 구원의 경험, 회당장 야이로의 딸이 죽었으나 다시 일어나서 걷게 되는 구원의 경험, 열두 해를 혈루증으로 앓고 있던 여자가 치유되는 구원의 경험, 길가에 앉아 구걸하던 시각장애인 바디매오가 눈을 뜨게 되는 구원의 경험, 향유를 담은 옥합을 가지고 온 여자가 죄 사함의 선언을 받은 구원의 경험, 거라사인의 땅에서 귀신 들렸던 자가 정신이 온전하여진 구원의 경험, 사마리아와 갈릴리 사이에서 한센병 환자였던 어느 사마리아 사람이 깨끗이 치유되면서 감사함과 믿음으로 받은 구원의 경험, 여리고에서 부자이고 세리인 삭개오가 자신의 잘못을 뉘우치고 새로운 삶을 살아가는 구원의 경험, 38년 된 병자가 고침을 받은 구원의 경험 등이 있다.

이렇게 본다면 구원의 의미는 매우 다층적이다. 우리가 살아가는 삶이 매우 복잡다단하고 애매모호한 것이기 때문에 구원의 의미도 매우 다층적일 수밖에 없다. 마태복음 1:21에 나오는 예수의 이름 뜻에 따르면 그는 "자기 백성을 그들의 죄에서[죄들로부터] 구원할 자"다. 여기서 구원은 "~로부터의 구원"을 뜻하는데, 다름 아니라 "죄들로부터의 구원"이다.

죄(罪)를 뜻하는 그리스어 "하마르티아"(ἁμαρτία, hamartia)는 올바른 기준에서 벗어나 있는 상태를 의미한다. 일차적으로 죄는 죄 된 행동 하나하나를 가리킨다. 그러나 죄는 또한 인간의 총체적이고 복합적인 죄의 상태를 가리키기도 하며 이러한 상태에서 생겨나는 온갖 종류의 곤경들까지도 포함한다.

인간 자체가 복합적인 구성을 지닌 존재다. 데살로니가전서 5:23은 "평강의 하나님이 친히 너희를 온전히 거룩하게 하시고 또 너희의 온 영과 혼과 몸이 우리 주 예수 그리스도께서 강림하실 때에 흠 없게 보전되기를 원하노라"라고 말씀한다. 여기서 인간은 영과 혼과 몸(육)으로 구성된 전인적인 존재다. 영(靈)은 "프뉴마"(πνεῦμα, pneuma)이며 혼(魂)은 "프쉬케"(ψυχή, psyche)이고 몸(肉)은 "소마"(σῶμα, soma)다.

인간을 영·혼·육 셋으로 구분하면 삼분설이며 인간을 영혼·육체 둘로 구분하면 이분설이다. 이분설이든 삼분설이든 구원은 전인적인 구원을 의미한다. 그러므로 인간을 영과 혼과 육을 함께 아우르며 전인적으로 이해하는 통전적 인간관이 필요하다. 인간의 존재가 이렇게 복합적인 구성을 지니기 때문에 인간의 곤경은 영적인 것도 있고 혼적인 것도 있으며 육적인 것도 있다. 또는 인간의 곤경이 영혼과 관련된 것도 있고 육체와 관련된 것도 있다.

더 나아가 인간은 개인 혼자서 존재하는 것이 아니라 사회와 세계와 우주 만물 안에서 복잡한 관계들의 구조 안에서 살아간다. 그런 이유에서 성경은 죄(罪)를 규정하는 핵심적인 관점이 바로 관계가 깨어지고 단절되는 것이라고 말하는 것이다. 인간에게는 이러한 관계가 삼중적이다. 바로 하나님과 인간의 관계, 인간과 인간의 관계, 인간과 자연(自然)의 관계다.

인간의 죄로 인하여 이 모든 관계가 깨어지고 단절되어 있다. 그래서 이러한 관계의 깨어짐과 단절로부터 사회와 세계에 온갖 종류의 곤경들까지도 생겨난다. 그러므로 인간의 죄는 개인적이고 실존적인 것일 수도 있으며, 역사적이고 우주적인 것일 수도 있고, 또는 사회적이고 집단적이고 구조적인 것일 수도 있다.

그러므로 구원은 여러 의미를 지니고 있으며 매우 다층적이다. 그래서 실제 삶에서는 어떤 곤경의 상황을 죄라고 규정하기 힘든 경우들이 발견된다. 인간의 모든 상황을 단지 당사자들의 죄로 인해 생겨났다고 획일적으로만 여기는 인과응보적인 관점이 들어맞지 않는 경우가 있을 수 있기 때문에 우리는 각각의 경우마다 신중하게 분별해야 한다.

요한복음 9장에는 날 때부터 시각장애인이 된 사람의 이야기가 나온다. 예수의 제자들이 "랍비여, 이 사람이 맹인으로 난 것이 누구의 죄로 인함이니이까? 자기니이까, 그의 부모니이까?"(요 9:2)라고 여쭈었다. 이에 대해 예수는 다음과 같이 대답하셨다. "이 사람이나 그 부모의 죄로 인한 것이 아니라. 그에게서 하나님이 하시는 일을 나타내고자 하심이라"(요 9:3).

예수의 관점에 따르면 날 때부터 시각장애인으로 태어난 것 자체가 본인이든 그 부모이든 죄로 인한 것이 아니라는 점이다. 이처럼 당사자의 죄로 인해 생겨난 것이 아니지만 이 세상의 삶에 여러 곤경이 있을 수 있다. 또한 비록 여러 곤경이 있을 수 있지만 하나님께서는 곤경들에 처한 사람들을 통해 하나님의 일을 드러내시기도 하신다.

이렇게 본다면 구원은 "~로부터의 구원"이지만 그 죄 된 상황이라고 하는 것은 단지 당사자의 직접적인 죄 된 행동에만 한정되는 것이 아니며 인간의 삼중적 관계들의 깨어짐이나 단절로부터 생겨나는 복합적이고 종합적인 모든 곤경까지도 포함한다. 예수는 이 모든 것들로부터 우리를 구원하실 수 있는 구원자/구주가 되신다.

그러므로 우리는 예수가 단지 인간 영혼의 구원자/구주만이 아니라 이를 포함하여 인간의 삶의 모든 관계와 이것의 깨어짐이나 단절로부터 생겨나는 온갖 곤경들로부터의 구원자/구주시다.

이런 점에서 예수는 "세상의 구주"(요 4:42; 요일 4:14)시며 또한 "온 세상의 죄를 위하시는"(요일 2:2) 분이시다. 요한복음 4장에서는 예수가 "세상의 구주"(the Savior of the world, 요 4:42)로 인식되고 받아들여진다. 사마리아 여인은 예수와의 만남과 대화를 통해 자신이 구원받았음을 깨달았다. 역사적인 이유로 사마리아인들과 유대인들 사이에 관계의 단절이 있었고 그래서 사마리아인들은 예배드릴 때 예루살렘으로 가지 못하고 사마리아에서 드렸다. 그런 이유에서 사마리아인들은 자신들이 참된 예배를 드리지 못하는 것은 아닌지, 그래서 구원을 받지 못하는 것은 아닌지에 관해 많은 고민과 염려가 있었다.

그런데 예수는 참된 예배는 어디에서(where) 드리는지가 중요한 것이 아니라 어떻게(how) 드리는지가 중요한 것임을 알려 주시며 다음과 같이 말씀하셨다. "아버지께 참되게 예배하는 자들은 영과 진리로 예배할 때가 오나니 곧 이때라. 아버지께서는 자기에게 이렇게 예배하는 자들을 찾으시느니라. 하나님은 영이시니 예배하는 자가 영과 진리로 예배할지니라"(요 4:23-24). 이러한 점을 깨달은 여인은 자신이 그리스도/메시아를 만났다고 말하며 증언하였다.

사마리아 여인을 통해 많은 사마리아인들이 예수를 믿었고 함께 지내며 예수의 말씀을 들었다. 그리고 이들은 예수 그리스도가 "세상의 구주"(ὁ σωτὴρ τοῦ κόσμου, ho soter tou kosmou, 호 소테르 투 코스무, the Savior of the world)이심을 깨달았다.

사마리아인들이 예수께 와서 자기들과 함께 유하시기를 청하니 거기서 이틀을 유하시매 예수의 말씀으로 말미암아 믿는 자가 더욱 많아 그 여자에게 말하되 "이제 우리가 믿는 것은 네 말로 인함이 아니니 이는 우리가 친히 듣고 그가 참으로 세상의 구주신 줄 앎이라 하였더라"(요 4:40-42).

요한1서 4장에서도 예수가 "세상의 구주/구원자"(ὁ σωτὴρ τοῦ κόσμου)임을 확증한다.

아버지가 아들을 세상의 구주(the Savior of the world)로 보내신 것을 우리가 보았고 또 증언하노니, 누구든지 예수를 하나님의 아들이라 시인하면 하나님이 그의 안에 거하시고 그도 하나님 안에 거하느니라(요일

4:14-15).

요한1서 2장에서는 예수를 화목제물로 표현하면서 이 화목제물은 우리의 죄만이 아니라 온 세상의 죄를 위하신다고 말한다.

> 나의 자녀들아, 내가 이것을 너희에게 씀은 너희로 죄를 범하지 않게 하려 함이라. 만일 누가 죄를 범하여도 아버지 앞에서 우리에게 대언자(advocate)가 있으니 곧 의로우신 예수 그리스도시라. 그는 우리 죄를 위한 화목제물(the atoning sacrifice)이니 우리만 위할 뿐 아니요 온 세상의 죄를 위하심이라(not only for ours but also for the sins of the whole world)(요일 2:2).

1절에 나오는 "대언자"(advocate)는 그리스어로 "파라클레토스"(παράκλητος, parakletos)다. 이 단어는 "파라칼레오"(παρακαλέω, parakaleo)라는 동사에서 파생된 것으로, 누군가의 옆으로 부름을 받아서 돕는 자라는 뜻을 지닌다. 돕는 방식이 다양하기 때문에 대언자(代言者), 변호자(辯護者), 위로자(慰勞者), 상담자(相談者), 보혜사(保惠師) 등으로 번역될 수 있다.

그런데 요한복음 14:16에서 예수가 성령을 가리켜 "또 다른 보혜사"(another advocate)라고 표현하는데 이것을 그리스어로 "알로스 파라클레토스"(ἄλλος παράκλητος, allos parakletos)라고 표현한다. 요한복음과 요한1서에서 파라클레토스(παράκλητος)라는 단어가 동일하게 쓰였는데, 한글 개역개정은 요한복음 14장에서 성령을 가리킬 때는 "보혜사"라고 번역하였고 요한1서 2장에서 예수 그리스도를 가리킬 때는 "대언자"라고 번역하였다. 성령이든 예수 그리스도이든 돕는 방식은 다를 수 있으나 우리 옆으로 부름을 받아와서 도우신다는 점에서는 동일하다.

예수는 우리가 죄를 범한 죄인일 때 우리를 옆에서 도와주시는 분이시다. 이러한 예수를 화목제물로도 표현한다. 화목제물은 그리스어로 "힐라스모스"(ἱλασμός, hilasmos)인데 예수는 화목제물로서 우리의 죄들을 위하실 뿐만 아니라 온 세상의 죄들을 위하신다. "온 세상"(the whole world)은 그리스어로 "홀로스 코스모스"(ὅλος κόσμος, holos kosmos)다. 예수는 세상 전체를 위하시는 분이시다.

4) "예수"라는 이름의 정체성 - "인격"과 "사역"의 통합

앞에서 살펴보았듯이 "예수"라는 이름은 이 이름을 가진 분이 누구(who)인지를 가리키며 알려 준다. 또한 "예수"라는 이름의 뜻이 구원자/구주이므로 이 이름을 가진 분이 무엇(what)을 하는지를 알려 준다. 즉 "예수"라는 이름은 "누구"(who)와 "무엇"(what)을 함께 드러낸다. 그런 의미에서 "예수"라는 이름에는 이 둘이 불가분리적으로 긴밀하게 연결되어 있으며 이 둘이 하나로 통합되어 있다.

전문적인 신학 용어로는 예수의 "누구"(who)에 해당하는 내용을 "인격"(人格, person)이라고 하고 예수의 "무엇"(what)에 해당하는 내용을 "사역/활동"(使役/活動, ministry/work)이라고 한다. 이러한 의미에서 "예수"라는 이름에는 인격(person)과 사역(work)이 하나로 통합되어 있다. 즉 "예수"라는 이름에는 그의 정체성(identity)이 담겨 있다.

따라서 예수의 정체성을 다루는 광의의 기독론/그리스도론(Christology)은 예수의 인격(person)을 다루는 협의의 기독론(Christology)

과 예수의 사역(work)을 다루는 구원론(soteriology)을 함께 아우른다.

정리하자면, "예수"라는 이름이 구원자/구주를 의미하기 때문에 "예수"라는 이름에는 인격(person)과 사역(work)이 하나로 통합되어 있다. 따라서 이 둘을 분리해서 다루는 것은 적절하지 못하다. 요컨대 기독론/그리스도론과 구원론은 하나로 통합되어 다루어져야 한다. 그래야만 예수가 누구이시며 무엇을 하시는지를 온전하게 드러낼 수 있다. 예수는 구원자시며 구주이시기 때문이다.

2. 주 예수

1) "주 예수"는 신앙고백

"주 예수"는 하나의 이름처럼 보이지만 사실은 이름이 아니다. 주자(朱子)의 후손으로 주(朱)씨 성(姓)을 지닌 어떤 사람이 어릴 때 처음으로 교회에 갔다. 교회 간판 위에 쓰인 문구가 "주 예수를 믿으라. 그리하면 너와 네 집이 구원을 받으리라"(행 16:31)인 것을 보았다. 그는 "주 예수"라는 글자에서 예수라는 분의 성(姓)이 자신과 같아 집안 아저씨라고 여겨 커다란 자부심을 느끼며 교회를 다니기 시작하였다고 한다. 말하자면 "주 예수"가 하나의 이름이라고 여겨 "주"(朱)씨 성(姓)을 가진 "예수"라는 인물로 오해하였다는 것이다.[1]

---

1   죄의 구조적인 측면에 관해서는 다음을 참조하라. 라인홀드 니버 지음, 이한우 옮김, 『도덕적 인간과 비도덕적 사회』(서울: 문예출판사, 2004).

하지만 "주 예수"는 하나의 이름이 아니다. "주 예수"(κύριος Ἰησοῦς, 퀴리오스 예수스, the Lord Jesus)는 "예수가 주(主)시다"(Jesus is the Lord)라는 의미를 지닌 표현으로서 예수를 주(主)로 받아들이고 인정하는 신앙고백이다. 여기서 주(主)는 그리스어로 "퀴리오스"(κύριος)이며 영어로는 "로드"(Lord)다. 한글로는 "주"(主)를 존칭하여 통상 "주님"으로 표현하기도 한다.

그리스어에서 "주"(퀴리오스)라는 칭호는 매우 폭넓게 사용된다. 이 호칭은 하나님에게만 적용되는 것이 아니라 제자가 선생에게 사용하고 종이 집주인에게 사용하기도 한다. 성경 안에서도 폭넓게 사용되는 몇 몇 예가 있다.

예를 들어 마태복음 13장에 나오는 천국(하나님 나라) 비유에서 종이 집주인에게 "주여(퀴리에, κύριε), 밭에 좋은 씨를 뿌리지 아니하였나이까? 그런데 가라지가 어디서 생겼나이까?"(마 13:27)라고 묻는다. 여기서 "주여"(퀴리에)는 주(퀴리오스)를 부를 때에 사용하는 호격(呼格)의 형태다. 집주인은 하나님이 아니지만 집의 종은 주인을 가리켜 "주"(퀴리오스)라는 칭호를 사용하고 있음을 알 수 있다. 이렇게 그리스어에서 "주"(퀴리오스)라는 칭호는 매우 폭넓게 사용됨을 알 수 있다.

그런데 성경에서 그리스어 "주"(퀴리오스)라는 칭호를 예수에게 적용하여 사용하는 것은 아주 큰 의미가 있다. 히브리어의 구약성경이 그리스어로 처음 번역되었던 70인역(LXX)에서 "야웨"(יהוה, Yahweh)가 "퀴리오스"로 번역되었고 이후 신약성경에서 이 칭호가 예수에게 적용되었기 때문이다.

경건한 히브리인들은 "야웨"(יהוה)라는 단어가 매우 신성하다고 생각하였기에 그대로 발음하는 것이 불경하다고 여겼다. 그래서 이 이름

의 히브리어 자음 네 문자(יהוה, 오른쪽에서 왼쪽으로 순서대로 요드(י) + 헤
(ה) + 와우(ו) + 헤(ה))를 신성사문자(Tetragrammaton, 테트라그람마톤)라고
한다. 경건한 히브리인들은 이 단어가 나올 때마다 히브리어로 "아도
나이"(אֲדֹנָי, adonai)라고 발음하여 읽었다. 이것은 히브리어로 주(主, Lord)
를 뜻하는 "아돈"(אָדוֹן, adon)의 복수형이다. 복수형이라고 해서 주들이
라는 의미가 아니라 히브리어 문법적으로 장엄 복수형(majesty plural)으
로서 주(主, Lord)를 존칭하여 부르는 문법적 표현이다. 이렇게 해서 "야
웨"(יהוה)라는 단어가 그리스어로 처음 번역될 때에 주(主, Lord)를 뜻하
는 "퀴리오스"(κύριος)라는 단어가 사용되었다.

신약성경에 "주/주님"으로 표현된 경우가 아주 많이 있는데 "주 예
수"로만 되어 있는 표현은 약 40회다. 마가복음 1회(막 16:19), 누가복
음 1회(눅 24:3), 사도행전 14회(행 1:21; 4:33; 7:59; 8:16; 9:29; 11:20; 15:11;
16:31; 19:5; 19:13; 19:17; 20:24; 20:35; 21:13), 로마서 2회(롬 14:14; 16:20), 고
린도서 7회(고전 5:4[2회]; 5:5; 11:23; 고후 1:14; 4:14; 11:31), 에베소서 1회
(엡 1:15), 골로새서 1회(골 3:17), 데살로니가서 8회(살전 2:15; 3:11; 3:13;
4:1; 4:2; 살후 1:8; 1:12; 2:8), 빌레몬서 1회(몬 1:5), 히브리서 1회(히 13:20),
베드로서 1회(벧후 1:2), 요한계시록 2회(계 22:20, 21) 나타난다.

그리고 주목할만한 사실은 주(主)에 해당하는 단어로 아람어가 사
용된 예가 신약성경에서 두 번 나타난다는 점이다. 고린도전서 16:22과
요한계시록 22:20이다. "만일 누구든지 주를 사랑하지 아니하면 저주
를 받을지어다. 우리 주여, 오시옵소서"(If anyone does not love the Lord, let
that person be cursed! Come, [our] Lord. 고전 16:22). 그리고 "아멘. [우리의]
주 예수여, 오시옵소서"(Amen. Come, Lord Jesus, 계 22:20). 여기서 "[우리
의] 주여, 오시옵소서"([our] Lord, come)에 아람어 "마라나타"(μαράνα θά,

אא תנרמ)가 사용되었다. 그리스어로는 "아멘, 에르쿠 퀴리에 예수"(Amen, erchou kyrie Iesou, Ἀμήν, ἔρχου κύριε Ἰησοῦ)이다.

2) "주 예수"의 의미

구약성경의 "야웨"(יהוה)라는 단어가 그리스어로 "퀴리오스"로 번역되었고 이 칭호가 신약성경에서 예수에게 적용되어 "주 예수"(κύριος Ἰησοῦς, the Lord Jesus)라고 표현하는 것은 예수를 여호와 하나님과 동등한 분으로 여긴다는 점을 의미한다. 즉 예수가 주(主)이시며 신(神)이시며 하나님이심을 함의한다.

예수는 어느 계명이 큰지에 관한 질문에 대해 대계명(代誡命, the Great Commandment)을 알려 주시면서 마태복음 22:37에서 다음과 같이 말씀하셨다. "네 마음을 다하고 목숨을 다하고 뜻을 다하여 **주 너의 하나님**을 사랑하라 하셨으니"(마 22:37). 여기에 나오는 "주 너의 하나님"(the Lord your God)은 그리스어로 "퀴리온 톤 테온 수"(κύριον τὸν θεόν σου)이다. 하나님(ὁ θεός)을 주(κύριος)로 표현하고 있다. 이 구절은 예수가 구약성경 신명기 6:4-5을 인용한 것이다.

> 이스라엘아, 들으라. **우리 하나님 여호와**는 오직 유일한 여호와이시니 너는 마음을 다하고 뜻을 다하고 힘을 다하여 **네 하나님 여호와**를 사랑하라(신 6:4-5).

여기서 "우리 하나님 여호와는"(the Lord our God)은 히브리어로 "야웨 엘로헤누"(יְהוָה אֱלֹהֵינוּ)이다. 그리고 "네 하나님 여호와를"(the Lord your God)
은 히브리어로 "에트 야웨 엘로헤카"(אֵת יְהוָה אֱלֹהֶיךָ)이다. 이렇게 보면 예
수의 말씀에 있는 "주"(the Lord, κύριος, 퀴리오스)는 구약성경의 히브리어
로 "야웨"(יהוה)에 해당한다.

(1) 구약의 "야웨"를 가리키며 사용된 신약 구절들

신약성경에서 구약성경의 "야웨"를 가리켜 "주"(퀴리오스)라는 칭호가
사용된 예들이 많이 있다.

마태복음 4장(막 1장; 눅 4장)에서 예수가 마귀에게 시험을 세 번 받
을 때 구약성경의 말씀으로 물리치셨다. 특히, 두 번째와 세 번째에서는
하나님을 가리켜 주(主)라는 표현을 사용하여 "주 너의 하나님"(κύριον
τὸν θεόν σου, the Lord your God)이라고 하였다.

두 번째 시험과 관련하여 예수는 "또 기록되었으되 '**주 너의 하나
님**을 시험하지 말라' 하였느니라"(마 4:7)라고 말씀하였다. 그리고 세 번
째 시험과 관련하여 예수는 "사탄아, 물러가라 기록되었으되 '**주 너의
하나님**께 경배하고 다만 그를 섬기라' 하였느니라"(마 4:10)라고 말씀하
였다.

마태복음 11장(눅 10장)에서 예수가 각 곳으로 보내신 제자들이 돌
아와서 보고할 때 예수는 다음과 같이 감사의 기도를 하였다. "**천지의
주재이신 아버지여**, 이것을 지혜롭고 슬기 있는 자들에게는 숨기시고
어린아이들에게는 나타내심을 감사하나이다"(마 11:25; 눅 10:21). "천지
의 주재(主宰)이신 아버지여"(Father, Lord of heaven and earth)가 그리스어
로 "파테르, 퀴리에 투 우라누 카이 테스 게스"(πάτερ, κύριε τοῦ οὐρανοῦ
καὶ τῆς γῆς)이다.

여기서 "주재"(主宰)는 그리스어로 주(主)를 뜻하는 "퀴리오스"(κύριος)다. 하늘과 땅의 주(主)이심을 의미한다. 즉, 예수가 하나님 아버지(πάτερ, 파테르)께 기도할 때 "퀴리오스"라는 단어를 사용하고 있음을 알 수 있다.

마태복음 22장(막 12장; 눅 10장)에서 예수는 어느 계명이 큰지에 관한 질문에 대해 대계명(代誡命, the Great Commandment)을 알려 주시면서 다음과 같이 말씀하셨다.

> "네 마음을 다하고 목숨을 다하고 뜻을 다하여 **주 너의 하나님**을 사랑하라" 하셨으니 이것이 크고 첫째 되는 계명이요 둘째도 그와 같으니 "네 이웃을 네 자신 같이 사랑하라 하셨으니" 이 두 계명이 온 율법과 선지자의 강령이니라(마 22:37-40).

여기에 있는 "주 너의 하나님"(the Lord your God)은 그리스어로 "퀴리온 톤 테온 수"(κύριον τὸν θεόν σου)이다. 하나님(ὁ θεός)을 주(κύριος)로 표현하고 있다.

누가복음 1장에서 천사가 세례 요한의 출생을 사가랴에게 예고하면서 세례 요한의 앞으로의 활동에 관해 "이스라엘 자손을 주 곧 그들의 하나님께로 많이 돌아오게 하겠음이라"(눅 1:16)라고 말하였다. 여기서 **"주 곧 그들의 하나님께로"**(to the Lord their God)는 그리스어로 "에피 퀴리온 톤 테온 아우톤"(ἐπὶ κύριον τὸν θεὸν αὐτῶν)이다. 여기서 하나님을 "주"(퀴리오스)로 표현하고 있다. 그래서 사가랴는 하나님을 다음과 같이 찬양한다.

찬송하리로다! 주 이스라엘의 하나님이여, 그 백성을 돌보사 속량하시며 우리를 위하여 구원의 뿔을 그 종 다윗의 집에 일으키셨으니 이것은 주께서 예로부터 거룩한 선지자의 입으로 말씀하신 바와 같이 우리 원수에게서와 우리를 미워하는 모든 자의 손에서 구원하시는 일이라(눅 1:68-71).

여기서 **"주 이스라엘의 하나님이여"**(the Lord, the God of Israel)는 그리스어로 "퀴리오스 호 테오스 투 이스라엘"(κύριος ὁ θεὸς τοῦ Ἰσραήλ)이다. 하나님에게 "주"(퀴리오스)라는 표현이 사용되고 있다. 그리고 누가복음 1장에서 천사가 예수의 탄생을 예고하면서 마리아에게 다음과 같이 말하였다.

보라, 네가 잉태하여 아들을 낳으리니 그 이름을 예수라 하라. 그가 큰 자가 되고 지극히 높으신 이의 아들이라 일컬어질 것이요 **주 하나님께서** 그 조상 다윗의 왕위를 그에게 주시리니, 영원히 야곱의 집을 왕으로 다스리실 것이며 그 나라가 무궁하리라(눅 1:31-33).

여기서 "주 하나님"(the Lord God)은 그리스어로 "퀴리오스 호 테오스"(κύριος ὁ θεός)로서 하나님에게 "주"(퀴리오스)라는 표현을 사용하고 있다.

이후 마리아는 소위 "마리아 찬가"(Magnificat)에서 하나님을 다음과 같이 찬양한다.

내 영혼이 **주를** 찬양하며 내 마음이 **하나님 내 구주를** 기뻐하였음은 그의 여종의 비천함을 돌보셨음이라. 보라! 이제 후로는 만세에 나를 복이 있다 일컬으리로다(눅 1:46-48).

여기서 "주를"은 그리스어로 "톤 퀴리온"(τὸν κύριον)이며 "하나님 내 구주를"은 그리스어로 "에피 토 테오 토 소테리 무"(ἐπὶ τῷ θεῷ τῷ σωτῆρί μου)이다. 마리아는 하나님을 "주"(主, the Lord)'와 "내 구주(救主)"(my Savior)로 표현하고 있는데, "주"(主)는 그리스어로 "퀴리오스"(κύριος)이며 "구주"(救主)는 그리스어로 "소테르"(σωτήρ)이다.

사도행전 2장에서 베드로가 오순절에 설교하면서 하나님을 "주 우리 하나님"(κύριος ὁ θεὸς ἡμῶν, the Lord our God)이라고 표현하며 말하였다.

> 베드로가 이르되 "너희가 회개하여 각각 예수 그리스도의 이름으로 세례를 받고 죄 사함을 받으라. 그리하면 성령의 선물을 받으리니, 이 약속은 너희와 너희 자녀와 모든 먼 데 사람 곧 **주 우리 하나님**이 얼마든지 부르시는 자들에게 하신 것이라" 하고(행 2:38-39).

또한 사도행전 3장에서 베드로가 솔로몬의 행각에서 설교할 때 모세를 인용하면서 야웨 하나님을 가리켜 "주 (너의) 하나님"(κύριος ὁ θεὸς ὑμῶν, the Lord your God)이라고 표현하며 말하였다. "모세가 말하되 '**주 너의 하나님**이 너희를 위하여 너희 형제 가운데서 나 같은 선지자 하나를 세울 것이니 너희가 무엇이든지 그의 모든 말을 들을 것이라'"(행 3:22).

그리고 요한계시록에서는 하나님을 가리켜 "주 하나님"(κύριος ὁ θεός)이라고 언급하는 표현이 많이 나타난다(계 1:8; 4:8; 4:11; 11:17; 15:3;

16:7; 18:8; 19:6; 21:22). 예를 들면 요한계시록 1장에서 다음과 같이 말씀한다. "**주 하나님**이 이르시되 '나는 알파와 오메가라. 이제도 있고 전에도 있었고 장차 올 자요 전능한 자라' 하시더라"(계 1:8).

(2) 예수에게 사용된 구절들

그런데 위와 같이 야웨 하나님을 가리키며 표현되던 "주"(퀴리오스)라는 칭호가 예수에게도 적용되어 "주 예수"(κύριος Ἰησοῦς, 퀴리오스 예수스, the Lord Jesus)라고 표현되는데 이는 신약성경에 아주 많이 나타난다.

먼저 한 가지 알아두어야 할 점은 한글 개역개정 성경에서 "주"라고 번역되어 있어도 그리스어 원문에서는 "퀴리오스"가 사용되지 않은 경우가 있다는 점이다. 마태복음 16장에서 예수가 빌립보 가이사랴 지방에 이르러 제자들에게 "너희는 나를 누구라 하느냐"(마 16:15)라고 물으셨다. 그러자 시몬 베드로가 다음과 같이 대답하였다. "주는[당신은] 그리스도시요 살아 계신 하나님의 아들이시니이다"(마 16:16, 개역개정).

그런데 여기서 그리스어 원문 자체는 "수 에이 호 크리스토스 호 휘오스 투 테우 투 존토스"(σὺ εἶ ὁ χριστὸς ὁ υἱὸς τοῦ θεοῦ τοῦ ζῶντος)다. 이 문장에서 주어는 "수"(σύ)로서 "너는/당신은"에 해당한다. 다만 한글 개역개정 성경에서 "주는"으로 번역되었다. 한글 표준새번역 성경에서는 "선생님"으로 번역되었다. "선생님은 살아 계신 하나님의 아들 그리스도십니다"(마 16:16, 표준새번역). 국어에서는 상대방이 나보다 높은 경우에 "너"라고 하는 표현이 어색하므로 원문과는 상관없이 상황에 맞게 "주" 또는 "선생님"으로 번역하였다.

그렇다고 이 원문을 근거로 예수가 "주"(主)가 아니라고 말할 수 있는 것은 아니다. 누가복음 5장에서 베드로가 예수의 부름을 받아 따라

나섰을 때 예수의 무릎 아래에 엎드려 "주여(κύριε), 나를 떠나소서. 나는 죄인(ἀνὴρ ἁμαρτωλός)이로소이다"(눅 5:8)라고 고백하였기 때문이다. 물론 베드로가 예수를 "주"라고 표현하더라도 "주"에 대한 베드로의 인식과 이해는 그의 신앙 여정에 따라 어렴풋한 이해로부터 시작하여 여러 선입견과 오해를 떨쳐버리고 더 깊고 심오한 이해로 변화되고 발전되어 갔다.

요한복음 20장에서 도마는 예수의 부활을 믿지 못하다가 부활하신 예수가 찾아오셨을 때 예수를 만나면서 "나의 **주님**이시요 나의 하나님이시니이다"(요 20:28)라고 신앙고백하였다. 도마는 예수를 주(ὁ κύριος, 호 퀴리오스)로뿐만 아니라 하나님(ὁ θεός, 호 테오스)으로 받아들이고 고백하고 있다.

사도행전 2장에서 베드로가 오순절에 설교하면서 "그런즉 이스라엘 온 집은 확실히 알지니 너희가 십자가에 못 박은 **이 예수를 하나님이 주와 그리스도가 되게 하셨느니라**"(행 2:36)라고 말하였다. 그래서 사도행전에서 "주 예수"라는 칭호가 자주 등장한다.

사도행전 2장에서는 초기 교회에서 "사도들이 큰 권능으로 **주 예수**의 부활을 증언하니 무리가 큰 은혜를 받"았다(행 2:33)라고 말씀한다.

사도행전 7장에서 스데반이 돌로 맞아 순교할 때 "**주 예수여**, 내 영혼을 받으시옵소서"(행 7:59)라고 부르짖었다. 여기서 "주 예수여"(κύριε Ἰησοῦ, 퀴리에 예수)는 문법적으로 호격(呼格) 형태다.

사도행전 9장에서 사울이 예수를 믿는 사람들을 결박하고자 다메섹으로 가는 길에 환한 빛 가운데서 예수를 만났는데 이후 예루살렘에서 예수의 제자들이 잘 믿지 않자 바나바가 사울을 데리고 가서 설명하였다. "그가[사울이] 길에서 어떻게 **주**를 보았는지와 (**주께서**) 그에게 말씀하신 일과 다메섹에서 그가 어떻게 예수의 이름으로 담대히 말하였는지를 전하니라"(행 9:27). 이후 사울이 제자들과 함께 머물면서 예루살렘에 출입하며 "또 **주 예수**의 이름으로 담대히 말하고 헬라파 유대인들과 함께 말하며 변론"(행 9:29)하였다. 여기서 예수는 "주"로 표현되고 있다.

사도행전 16장에서 바울과 실라는 자신들이 갇혔던 감옥의 간수에게 다음과 같이 복음을 전하였다. "**주 예수**를 믿으라. 그리하면 너와 네 집이 구원을 받으리라"(행 16:31). 여기서는 예수를 주(主)로 받아들이고 이 예수를 믿는 것이 구원과 연결되어 있음을 알려준다.

사도행전 19장에서 바울은 에베소에서 복음을 전할 때에 "**주 예수**의 이름으로"(행 19:5) 세례를 주었다. 바울이 하나님 나라에 관하여 강론하며 권면하였고 하나님의 능력으로 놀라운 일들을 행하였다. 그래서 에베소에 사는 사람들이 "**주 예수**의 이름을 높"였다(행 19:17).

사도행전 20장에서 바울이 에베소 교회 장로들을 불러 고별 설교를 할 때 장차 환난이 찾아올 것이지만 자신의 복음전파 사명은 주 예수로부터 받은 것임을 말하고 앞으로도 계속 결연하게 감당하겠다고 말한다. "내가 달려갈 길과 **주 예수**께 받은 사명 곧 하나님의 은혜의 복음을 증언하는 일을 마치려 함에는 나의 생명조차 조금도 귀한 것으로 여기지 아니하노라"(행 20:24).

그리고 자신은 복음을 전할 때 아무것도 탐하지 않고 스스로 충당하였음을 밝히고 자신의 모범을 따르라고 말한다. "범사에 여러분에게 모본을 보여준 바와 같이 수고하여 약한 사람들을 돕고 또 **주 예수**께서 친히 말씀하신 바 '주는 것이 받는 것보다 복이 있다' 하심을 기억하여야 할지니라"(행 20:35).

사도행전 21장에서 바울이 앞으로 환난이 있을 예루살렘으로 가기에 앞서 울면서 그를 말리는 사람들에게 자신의 일사각오(一死覺悟)의 마음을 분명히 표현하였다. "여러분이 어찌하여 울어 내 마음을 상하게 하느냐? 나는 **주 예수**의 이름을 위하여 결박당할 뿐 아니라 예루살렘에서 죽을 것도 각오하였노라"(행 21:13).

로마서의 마지막에서 바울은 수신자들에게 다음과 같이 인사하며 마무리한다. "평강의 하나님께서 속히 사탄을 너희 발 아래에서 상하게 하시리라. **우리 주 예수**의 은혜가 너희에게 있을지어다"(롬 16:20).

고린도전서 5장에서 바울은 고린도 교회의 음행 문제를 지적하면서 다음과 같이 말하였다.

> **주 예수**의 이름으로 너희가 내 영과 함께 모여서 **우리 주 예수**의 능력으로 이런 자를 사탄에게 내주었으니 이는 육신은 멸하고 영은 **주 [예수]**의 날에 구원을 받게 하려 함이라(고전 5:4-5).

고린도전서 9장에서 바울은 자신의 사도 됨을 주장하면서 다음과 같이 말하였다.

> 내가 자유인이 아니냐? 사도가 아니냐? **예수 우리 주**를 보지 못하였느냐? **주 안에서** 행한 나의 일이 너희가 아니냐? 다른 사람들에게는 내가 사도가 아닐지라도 너희에게는 사도이니 나의 사도 됨을 **주 안에서** 인친 것이 너희라(고전 9:1-2).

고린도전서 11장에서 바울은 성찬(Eucharist, Holy Communion)의 전승을 알려주면서 예수를 주(主)로 명시하고 있다.

> 내가 너희에게 전한 것은 주께 받은 것이니 곧 **주 예수**께서 잡히시던 밤에 떡을 가지사, 축사하시고 떼어 이르시되 "이것은 너희를 위하는 내 몸이니 이것을 행하여 나를 기념하라" 하시고, 식후에 또한 그와 같이 잔을 가지시고 이르시되 "이 잔은 내 피로 세운 새 언약이니 이것을 행하여 마실 때마다 나를 기념하라" 하셨으니, 너희가 이 떡을 먹으며 이 잔을 마실 때마다 주의 죽으심을 그가 오실 때까지 전하는 것이니라. 그러므로 누구든지 주의 떡이나 잔을 합당하지 않게 먹고 마시는 자는 주의 몸과 피에 대하여 죄를 짓는 것이니라. 사람이 자기를 살피고 그 후에야 이 떡을 먹고 이 잔을 마실지니, **주의** 몸을 분별하지 못하고 먹고 마시는 자는 자기의 죄를 먹고 마시는 것이니라(고전 11:23-29).

고린도후서 1장에서 바울은 고린도 교회 방문을 연기하는 것을 알리면서 그들을 가리켜 다음과 같이 말한다. "너희가 우리를 부분적으로 알았으나 **우리 주 예수**의 날에는 너희가 우리의 자랑이 되고 우리가 너희의 자랑이 되는 그것이라"(고후 1:14).

고린도후서 4장에서 바울은 "**주 예수**를 다시 살리신 이가 예수와 함께 우리도 다시 살리사 너희와 함께 그 앞에 서게 하실 줄을 아노라"(고후 4:14)라고 말한다.

그리고 고린도후서 11장에서 바울은 자신이 고난과 박해를 많이 받음을 언급하면서 자신의 약한 것을 자랑하리라고 말한다. 그러면서 "**주 예수**의 아버지, 영원히 찬송할 하나님이 내가 거짓말 아니하는 것을 아시느니라"(고후 11:31)라고 말한다.

위의 구절들은 그리스어 "퀴리오스"라는 칭호가 신약성경에서 예수에게 적용되어 "주 예수"(κύριος Ἰησοῦς, the Lord Jesus)로 표현됨을 보여주며, 이것은 예수를 야웨 하나님과 동등한 분으로 여긴다는 점을, 즉 예수가 주(主)이시며 신(神)이시며 하나님이심을 알려 준다.

3) 삶의 주님이신 예수

"주 예수"는 예수를 야웨 하나님과 동등한 분으로 여기며 또한 예수가 주(主)이시며 신(神)이시며 하나님이심을 알려 준다. 그러므로 "주 예수"라는 표현은 바로 예수가 우리 삶의 주님이시며 주관하시는 주관자이심을 알려 준다.

누가복음 5장(마 4장; 막 1장)에서 베드로는 밤이 새도록 수고하였으나 아무것도 잡지 못하였는데 예수의 말씀에 의지하여 그물을 내리니 심히 많은 고기를 잡게 되었다. 이때 베드로는 예수의 무릎 아래에 엎드려 "주여(κύριε), 나를 떠나소서. 나는 죄인(ἀνὴρ ἁμαρτωλός)이로소이다"(눅 5:8)라고 고백하였고 이후 예수를 따랐다. 그는 예수를 주로 인식하기 시작함으로써 자신의 삶에서 따라가야 할 분으로 이해를 하였다.

마태복음 14장(막 6장; 요 6장)에서 제자들이 배를 타고 가는 동안 역풍과 물결로 고난당할 때 예수가 바다 위로 걸어 제자들에게 다가가셨다. 제자들은 예수가 유령인 줄 알고 무서워하고 소리를 질렀다. 예수가 "안심하라. 나니 두려워하지 말라"(마 14:27)라고 말하자 베드로는 "주여(κύριε), 만일 주님[당신]이시거든 나를 명하사 물 위로 오라 하소서"(Lord, if it's you, tell me to come to you on the water, 마 14:28)라고 요청하였다. 베드로는 물 위를 걷다가 바람을 보고 무서워 빠져가면서 소리를 질러 "주여(κύριε), 나를 구원하소서(Lord, save me)"(마 14:30)라고 외쳤다.

28절에서 "만일 주님이시거든"(εἰ σὺ εἶ, 에이 수 에이)은 문자적으로 "만약 당신이시거든"인데 "당신"을 "주님"으로 번역한 것이다. 그렇지만 28절과 30절에서 베드로는 예수를 주(主)로 호칭하고 있다. 예수가 주(主)이시기에 베드로는 물 위를 걷도록 하실 수 있으신 분으로 이해하고 있었으며, 또한 베드로 자신이 물에 빠져갈 때 예수가 주(主)이시기에 자신을 건져내 줄 수 있는 분으로 이해하고 있었다. 베드로에게 주(主)로서의 예수는 자연현상을 초월하여 역사하시는 분으로, 또한 물 속에 빠져가는 곤경으로부터 자신을 건져내실 수 있는 분으로 인식되었다.

마태복음 15장(막 7장)에서 어느 가나안 여인(헬라인이며 수로보니게 족속인 여인)이 예수에게 자신의 귀신들린 딸을 고쳐달라고 외쳤다. "주(κύριε) 다윗의 자손이여, 나를 불쌍히 여기소서. 내 딸이 흉악하게 귀신 들렸나이다"(마 15:22). 그리고 예수에게 와서 절하며 "주여(κύριε), 저를 도우소서"(마 15:25)라고 말하였다. 예수가 자녀의 떡을 개들에게 던져주지 않는다고 말하며 거절하자 여자는 계속해서 말하였다. "주여(κύριε), 옳소이다마는 개들도 제 주인(κύριος)의 상에서 떨어지는 부스러기를 먹나이다"(마 15:27).

여기서 여인은 예수를 "주여"(κύριε)라고 부르며 세 번 간청하였다. 이 여인의 거듭된 간청에 예수는 "여자여, 네 믿음이 크도다. 네 소원대로 되리라"(마 15:28)라고 말하였고 그때로부터 그의 딸이 치유되었다. 여인은 예수를 주(主)로 부르면서 자기 딸의 귀신들림을 치유하실 수 있는 분으로 이해하였다.

또한 예수가 자녀와 개의 관계를 비유로 들자 여인은 개도 주인의 상에서 떨어지는 부스러기를 먹는다고 말하여 예수에게 더욱 간청하였다. 여기서 "주인"이 그리스어 원어로 "퀴리오스"(κύριος)이다. 그러므로 여인은 예수가 주(主)시라면 그의 자녀들에게만이 아니라 그 외의 사람들이라고 여겨지는 이들에게도 치유의 역사가 있을 수 있음을 믿고 있었다.

사도행전 2장에서 오순절 성령강림의 역사 직후에 베드로가 소리 높여 설교하였다. "누구든지 **주의** 이름을 부르는 자는 구원을 받으리라 하였느니라"(행 2:21)라고 말하였다. 여기서 "주의 이름"(the name of the Lord)은 그리스어로 "토 오노마 퀴리우"(τὸ ὄνομα κυρίου)로서 오노마(ὄνομα)는 그리스어로 이름을 뜻하며, 퀴리우(κυρίου)는 주(主)를 뜻하는 퀴리오스(κύριος)의 소유격으로 "주의"라는 의미다. 여기서 베드로는 주(主)의 이름을 부르는 것과 구원을 연결하고 있다. 즉 베드로는 주님이 구원자/구주이신 것으로 이해하고 있었다.

또한 이 설교에서 베드로는 "그런즉 이스라엘 온 집은 확실히 알지니 너희가 십자가에 못 박은 **이 예수를 하나님이 주와 그리스도가 되게 하셨느니라**(God has made this Jesus, whom you crucified, **both Lord and Messiah [Christ]**)"(행 2:36)라고 말하였다. 베드로에 따르면, 십자가에서 죽으신 예수를 성부 하나님께서 다시 살리시고 부활하게 하셔서 주(κύριος)와 그리스도/메시아(Χριστός)가 되게 하셨다. 여기서 베드로에게 예수가 주(主)시라는 말은 그가 십자가에서의 죽음으로 끝나지 않고 성부 하나님에 의해 다시 부활하신 분이라는 의미로 이해되었다.

부활의 경험과 관련하여 예수를 주(主)로 이해하는 또 다른 제자는 도마다. 요한복음 20장에서 도마는 예수의 부활을 믿지 못하다가 부활하신 예수가 찾아오셨을 때 예수를 만나면서 "나의 주님이시요 나의 하나님이시니이다"(요 20:28)라고 신앙고백하였다. 도마는 예수를 주(ὁ κύριός, 호 퀴리오스)로 뿐만 아니라 하나님(ὁ θεός, 호 테오스)으로 받아들이고 고백하고 있다. 여기서 도마는 주님이신 예수를 십자가에서의 죽음으로 끝나지 않고 다시 살아나셔서 부활하신 분으로 경험하고 체험하였다.

사도행전 1장에서 가룟 유다를 대신하여 유스도라고 하는 요셉과 맛디아 중에서 한 명을 정하려고 할 때에 제자들은 다음과 같이 기도하였다.

> 그들이 기도하여 이르되 "뭇 사람의 마음을 아시는 주여, 이 두 사람 중에 누가 주님께 택하신 바 되어 봉사와 및 사도의 직무를 대신할 자인지를 보이시옵소서. 유다는 이 직무를 버리고 제 곳으로 갔나이다"(행 1:24-25).

여기서 "뭇 사람의 마음을 아시는 주여"는 그리스어 원문에서는 "수 퀴리에 카르디오그노스타 판톤"(σὺ κύριε καρδιογνῶστα πάντων)으로 되어 있다. 직역하면 "모든 사람의 마음을 아시는 (당신) 주여"라는 의미다. 즉 주님은 모든 사람의 마음을 아시는 분이시다. 그리고 이 주님은 둘 중에 누구를 선택하시는 분이시다. 비록 제자들이 제비뽑기를 통해 맛디아를 얻었으나 그들은 그를 선택한 것은 주님이시라고 여겼다. 주님은 사람들의 마음을 아시며 사람들의 뽑기를 통해서도 선택의 역사를 이뤄가시는 분이시다.

4) 만물의 주재(主宰)이신 주님

성경에서 "주"(主)의 의미를 더 강조하면서 풍성한 의미를 더해주는 표현이 있는데 바로 "주재"(主宰) 또는 "대주재"(大主宰)다. 신약성경의 그리스어로는 "데스포테스"(δεσπότης)이며 영어로는 Lord, Master, Sovereign Lord 등으로 번역된다. 간혹 한글성경에서 "주재"(主宰)로 번역되어 있지만 그리스어로는 "퀴리오스"(κύριος)가 사용된 경우도 있다. 이런 점에서 "데스포테스"(δεσπότης)와 "퀴리오스"(κύριος)는 동일한 의미를 지닌다고 할 수 있다. 그리고 "데스포테스"(δεσπότης) 단어는 주로 성부 하나님에게 사용된 것이지만 성경에서 예수에게도 사용되고 있음을 볼 수 있다.

누가복음 2장에서 예수의 정결예식의 날에 의롭고 경건한 시므온이 예수를 안고 하나님을 찬송할 때 이 단어를 사용하였다.

> **주재여**(δέσποτα, Sovereign Lord), 이제는 말씀하신 대로 종을 평안히 놓아 주시는도다. 내 눈이 주의 구원을 보았사오니, 이는 만민 앞에 예비하신 것이요, 이방을 비추는 빛이요, 주의 백성 이스라엘의 영광이니이다 (눅 2:29-32).

여기서 "주재여"에 해당하는 그리스어 "데스포타"(δέσποτα)는 주재를 가리키는 그리스어 "데스포테스"(δεσπότης)의 호격이다.

사도행전 4장에서 사도들이 한마음으로 소리를 높여 성부 하나님께 기도하면서 다음과 같이 말하였다. "**대주재여**(δέσποτα, Sovereign Lord), 천지와 바다와 그 가운데 만물을 지은 이시요"(행 4:24).

요한계시록 6장에서는 죽임을 당한 영혼들이 제단 아래에서 성부 하나님을 큰 소리로 부르며 다음과 같이 말하였다. "거룩하고 참되신 **대주재여**(ὁ δεσπότης ὁ ἅγιος καὶ ἀληθινός, Sovereign Lord, holy and true), 땅에 거하는 자들을 심판하여 우리 피를 갚아 주지 아니하시기를 어느 때까지 하시려 하나이까?"(계 6:10)

위에서 주재(主宰)/대주재(大主宰)라는 단어는 성부 하나님에게 사용되었다. 여기서 주재(主宰)/대주재(大主宰)는 하늘과 땅과 바다와 그 가운데 모든 것을 지으신 분으로 여겨진다. 그리고 종말에 심판하시는 분으로 여겨진다. 이러한 의미는 "데스포테스"(δεσπότης)가 사용되지 않고 "퀴리오스"(κύριος)가 사용된 경우에도 사도행전 10장, 사도행전 17장, 마태복음 11장에서 보는 것과 마찬가지다.

사도행전 10장에서 베드로가 고넬료의 집에서 설교할 때에 예수 그리스도를 가리켜 "만유의 주"로 표현하였다. 그는 "내가 참으로 하나님은 사람의 외모를 보지 아니하시고, 각 나라 중 하나님을 경외하며 의를 행하는 사람은 다 받으시는 줄 깨달았도다. 만유의 **주 되신** 예수 그리스도로 말미암아 화평의 복음을 전하사 이스라엘 자손들에게 보내신 말씀"(행 10:34-36)이라고 말하였다. 여기서 예수는 만유, 즉 만물의 주(πάντων κύριος, Lord of all)로 표현되고 있다. 즉, 예수는 온 우주 만물의 주이시다.

사도행전 17장에서 사도 바울은 아덴(아테네) 아레오바고에서 복음전도를 하면서 다음과 말하였다.

아덴 사람들아, 너희를 보니 범사에 종교심이 많도다.···우주와 그 가운데 있는 만물을 지으신 하나님께서는 천지의 **주재**(κύριος, the Lord of heaven and earth)시니 손으로 지은 전에 계시지 아니하시고.…이는 만민에게 생명과 호흡과 만물을 친히 주시는 이심이라(행 17:22-25).

여기서 주재(主宰)로 번역되고 있는 그리스어는 "퀴리오스"(κύριος)다. "주재"라는 단어는 예수가 성부 하나님을 부를 때에도 사용되었다.

> 천지의 주재이신 아버지여(Father, Lord of heaven and earth, πάτερ, κύριε τοῦ οὐρανοῦ καὶ τῆς γῆς,), 이것을 지혜롭고 슬기 있는 자들에게는 숨기시고 어린아이들에게는 나타내심을 감사하나이다. 옳소이다! 이렇게 된 것이 아버지의 뜻이니이다(마 11:25-26; 참조. 눅 10:21).

여기서도 주재(主宰)로 번역되고 있는 그리스어는 "퀴리오스"(κύριος)다.
주목할 점은 여기에 사용된 주재(主宰)/대주재(大主宰)라는 단어가 예수에게도 적용되고 있다는 점이다. 유다서 1장은 거짓 교사들에게 내릴 심판에 관하여 말하고 있는데 4절 끝부분에서 "주재"라는 표현을 예수 그리스도에게 적용하고 있다.

> 사랑하는 자들아,…성도에게 단번에 주신 믿음의 도를 위하여 힘써 싸우라는 편지로 너희를 권하여야 할 필요를 느꼈노니, 이는 가만히 들어온 사람 몇이 있음이라. 그들은 옛적부터 이 판결을 받기로 미리 기록된 자니, 경건하지 아니하여 우리 하나님의 은혜를 도리어 방탕한 것으로 바꾸고 홀로 하나이신 주재 곧 우리 주 예수 그리스도(the only Lord God, and our Lord Jesus Christ, KJV)를 부인하는 자니라(유 1:3-4).

여기서 "홀로 하나이신 주재 곧 우리 주 예수 그리스도"가 그리스어로 "카이 톤 모논 데스포텐 카이 퀴리온 헤몬 예순 그리스톤"(καὶ τὸν μόνον δεσπότην καὶ κύριον ἡμῶν Ἰησοῦν Χριστὸν)으로 되어 있는데, 홀로 하나이신 "주재"에 데스포테스(δεσπότης)라는 단어가 사용되었고, "우리 주 예수 그리스도"에 퀴리오스(κύριος)라는 단어가 사용되었다. 이런 점에서 데스포테스와 퀴리오스는 동일한 의미이며, 또한 성부 하나님에게 많이 사용되던 단어가 예수에게도 사용되고 있기에 성부 하나님과 예수와의 동등성이 함의된다.

5) 주 안에서 살아가기

주 예수는 예수가 주(主)이며 주재(主宰)/대주재(大主宰)이심을 의미한다. 곧 삶의 모든 곤경들로부터 도와주시는 분이시며 삶과 생명의 주관자이시며 온 우주 만물의 주재이시고 종말에서의 심판까지 주관하시는 분이시다. 그러므로 우리는 주 예수를 믿고 따르는 자로서 늘 매 순간 "주 안에서"(ἐν κυρίῳ, 엔 퀴리오) 살아가는 의식을 가져야 한다.

"주 안에서", "주 안에", "주 안에는"이라는 표현이 신약성경에 아주 많이 나타나는데 약 45회 정도다. 로마서 6회(롬 16:2; 8; 11; 12; 13; 22), 고린도전서 10회(고전 1:31; 4:17; 7:22, 39; 9:1, 2; 11:11; 15:31, 58; 16:19), 고린도후서 2회(고후 2:12; 10:17), 갈라디아서 1회(갈 5:10), 에베소서 7회(엡 2:21; 4:1, 17; 5:8; 6:1, 10, 21), 빌립보서 9회(빌 1:14; 2:19, 24, 29; 3:1; 4:1, 2, 4, 10), 골로새서 4회(골 3:18, 20; 4:7, 17), 데살로니가전서 2회 (3:8; 5:12), 데살로니가후서 1회(3:4), 빌레몬서 2회(몬 1:16, 20), 요한계시록 1회 (14:13). 참고로 말하면, 요한1서 2:27과 3:24에서 한글번역으로

는 "주 안에"로 되어 있지만 원문에는 "그 안에"로 되어 있는데 번역상 "주 안에"로 한 것이다.

"주 안에서"와 관련하여 "주 예수 안에서"라는 표현도 신약성경에 3회 나타난다. 로마서 1회(롬 14:14), 에베소서 1회(엡 1:15), 데살로니가전서 1회(살전 4:1). 그리고 "주 예수 그리스도 안에" 또는 "주 예수 그리스도 안에서"는 신약성경에 3회 나타난다. 데살로니가전서 1회(살전 1:1), 데살로니가후서 2회(살후 1:1; 3:12). 또한 "그리스도 예수 우리 주 안에"도 1회 나타난다. 로마서 1회(롬 6:23).

또한 이와 연관된 표현으로 "그리스도 안에서"(ἐν Χριστῷ, 엔 크리스토)는 신약성경에 약 32회, "그리스도 예수 안에/안에서"(ἐν Χριστῷ Ἰησοῦ, 엔 크리스토 예수)는 약 46회 나타난다. 구체적인 내용은 "예수 그리스도"를 다루는 곳에서 살펴보고자 한다.

"주 안에서"(ἐν κυρίῳ, 엔 퀴리오) 살아가는 의식을 갖는다는 것은 예수가 주(主)이며 주재(主宰)/대주재(大主宰)로서 삶의 모든 곤경들로부터 우리를 도와주시는 분이시며 삶과 생명의 주관자이시며 온 우주 만물의 주재이시고 종말에서의 심판까지 주관하시는 분이심을 믿고 신뢰하며 산다는 것이다. 이러한 모습들을 몇 가지 살펴보면 다음과 같다.

고린도전서 7장에 따르면 주 안에서 부르심을 받은 자는 누구든지 주께 속한 자유인이다.

주 안에서 부르심을 받은 자는 종이라도 주께 속한 자유인이요 또 그와 같이 자유인으로 있을 때에 부르심을 받은 자는 그리스도의 종이니라. 너희는 값으로 사신 것이니 사람들의 종이 되지 말라(고전 7:22-23).

우리는 주께 속한 자유인이기에 사람들의 종으로 사는 것이 전혀 아니다. 비록 현재의 상황이 종의 신분이라고 하더라도 주 안에서 부름을 받은 자는 주께 속한 자유인으로 사는 것이다. 곧 주가 주시는 자유함을 누리며 사는 것이다. 물론 주 안에서 누리는 자유는 이기적이고 자기중심적인 방종이나 방탕이 아니라 오히려 주를 위한 사랑을 실천하며 사는 것이다. 주께 속한 자유인이기에 또한 주의 종으로 사랑을 실천하며 살아가는 것이다.

에베소서 4장에 따르면 사도 바울은 복음을 전하다가 고난을 당하여 감옥에 갇혔지만 오히려 자신의 상태를 주 안에서 갇힌 자로 이해하고 있다. 그러기에 바울 자신이 실의와 절망에 빠지지 않고 오히려 에베소 교회의 성도들에게 좋은 권면의 말씀을 전하고 있다.

> 그러므로 주 안에서 갇힌 내가 너희를 권하노니 너희가 부르심을 받은 일에 합당하게 행하여, 모든 겸손과 온유로 하고 오래 참음으로 사랑 가운데서 서로 용납하고, 평안의 매는 줄로 성령이 하나 되게 하신 것을 힘써 지키라(엡 4:1-3).

에베소서 5장에 따르면 우리는 전에는 어둠이었지만 지금은 주 안에서 빛이다.

> 너희가 전에는 어둠이더니 이제는 주 안에서 빛이라. 빛의 자녀들처럼 행하라. 빛의 열매는 모든 착함과 의로움과 진실함에 있느니라. 주를 기쁘시게 할 것이 무엇인가 시험하여 보라(엡 5:8-10).

주 안에서 빛인 우리는 어둠의 일에 참여하거나 어둠의 자녀들처럼 행해서는 안 된다. 그 대신에 우리는 빛의 자녀들처럼 행하며 빛의 열매인 모든 착함과 의로움과 진실함을 맺으며 살아가야 한다. 그러면서 주를 기쁘시게 할 것이 무엇인지를 찾아가며 살아가야 한다. 이것이 주 안에서 부르심을 받은 이들의 삶의 모습이고 비전이며 방향이다.

우리는 주 안에서 부르심을 받은 존재로서 거룩한 무리인 성도(聖徒)이기에 우리 모두는 주 안에서 서로 연결되어 있고 교제와 연합과 일치를 이룬다. 그래서 로마서 16장에서 사도 바울은 로마 교회에 자신이 추천하는 뵈뵈를 성도라는 이름에 걸맞게 영접하고 도와주도록 부탁하고 있다.

> 내가 겐그레아 교회의 일꾼으로 있는 우리 자매 뵈뵈를 너희에게 추천하노니, 너희는 주 안에서 성도들의 합당한 예절로 그를 영접하고 무엇이든지 그에게 소용되는 바를 도와 줄지니 이는 그가 여러 사람과 나의 보호자가 되었음이라(롬 16:1-2).

성도인 우리는 서로 직접적인 관계를 맺으며 사는 것이 아니다. 그러기에 각자 자신이 갖고 있는 직접적인 이해관계나 적대관계 속에서 사는 것이 아니다. 오히려 성도 각자는 주 안에서 부르심을 받은 존재이기에 각자 주님에게 속한 자로서 살아가며 이를 통해 성도 모두가 주를 통하여 서로 간접적인 관계를 맺으며 살아간다.[2] 주를 통한 간접적인 관계

---

2   디트리히 본회퍼 지음, 정지련·손규태 옮김, 『신도의 공동생활/성서의 기도서』(서울: 대한기독교서회, 2010), 25-27.

이지만 각자 성도에게 합당한 방식으로 받아들이고 도우며 살아가는 것이다.

3. 예수 그리스도

1) "예수 그리스도"는 신앙고백

"주 예수"처럼 "예수 그리스도"는 하나의 이름처럼 보이지만 사실은 이름이라기보다는 신앙고백이다. "예수 그리스도"(Ἰησοῦς Χριστός, 예수스 크리스토스, Jesus Christ)는 "예수는 그리스도시다"(Jesus is Christ)를 의미하는 신앙고백이다. 이런 점에서 "주 예수"와 "예수 그리스도"는 모든 신앙고백들 중에서도 가장 짧은 신앙고백이다.

"예수 그리스도"(Ἰησοῦς Χριστός, 예수스 크리스토스)는 "그리스도 예수"(Χριστός Ἰησοῦς, 크리스토스 예수스)로도 표기된다. 어느 경우이든 예수가 그리스도이심을 신앙고백적으로 표현한 것이다. 영어로 본다면, Jesus Christ(지저스 크라이스트)와 Christ Jesus (크라이스트 지저스) 모두 예수가 그리스도이심을 신앙고백적으로 표현하는 것이다.

"예수는 그리스도이시다"(Jesus is Christ)와 "그리스도는 예수이시다"(Christ is Jesus)는 모두 예수와 그리스도 사이의 상호동일성을 의미한다. 이러한 상호동일성은 신앙적으로 및 신학적으로 매우 중요한 의미를 지닌다. 성경에서 드러난 예수만이 그리스도이심을 알려 주기 때문이다. 그러므로 예수 외에는 다른 그리스도가 없으며, 그리스도 외에 다른 예수가 없다.

여기서 "그리스도"(Χριστός, 크리스토스, Christos)는 구약성경에 나오는 히브리어 "메시아"(מָשִׁיחַ, Messiah)를 그리스어로 번역한 것이다. 그리고 히브리어 메시아(Messiah)는 문자적으로 "기름 부음을 받은 자"(the anointed one)라는 뜻을 지닌다. 그러므로 "예수 그리스도"는 예수가 그리스도이며 메시아이심을 의미한다. 즉 예수가 구약성경에서 언급하고 기다리고 기대하였던 메시아라는 것이다.

사도행전 4장에서 사도들이 함께 기도할 때에 예수를 그리스도로 표현하였고, 또한 예수가 하나님께서 기름 부으신 자임을 분명하게 인식하고 고백하였다.

> "세상의 군왕들이 나서며 관리들이 함께 모여 주(主)와 그의 그리스도를 대적하도다"(against the Lord, and against his Christ, KJV) 하신 이로소이다. 과연 헤롯과 본디오 빌라도는 이방인과 이스라엘 백성과 합세하여 하나님께서 기름 부으신 거룩한 종 예수를 거슬러(against your holy servant Jesus, whom you anointed, NIV), 하나님의 권능과 뜻대로 이루려고 예정하신 그것을 행하려고 이 성에 모였나이다(행 4:26-28).

여기서 주(主)는 성부 하나님을 가리킨다. 그리고 예수는 성부 하나님의 그리스도(Χριστός, Christos)로 표현된다. "그리스도"라는 단어 자체가 히브리어 "메시아"(מָשִׁיחַ, Messiah)의 그리스어 번역이며 "기름 부음을 받은 자"(the anointed one)라는 뜻이다. 이 단어의 동사형이 "크리오"(χρίω, chrio)인데 바로 다음절에서 이 단어가 사용되었다. 즉 27절에서 예수를 가리켜 성부 하나님께서 기름 부으신 거룩한 종 예수라고 표현하고 있는데 여기서 "기름 붓다"에 사용된 동사가 바로 "크리오"(χρίω, chrio)이다. 다시 말해 "기름 붓다"라는 동사 "크리오"(χρίω, chrio)로부터 파생된 명사인 "기름 부음을 받은 자"가 바로 "크리스토스"(Χριστός, Christos)다.

그런데 예수에 대한 이러한 신앙고백은 갑자기 하늘에서 떨어지거나 진공 속에서 생겨나는 것이 아니다. 바로 예수와의 만남의 경험을 통해 생겨난다. 예수를 만나 경험하면서 예수가 그리스도이시고 메시아이심을 깨닫고 받아들인다. 이러한 예들이 신약성경에 많이 나온다.

요한복음 4장에서 사마리아 여인은 예수를 만나 대화하면서 예수가 그리스도이심을 발견하였다. 그래서 우물로 갖고 온 물동이를 버려 두고 동네 사람들을 찾아다니며 "와서 보라. 이는 그리스도가 아니냐?"(요 4:29)라고 선포하였다. 이에 동네사람들도 예수와 만나 그의 말씀을 들은 후 "그가 참으로 세상의 구주신 줄 앎이라"(요 4:42)라고 말하였다.

요한복음 9장에서 날 때부터 시각장애인인 사람은 예수를 만나 실로암에서 눈을 뜨게 되었다. 이때 유대인 권력자들은 누가 눈을 뜨게 하였는지에 관해 사실을 말하지 못하도록 위협하였다. "누구든지 **예수를 그리스도**로 시인하는 자는 출교하기로 결의하였으므로"(요 9:22) 따라서 그의 부모조차도 그들을 무서워하여 사실을 말하지 못하였다. 그러나 그 사람만이 유일하게 사실을 말하였고, 그 결과 출교되어 그 사회에서 아예 쫓겨났다. 그럼에도 불구하고 그는 자신에게 찾아오신 예수에게 "주여, 내가 믿나이다"라고 말하며 절하고 예배하였다(요 9:38). 그는 예수를 그리스도로 시인하며 믿음과 예배의 대상으로 받아들였다.

요한복음 11장에서 나사로가 죽은 지 나흘이 되는 때에 예수께서 오셔서 "나는 부활이요 생명이니 나를 믿는 자는 죽어도 살겠고 무룻 살아서 나를 믿는 자는 영원히 죽지 아니하리니 이것이 네가 믿느냐?"(요 11:25-26)라고 말씀하셨다. 이때 마르다는 "주여, 그러하외이다. 주는 **그리스도**시요 세상에 오시는 하나님의 아들이신 줄 내가 믿나이다"라고 대답하였다(요 11:27).

마태복음 16장(막 8장; 눅 9장)에서 예수는 빌립보 가이사랴 지방에서 제자들에게 "너희는 나를 누구라 하느냐?"(마 16:15)라고 물으셨다. 이때 시몬 베드로가 "주는[당신은] **그리스도**시요 살아 계신 하나님의 아들이시니이다"[3](마 16:16)라고 대답하였다. 마가복음 8장에서는 베드로가 "주는[당신은] **그리스도**시니이다"[4](막 8:29)라고 대답하였다. 누가복음 9장에서는 베드로는 "하나님의 **그리스도**시니이다"(눅 9:20)라고 대답하였다. 여기서 베드로의 대답에는 그리스도에 대한 잘못된 이해가 전제되어 있었지만 나중에 온전히 그 의미를 깨닫게 되었다.

사도행전 9장에서 사울은 예수의 제자들을 결박하러 다메섹으로 가다가 빛 가운데서 만난 분을 통해 "사울아, 사울아, 네가 어찌하여 나를 박해하느냐?…나는 네가 박해하는 예수라"(행 9:4-5)라고 하는 음성을 듣고 회심하게 된다. 이후 그는 다메섹에서부터 "예수가 하나님의 아들이심을 전파하"고(행 9:20) 또한 "**예수**를 **그리스도**라 증언하"였다(행 9:22).

사도행전 10장에서 베드로가 고넬료의 집에서 설교할 때에 "내가

---

3   마 16:16의 그리스어 원문 자체는 "σὺ εἶ ὁ χριστὸς ὁ υἱὸς τοῦ θεοῦ τοῦ ζῶντος.(수 에이 호 크리스토스 호 휘오스 투 테우 투 존토스)이다. 여기서 주어는 "수"(σύ)로서 "너는/당신은"에 해당한다. 한글 번역에서 "주(主)는"으로 번역되었다.

4   막 8:29의 그리스어 원문 자체는 "σὺ εἶ ὁ χριστός."(수 에이 호 크리스토스)이다. 여기서 주어는 "수"(σύ)로서 "너는/당신은"에 해당한다. 한글 번역에서 "주(主)는"으로 번역되었다

참으로 하나님은 사람의 외모를 보지 아니하시고, 각 나라 중 하나님을 경외하며 의를 행하는 사람은 다 받으시는 줄 깨달았도다. 만유의 주 되신 **예수 그리스도**로 말미암아 화평의 복음을 전하사 이스라엘 자손들에게 보내신 말씀"(행 10:34-36)이라고 말하였다. 여기서 예수는 만유, 즉 만물의 주($\pi\acute{\alpha}\nu\tau\omega\nu$ $\kappa\acute{\nu}\rho\iota\sigma\varsigma$, Lord of all)로도 표현되고 있다.

2) 그리스도/메시아의 의미와 활동

이렇게 예수와의 만남의 경험을 통해 구원을 경험하는 사람들의 신앙고백이 있었고 이것이 성경에 기록되어 있다. 그러기에 성경은 예수가 그리스도이심을 그 초점과 중점에 두면서 많은 이야기들을 전개한다.

예를 들면 마가복음은 처음부터 "하나님의 아들 **예수 그리스도**의 복음의 시작이라"(막 1:1)라고 밝힌다. 그리고 요한복음은 맨 마지막의 앞장에서 요한복음 저술의 목적을 분명하게 밝힌다. "오직 이것을 기록함은 너희로 **예수**께서 하나님의 아들 **그리스도**이심을 믿게 하려 함이요 또 너희로 믿고 그 이름을 힘입어 생명을 얻게 하려 함이니라"(요 20:31). 그 외에도 많은 예가 있다.

개역개정 신약성경에서 "예수 그리스도"는 약 76회 나타난다. 마태복음 3회(마 1:1, 18; 16:21), 마가복음 1회(막 1:1), 요한복음 2회(요 1:17; 17:3), 사도행전 8회(행 2:38; 3:6; 4:10; 8:12; 9:34; 10:36, 48; 16:18), 로마서 9회(롬 1:1, 6, 8; 2:16; 3:22; 5:15, 17; 16:25, 27), 고린도서 5회(고전 2:2; 3:11; 고후 1:19; 4:6; 13:5), 갈라디아서 5회(갈 1:1, 12; 2:16; 3:1, 22), 에베소서 1회(엡 1:5), 빌립보서 3회(빌 1:8, 11, 19), 디모데서 2회(딤전 1:16; 딤후 2:8), 디도서 1회(딛 1:1), 빌레몬서 1회(몬 1:9), 히브리서 3회(히 10:10; 13:8, 21),

베드로서 9회(벧전 1:1, 2, 3, 7, 13; 2:5; 3:21; 4:11; 벧후 1:1), 요한 서신 8회 (요일 1:3; 2:1; 3:23; 4:2; 5:6, 20; 요이 1:3, 7), 유다서 2회(유 1:1[2회]), 요한계 시록 3회(계 1:1, 2, 5)이다.

그리고 "그리스도 예수"는 약 80회 나타난다. 사도행전 1회(행 24:24), 로마서 12회(롬 3:24; 6:3, 11, 23; 8:1, 8:2, 11, 34; 15:5, 7, 16, 16:3), 고 린도서 10회(고전 1:1, 2, 4, 30; 4:15, 17; 15:31; 16:24; 고후 1:1; 4:5), 갈라디 아서 8회(갈 2:4, 16; 3:14, 26, 28; 4:14; 5:6, 24), 에베소서 10회(엡 1:1; 2:6, 7, 10, 13, 20, 22; 3:1, 6, 21), 빌립보서 12회(빌 1:1[2회], 6, 26; 2:5, 21; 3:3, 12, 14; 4:7, 19, 21), 골로새서 4회(골 1:1, 4; 2:6; 4:12), 데살로니가서 2회(살전 2:14; 5:18), 디모데서 19회(딤전 1:1[2회], 14, 15; 2:5; 3:13; 4:6; 5:21; 6:13; 딤 후 1:1[2회], 9, 13; 2:1; 3, 10; 3:12, 15; 4:1), 빌레몬서 2회(몬 1:1, 23).

위와 같은 예들은 모두 예수와 그리스도 사이의 상호동일성을 알 려 준다. 이러한 상호동일성은 신앙적으로 및 신학적으로 매우 중요한 의미를 지닌다. 성경에서 드러난 예수만이 그리스도이심을 알려주기 때문이다. 그러기에 예수 외에는 다른 그리스도가 없으며, 그리스도 외 에는 다른 예수가 없다.

그리스어 그리스도(Χριστός, 크리스토스, Christos)는 구약성경 히브리 어로 메시아(מָשִׁיחַ, Messiah)인데, 이것의 문자적인 뜻은 "기름 부음을 받 은 자"(the anointed one)다. 구약성경에서 기름 부음을 받아 행하는 직무 에는 세 가지가 있는데 곧 왕, 제사장, 예언자/선지자다. 예수가 그리스 도라는 것은 구약에서부터 기다리고 기대하여 온 메시아이심을 의미한 다.

그런데 메시아에 대한 기존의 이해는 권세가 있고 힘이 있는 존재 라는 것이었다. 그러기에 이스라엘이 힘들고 어려움에 처했을 때, 그래서 나라를 잃고 민족이 망하던 시기에 이스라엘은 메시아가 이스라엘의 정치적 독립과 회복을 이루시는 분이라고 이해하게 되었다.

그렇지만 구약에서와 달리 신약성경에서는 예수가 그리스도/메시아이심의 본질적인 핵심을 빌립보 가이사랴 지방에서 예수가 제자 베드로와 나누신 대화를 통해 분명하게 알려 준다. 이를 통해 베드로가 메시아에 대해 가졌던 이해가 깨어지고 새롭게 변화되었다.

마태복음 16장(막 8장; 눅 9장)에서 예수는 빌립보 가이사랴 지방에서 제자들에게 "너희는 나를 누구라 하느냐?"(마 16:15) 하고 물으셨다. 이때 시몬 베드로가 "주는(당신은) **그리스도**시요 살아 계신 하나님의 아들이시니이다"(마 16:16)라고 대답하였다. 마가복음 8장에서는 베드로가 "주는(당신은) **그리스도**시니이다"(막 8:29)라고 대답하였다. 누가복음 9장에서 베드로는 "하나님의 **그리스도**시니이다"(눅 9:20)라고 대답하였다.

이러한 베드로의 대답을 예수는 칭찬하였다. 그리고 베드로(Peter, Πέτρος, 페트로스)로 이름을 바꿔주고, 베드로의 신앙고백의 반석(πέτρα, 페트라, petra, rock) 위에 교회를 세우겠다고 하며, 또한 천국열쇠(하나님 나라의 열쇠)를 주겠다고 말하였다. 그런데 이때 예수는 제자들에게 자신이 그리스도인 것을 아무에게도 알리지 말도록 당부하셨다.

그리고 그 직후로 예수는 장차 있을 자신의 고난과 죽음과 부활에 관하여 말씀하셨다.

이때로부터 예수 그리스도께서 자기가 예루살렘에 올라가 장로들과 대제사장들과 서기관들에게 많은 고난을 받고 죽임을 당하고 제삼일에 살아나야 할 것을 제자들에게 비로소 나타내시니, 베드로가 예수를 붙들고 항변하여 이르되 "주여, 그리 마옵소서. 이 일이 결코 주께 미치지 아니하리이다." 예수께서 돌이키시며 베드로에게 이르시되 "사탄아, 내 뒤로 물러 가라. 너는 나를 넘어지게 하는 자로다. 네가 하나님의 일을 생각하지 아니하고 도리어 사람의 일을 생각하는도다" 하시고 이에 예수께서 제자들에게 이르시되 "누구든지 나를 따라오려거든 자기를 부인하고 자기 십자가를 지고 나를 따를 것이니라"(마 16:21-24).

베드로가 예수를 붙들고 항변하며 결코 그런 일이 없을 것이라고 말하였지만 도리어 예수는 베드로에게 사탄(σατανᾶς, Satan)이라고 부르시며 자신에게 걸림돌(σκάνδαλον, 스칸달론, scandal/stumbling block)이 된다고 하시고, 하나님의 일들이 아니라 사람의 일들을 생각한다고 지적하셨다. 그런 다음에 자신을 따르려면 자신을 부인하고 자기 십자가를 지고 따르라고 하셨다.

이러한 문맥에서 본다면 예수가 그리스도이심의 핵심은 많은 고난과 죽임을 당하는 것이다. 그리고 예수 그리스도를 따르는 자들의 본질적인 사명은 자신을 부인하고 자기 십자가를 지는 것이다. 즉, 예수 그리스도와 함께 고난을 받는 것이다.

예수 그리스도의 본질적인 사역이 많은 고난과 십자가의 죽음인데 이것을 성경에서는 대속의 개념으로 설명한다. 즉 우리를 구원하고자 우리의 죄를 대속하시기 위하여 예수 그리스도께서 자신의 몸을 대속물로 주시는 것이다.

바울은 갈라디아서 1장에서 다음과 같이 말씀한다. "그리스도께서 하나님 곧 우리 아버지의 뜻을 따라 이 악한 세대에서 우리를 건지시려고 우리 죄를 대속하기 위하여 자기 몸을 주셨으니, 영광이 그에게 세

세토록 있을지어다. 아멘"(갈 1:4-5).

한글성경에서 "대속하다"로 번역된 단어가 그리스어 원문에서는 그리스도께서 우리의 죄들(ἁμαρτίας, 하마르티아스)을 위하여 자신을 주시는 것을 의미한다.

그리고 디모데전서 2장에서 다음과 같이 말씀한다.

> 하나님은 모든 사람이 구원을 받으며 진리를 아는 데에 이르기를 원하시느니라. 하나님은 한 분이시요 또 하나님과 사람 사이에 중보자도 한 분이시니 곧 사람이신 그리스도 예수라. 그가 모든 사람을 위하여 자기를 대속물로 주셨으니 기약이 이르러 주신 증거니라(딤전 2:4-6).

이 구절에서 대속물은 그리스어로 "안티뤼트론"(ἀντίλυτρον, antilytron, ransom)이다. 여기서 "안티"(ἀντί)는 "누군가를 위하여" 또는 "누구를 대신하여"라는 의미를 지닌다. 마태복음 20:28과 마가복음 10:45에서는 대속물이 "뤼트론"(λύτρον, lytron, ransom)으로 표현되어 있다.

또한 디모데전서 2장은 예수 그리스도를 "하나님과 사람 사이의 중보자"(one mediator between God and mankind)로 소개한다. 여기서 중보자(mediator)는 그리스어로 "메시테스"(μεσίτης, mesites)이며 라틴어로는 "메디아토르"(mediator)다. 영어로는 "미디에이터"(mediator)다.

갈라디아서 3장에서는, 하나님께서 아브라함에게 주신 언약이 있는데 이후 인간의 범죄함으로 주어진 율법이 언약(covenant)과 그 약속(promise)을 폐하지 못한다고 말씀한다.

> 내가 이것을 말하노니 하나님께서 미리 정하신 언약을 사백삼십 년 후에

생긴 율법이 폐기하지 못하고 그 약속을 헛되게 하지 못하리라. 만일 그 유업이 율법에서 난 것이면 약속에서 난 것이 아니라. 그러나 하나님이 약속으로 말미암아 아브라함에게 주신 것이라. 그런즉 율법은 무엇이냐? 범법하므로 더하여진 것이라. 천사들을 통하여 한 중보자의 손으로 베푸신 것인데 약속하신 자손이 오시기까지 있을 것이라. 그 중보자는 한 편만 위한 자가 아니나 하나님은 한 분이시니라. 그러면 율법이 하나님의 약속들과 반대되는 것이냐? 결코 그럴 수 없느니라. 만일 능히 살게 하는 율법을 주셨더라면 의가 반드시 율법으로 말미암았으리라. 그러나 성경이 모든 것을 죄 아래에 가두었으니 이는 예수 그리스도를 믿음으로 말미암는 약속을 믿는 자들에게 주려 함이라(갈 3:17-22).

여기서 언약(covenant)은 그리스어로 "디아테케"(διαθήκη, diatheke)이며 약속(promise)은 그리스어로 "에팡겔리아"(ἐπαγγελία, epangelia)다. 인간의 범죄함으로 주어진 율법은 또한 중보자이신 예수 그리스도에게 맡겨진 것이기에 율법이 첫 언약을 폐기하지 못하고 첫 약속을 헛되게 하지 못한다. 성부 하나님께서 첫 언약을 통해 약속하셨던 바는 이제 중보자이신 예수 그리스도를 믿는 믿음을 통해 신자들에게 주어진다.

이런 의미에서 히브리서 8장에 따르면 예수 그리스도는 "더 좋은 언약의 중보자"(the mediator of a better covenant)(히 8:6)이다. "그러나 이제 그(예수)는 더 아름다운 직분을 얻으셨으니 그는 더 좋은 약속으로 세우신 더 좋은 언약의 중보자시라"(히 8:6).
그리고 히브리서 9장과 12장에 따르면 그는 "새 언약의 중보자"(the mediator of a new covenant)이다.

염소와 황소의 피와 및 암송아지의 재를 부정한 자에게 뿌려 그 육체를 정결하게 하여 거룩하게 하거든, 하물며 영원하신 성령으로 말미암아 흠 없는 자기를 하나님께 드린 그리스도의 피가 어찌 너희 양심을 죽은 행실에서 깨끗하게 하고 살아 계신 하나님을 섬기게 하지 못하겠느냐? 이로 말미암아 그(그리스도)는 새 언약의 중보자시니 이는 첫 언약 때에 범한 죄에서 속량하려고 죽으사 부르심을 입은 자로 하여금 영원한 기업의 약속을 얻게 하려 하심이라(히 9:13-15).

그러나 너희가 이른 곳은 시온 산과 살아 계신 하나님의 도성인 하늘의 예루살렘과 천만 천사와, 하늘에 기록된 장자들의 모임과 교회와 만민의 심판자이신 하나님과 및 온전하게 된 의인의 영들과, 새 언약의 중보자이신 예수와 및 아벨의 피보다 더 나은 것을 말하는 뿌린 피니라(히 12:22-24).

3) 예수 그리스도/메시아의 세 직무

예수라는 이름은 구원자 또는 구주라는 뜻을 지닌다. 그러기에 예수는 구원을 행하시는 분이다. 그는 우리를 구원하시기 위하여 우리의 죄를 대속한다. 즉 우리의 죄들을 위하여 자신을 대속물로 준다. 그리고 구원자/구주이신 예수는 성부 하나님과 사람 사이의 중보자이며 또한 새 언약의 중보자다. 그리고 예수는 그리스도/메시아로서 왕, 제사장, 예언자/선지자라는 세 직무를 담당하신다. 신학의 역사에서는 이를 예수 그리스도의 삼중직(munus triplex, the threefold office)[5]이라고 한다.

첫째, 예수는 제사장(대제사장)으로서 우리의 죄들을 속하기 위하여 많은 고난을 받고 죽음을 당하신다. "그러므로 함께 하늘의 부르심을 받은 거룩한 형제들아, 우리가 믿는 도리의 사도이시며 **대제사장**이신 예수를 깊이 생각하라"(히 3:1).

> 그러므로 우리에게 큰 **대제사장**이 계시니 승천하신 이 곧 하나님의 아들 예수시라. 우리가 믿는 도리를 굳게 잡을지어다. 우리에게 있는 **대제사장**은 우리의 연약함을 동정하지 못하실 이가 아니요 모든 일에 우리와 똑같이 시험을 받으신 이로되 죄는 없으시니라. 그러므로 우리는 긍휼하심을 받고 때를 따라 돕는 은혜를 얻기 위하여 은혜의 보좌 앞에 담대히 나아갈 것이니라(히 4:14-16).

> 우리가 이 소망을 가지고 있는 것은 영혼의 닻 같아서 튼튼하고 견고하여 휘장 안에 들어 가나니, 그리로 앞서 가신 예수께서 멜기세덱의 반차를 따라 영원히 **대제사장**이 되어 우리를 위하여 들어 가셨느니라(히 6:18-20).

대제사장이신 예수는 다른 제사장들처럼 매년 짐승의 피로써 속죄를 이루시는 것이 아니라 단번에 자신의 피로 영원한 속죄를 이루신다. 즉, 대제사장이신 예수는 자신을 제물로 드리시는 분이시다.

---

5   최윤배, 『칼뱅신학 입문』(서울: 장로회신학대학교출판부, 2012), 157-163.

그리스도께서는 장래 좋은 일의 **대제사장**으로 오사 손으로 짓지 아니한 것 곧 이 창조에 속하지 아니한 더 크고 온전한 장막으로 말미암아, 염소와 송아지의 피로 하지 아니하고 오직 자기의 피로 영원한 속죄를 이루사 단번에 성소에 들어가셨느니라. 염소와 황소의 피와 및 암송아지의 재를 부정한 자에게 뿌려 그 육체를 정결하게 하여 거룩하게 하거든, 하물며 영원하신 성령으로 말미암아 흠 없는 자기를 하나님께 드린 그리스도의 피가 어찌 너희 양심을 죽은 행실에서 깨끗하게 하고 살아 계신 하나님을 섬기게 하지 못하겠느냐? 이로 말미암아 그는 새 언약의 중보자시니 이는 첫 언약 때에 범한 죄에서 속량하려고 죽으사 부르심을 입은 자로 하여금 영원한 기업의 약속을 얻게 하려 하심이라.…이와 같이 그리스도도 많은 사람의 죄를 담당하시려고 단번에 드리신 바 되셨고 구원에 이르게 하기 위하여 죄와 상관 없이 자기를 바라는 자들에게 두 번째 나타나시리라(히 9:11-15, 28).

대제사장이신 예수가 친히 제물이 되신다는 내용은 이미 세례 요한이 증언하였던 바와 같다. 요한복음 1장에서 세례 요한이 예수를 보고서는 다음과 같이 외쳤다. "보라! 세상 죄를 지고 가는 하나님의 어린 양이로다"(Look, the Lamb of God, who takes away the sin of the world!)(요 1:29, 36).

여기서 "세상 죄"는 그리스어로 "하마르티아 투 코스무"(ἁμαρτία τοῦ κόσμου)다. 예수의 속죄는 세상(κόσμος, cosmos, 코스모스), 즉 온 세상 또는 온 세상 사람들의 죄(ἁμαρτία, hamartia, 하마르티아)와 관련되어 있다. 히브리서 9:28에서는 "많은 사람의 죄"(the sins of many)로 표현되어 있다.

둘째, 예수는 예언자/선지자로서 하나님 나라의 복음(천국 복음)을 선포하시고 가르치신다. 예언자/선지자는 하나님의 말씀을 받아서 맡은 자로서 하나님의 말씀을 그대로 말하고 전하는 자이다. 사도행전 3장에서 베드로는 예수 그리스도를 가리켜 선지자로 표현하고 있다.

> 또 주께서 너희를 위하여 예정하신 그리스도 곧 예수를 보내시리니, 하나님이 영원 전부터 거룩한 선지자들의 입을 통하여 말씀하신 바 만물을 회복하실 때까지는 하늘이 마땅히 그를 받아 두리라. 모세가 말하되 "주 하나님이 너희를 위하여 너희 형제 가운데서 나 같은 선지자 하나를 세울 것이니 너희가 무엇이든지 그의 모든 말을 들을 것이라. 누구든지 그 선지자의 말을 듣지 아니하는 자는 백성 중에서 멸망 받으리라" 하였고, 또한 사무엘 때부터 이어 말한 모든 선지자도 이때를 가리켜 말하였느니라(행 3:22-24).

히브리서에서도 예수 그리스도가 하나님의 아들이면서 선지자/예언자로서의 직무를 행하시는 것으로 말하고 있다.

> 옛적에 선지자들을 통하여 여러 부분과 여러 모양으로 우리 조상들에게 말씀하신 하나님이, 이 모든 날 마지막에는 아들을 통하여 우리에게 말씀하셨으니, 이 아들을 만유의 상속자로 세우시고 또 그로 말미암아 모든 세계를 지으셨느니라(히 1:1-2).

그리고 요한복음 7장에서는 예수가 자신이 성부 하나님께서 보내신 자로서 말하고 있다고 여기고 있다.

> 예수께서 대답하여 이르시되 "내 교훈은 내 것이 아니요 나를 보내신 이

의 것이니라. 사람이 하나님의 뜻을 행하려 하면 이 교훈이 하나님께로부터 왔는지 내가 스스로 말함인지 알리라. 스스로 말하는 자는 자기 영광만 구하되 보내신 이의 영광을 구하는 자는 참되니 그 속에 불의가 없느니라"(요 17:16-18).

셋째, 예수는 왕으로서 천국, 즉 하나님 나라를 선포하고 하나님 나라가 임재하도록 하시며 다스리신다. 마태복음 12장, 마가복음 3장, 누가복음 6장에서 예수가 귀신 들린 자를 고치자 어떤 이들이 예수가 귀신의 왕인 바알세불을 힘입어 귀신을 쫓아낸 것이라고 말하였다, 그러자 예수는 "그러나 내가 하나님의 성령을 힘입어 귀신을 쫓아내는 것이면 하나님의 나라가 이미 너희에게 임하였느니라"(마 12:28)라고 말하였다. 예수는 자신의 사역을 통해 하나님의 나라가 임하도록 함을 알 수 있다.

골로새서 1장에서는 하나님 나라를 "아들의 나라"로 표현한다.

그가 우리를 흑암의 권세에서 건져내사 **그의 사랑의 아들의 나라로** 옮기셨으니, 그 아들 안에서 우리가 속량 곧 죄 사함을 얻었도다. 그는 보이지 아니하는 하나님의 형상이시요 모든 피조물보다 먼저 나신 이시니, 만물이 그에게서 창조되되 하늘과 땅에서 보이는 것들과 보이지 않는 것들과 혹은 왕권들이나 주권들이나 통치자들이나 권세들이나 만물이 다 그로 말미암고 그를 위하여 창조되었고, 또한 그가 만물보다 먼저 계시고 만물이 그 안에 함께 섰느니라(골 1:13-17).

하나님의 나라이든지 아들의 나라이든지 나라의 핵심은 나라를 다스리는 주권자의 뜻이 이루어지는 것이다. 그러기에 예수는 제자들에게 기도를 가르쳐주시면서 나라가 임하시고 뜻이 하늘에서와 같이 땅에서도 이루어지도록 기도하라고 하셨다.

> 그러므로 너희는 이렇게 기도하라. 하늘에 계신 우리 아버지여, 이름이 거룩히 여김을 받으시오며, 나라가 임하시오며 뜻이 하늘에서 이루어진 것 같이 땅에서도 이루어지이다. 오늘 우리에게 일용할 양식을 주시옵고, 우리가 우리에게 죄 지은 자를 사하여 준 것 같이 우리 죄를 사하여 주시옵고, 우리를 시험에 들게 하지 마시옵고 다만 악에서 구하시옵소서(나라와 권세와 영광이 아버지께 영원히 있사옵나이다 아멘(마 6:9-13; 참조. 눅 11:2-4).

사도행전 5장에서 베드로와 사도들은 다음과 같이 증언하였다.

> 베드로와 사도들이 대답하여 이르되 "사람보다 하나님께 순종하는 것이 마땅하니라. 너희가 나무에 달아 죽인 예수를 우리 조상의 하나님이 살리시고, 이스라엘에게 회개함과 죄 사함을 주시려고 그를 오른손으로 높이사 임금과 구주로 삼으셨느니라. 우리는 이 일에 증인이요 하나님이 자기에게 순종하는 사람들에게 주신 성령도 그러하니라" 하더라(행 5:29-32).

하나님께서 창조하신 우주 만물을 이끌어가시는 것이 경륜인데 이 경륜은 예수의 왕으로서의 직무와 관련이 있다. 그러기에 경륜의 목적과 방식을 살펴볼 필요가 있다.[6] 예수가 왕으로서 다스리시는 방식은 세상의 권력자들이 다스리는 방식과는 다르기 때문이다. 먼저, 삼위일체 하나님의 경륜의 목적은 에베소서 1:9-10에 분명하게 드러나 있다.

> 그 뜻의 비밀을 우리에게 알리신 것이요 그의 기뻐하심을 따라 그리스도 안에서 때가 찬 경륜을 위하여 예정하신 것이니, 하늘에 있는 것이나 땅에 있는 것이 다 그리스도 안에서 통일되게 하려 하심이라(엡 1:9-10).

삼위일체 하나님께서는 때가 찬 경륜에 따라 "하늘에 있는 것이나 땅에 있는 것이 다", 즉 만물(πάντα, panta)이 예수 그리스도 안에서 통일되게 하고자 하신다.

여기서 "통일되게 하다"라는 말은 그리스어로 "아나케팔라이오오"(ἀνακεφαλαιόω)에서 나온 말이다. "아나"(ἀνά, ana)는 "다시"라는 뜻이며 "케팔레"(κεφαλή, kephale)는 "머리"라는 뜻이다. 그래서 통일이라는 말은 누군가의 머리 됨을 다시 인정한다는 뜻이다. 하늘에 있는 모든 것과 땅에 있는 모든 것, 즉 우주 만물 전체가 예수 그리스도의 머리 되심을 인정하도록 하는 것, 그래서 우주 만물 전체가 예수 그리스도 안에서 하나가 되도록 하는 것을 의미한다. 예수 그리스도의 머리 되심을 인정한다는 것은 예수 그리스도가 바로 우주 만물 전체의 원리이심을 인정한다는 것이다.

경륜은 삼위일체 하나님께서 창조하신 우주 만물 전체를 이끌어가시는 것인데 그 목적은 우주 만물 전체가 예수 그리스도의 머리 되심을

---

6   백충현, 『성경의 키워드로 풀어가는 신학세계』, 63-68.

인정하도록 하는 것이다. 사실 예수 그리스도는 창조의 원리시다. 그래서 우주 만물이 창조될 때에 말씀, 즉 로고스로 창조되었다. 말씀이 없이는 창조된 것이 하나도 없다.

그러기에 우주 만물 전체가 창조의 원리이신 예수 그리스도의 머리 되심을 인정하는 것은 당연한 이치다. 예수 그리스도는 우주 만물의 생명이며 빛이시므로 예수 그리스도의 머리 되심을 인정할 때에 우주 만물이 온전한 생명을 누리고 빛 가운데에 거할 수 있다.

그런데 우주 만물이 자신들의 생성과 존재의 원리이신 말씀을 알지도 못하고 받아들이지도 않는 일이 벌어졌다. 빛이 비쳐도 어두움이 깨닫지 못하는 일이 벌어졌다. 그래서 삼위일체 하나님은 우주 만물 전체가 다시 예수 그리스도의 머리 되심을 인정하도록 하시기 위하여 요한복음 1:14에서처럼 로고스이신 말씀이 사람이 되게 하셨다. 바로 성육신(成肉身, incarnation)이다. 우주 만물의 원리이신 말씀(로고스)이 사람이 되심으로써 우주 만물 안에 구체적으로 나타나셨다. 곧 예수 그리스도께서 이 땅에서 사셨던 모든 삶의 모습들을 통해 온 세계에 구체적으로 나타났다.

이를 통해 사람들을 비롯하여 우주 만물 전체가 자신들의 원리이신 말씀을 분명하게 보고 알 수 있도록 하셨다. 또 이를 통해 성육신하신 예수 그리스도를 믿고 따르면서 삼위일체 하나님께서 뜻하시고 이끌어가시는 삶에 참여할 수 있도록 하신다. 이런 까닭에 경륜을 뜻하는 오이코노미아라는 단어가 초기 교회에서는 성육신을 의미하는 단어가 되었다.[7]

---

[7] LaCugna, *God for Us*, 43. 참고. 라쿠나, 『우리를 위한 하나님』, 83.

신약성경 빌립보서 2:5-8은 예수 그리스도의 성육신을 자기 비움으로 표현한다.

> 너희 안에 이 마음을 품으라. 곧 그리스도 예수의 마음이니, 그는 근본 하나님의 본체시나 하나님과 동등됨을 취할 것으로 여기지 아니하시고, 오히려 자기를 비워 종의 형체를 가지사 사람들과 같이 되셨고, 사람의 모양으로 나타나사 자기를 낮추시고 죽기까지 복종하셨으니 곧 십자가에 죽으심이라(빌 2:5-8).

여기서 성육신의 본질적 모습이 자기 비움으로 표현된다. 자기 비움은 그리스어로 케노시스(κένωσις, kenosis)로서 "비우다"는 뜻을 지닌 동사 "케노오"(κενόω, kenoo)의 명사형이다. 영어로는 "셀프-엠프티니스"(self-emptiness)로 표현한다. 한자로는 "공"(空)으로 표현할 수 있다.

케노시스는 성자 하나님께서 근본적으로 성부 하나님과 동등하시지만 그렇게 여기지 않으시고 자신을 비우셨음을 의미한다. 그런 다음에 오히려 종의 형체를 가져 사람들과 같이 되셨고 이를 통해 자기를 낮추시고 순종하시며 십자가에서 죽으시기까지 복종하셨음을 의미한다. 이렇게 자기 비움의 관점에서 예수 그리스도를 이해하는 입장을 케노시스 기독론(kenosis Christology 또는 kenotic Christology)이라고 한다. 이는 자기 비움의 기독론, 겸허적 기독론, 또는 겸비적 기독론이다.

우주 만물의 원리로서의 말씀, 즉 성자 하나님이 자기 비움을 하였음을 고려하면 삼위일체 하나님은 우주 만물 전체를 향한 자신의 경륜의 목적을 이루시기 위해 어떤 강제적인 방식이나 강압적인 방식으로 활동하지 않으심을 알 수 있다. 우주 만물 전체가 예수 그리스도의 머리 되심을 인정하도록 하시기 위해 어떤 기계적인 수단이나 폭력적인 수단을 사용하지 않으신다. 오히려 자신을 비우시고 사람이 되시며 자신을 낮추시고 십자가에서 고난받으시며 죽기까지 복종하신다.

삼위일체 하나님께서 성육신을 통한 자기 비움과 순종과 고난과 죽음의 방식으로 자기 경륜의 목적을 이루시고자 하신 것은 우주 만물 전체를 존중하시고 각각 자유롭게 참여하도록 하시기 위함이다. 특히 사람의 경우에는 더욱 그러하다. 각 사람이 성육신하신 예수 그리스도를 통해 삼위일체 하나님의 경륜을 발견하고 깨달아 스스로 자유롭게 그 경륜에 참여하도록 하신다.

4) 그리스도 안에서 살아가기

골로새서 3장에 따르면, 그리스도는 우리의 생명(life)이며, 이 생명은 성부 하나님 안에서 그리스도와 함께 감추어져 있다. 그리고 그리스도께서 다시 오실 때에 우리도 그리스도와 함께 영광중에 나타날 것이다.

> 이는 너희가 죽었고 너희 생명이 그리스도와 함께 하나님 안에 감추어졌음이라. 우리 생명이신 그리스도께서 나타나실 그때에 너희도 그와 함께 영광 중에 나타나리라(골 3:3-4).

그리고 이러한 역사는 옛사람이 죽고 새 사람을 입은 모든 이들에게 차별 없이 적용될 것이다.

> 너희가 서로 거짓말을 하지 말라. 옛사람(the old self)과 그 행위를 벗어

버리고, 새 사람(the new self)을 입었으니 이는 자기를 창조하신 이의 형상을 따라 지식에까지 새롭게 하심을 입은 자니라. 거기에는 헬라인이나 유대인이나 할례파나 무할례파나 야만인이나 스구디아인이나 종이나 자유인이 차별이 있을 수 없나니 오직 그리스도는 만유시요 만유 안에 계시니라(Christ is all, and is in all)(골 3:9-11).

여기서 "옛사람"(the old self)은 "팔라이오스 안트로포스"(παλαιός ἄνθρωπος, palaios anthropos)이며 "새 사람"(the new self)은 "네오스 안트로포스"(νέος ἄνθρωπος, neos anthropos)다. 예수 그리스도를 통하여 옛 자아는 죽고 새 자아를 입는다. 예수 그리스도를 통한 믿음의 역사에는 차별이 없다. 왜냐하면 그리스도는 만유이시고 만유 안에 계시며 우주 만물에 모두 역사하시기 때문이다. 여기서 "만유"는 그리스어로 "[타] 판타"([τὰ] πάντα, [ta] panta)이며 "만유 안에"는 "엔 파신"(ἐν πᾶσιν, en pasin)이다. 즉 예수 그리스도의 사역은 만유/만물, 즉 온 우주 만물과 연관되어 있음을 알 수 있다.

예수 그리스도와 관련된 삶을 가장 집약적으로 표현하여 주는 표현이 있다. 바로 "그리스도 안에서"(ἐν Χριστῷ, 엔 크리스토)다. 이 표현 자체는 신약성경에 약 32회 나타나며, 조금 더 확장하여 "그리스도 예수 안에/안에서"(ἐν Χριστῷ Ἰησοῦ, 엔 크리스토 예수)는 약 46회 나타난다.

그리고 이와 연관하여 더 확장된 표현인 "주 예수 그리스도 안에" 또는 "주 예수 그리스도 안에서"는 신약성경에 3회 나타난다. 데살로니가전서 1회(살전 1:1), 데살로니가후서 2회(살후 1:1; 3:12)이다. 또한 "그리스도 예수 우리 주 안에"도 1회 나타난다. 로마서 1회(롬 6:23)이다.

가장 대표적으로 고린도후서 5:17을 들 수 있다. "그런즉 누구든지 그리스도 안에 있으면 새로운 피조물이라(Therefore, if anyone is in Christ, the new creation has come). 이전 것은 지나갔으니 보라 새것이 되었도다"(고후 5:17). 17절 전반부는 그리스어로 "호스테 에이 티스 엔 크리스토 카이네 크티시스"(ὥστε εἴ τις ἐν Χριστῷ, καινὴ κτίσις, hoste ei tis en Xristo, kaine ktisis)다. 여기서 "티스"(τις)는 대명사로서 사람을 가리킬 수도 있고 사물을 가리킬 수도 있다.

한글성경 개역개정에서는 "누구든지"로 번역되어 있지만, 이는 사람만을 가리킨다. 그러나 "티스"(τις)는 사람만이 아니라 사물을 모두 포괄할 수 있다. 따라서 뒤따라 나오는 새로운 피조물은 사람만이 아니라 사람을 비롯하여 새롭게 된 모든 것들을 다 포함할 수 있다. 그러므로 새로운 피조물을 한글로 문자적으로 "새 창조"(the new creation)로도 번역할 수 있다. 즉 예수 그리스도는 만유/만물, 즉 온 우주 만물을 새롭게 하시는 분이다.[8]

이런 점을 고려하여 접근하면 "그리스도 안에서"라는 의미는 굉장히 포괄적이며 보편적으로 적용될 수 있음을 알 수 있다.

> 우리가 한 몸에 많은 지체를 가졌으나 모든 지체가 같은 기능을 가진 것이 아니니, 이와 같이 우리 많은 사람이 그리스도 안에서 한 몸이 되어 서로 지체가 되었느니라(로마서 12:4-5).

만일 그리스도 안에서 우리가 바라는 것이 다만 이 세상의 삶뿐이면 모든 사람 가운데 우리가 더욱 불쌍한 자이리라. 그러나 이제 그리스도께서

---

8   천세종, 『한국교회에서 읽는 바울』(서울: 케노시스, 2014), 165-176.

죽은 자 가운데서 다시 살아나사 잠자는 자들의 첫 열매가 되셨도다. 사망이 한 사람으로 말미암았으니 죽은 자의 부활도 한 사람으로 말미암는도다. 아담 안에서 모든 사람이 죽은 것 같이 그리스도 안에서 모든 사람이 삶을 얻으리라(고전 15:19-22).

찬송하리로다! 하나님 곧 우리 주 예수 그리스도의 아버지께서 그리스도 안에서 하늘에 속한 모든 신령한 복을 우리에게 주시되, 곧 창세 전에 그리스도 안에서 우리를 택하사 우리로 사랑 안에서 그 앞에 거룩하고 흠이 없게 하시려고, 그 기쁘신 뜻대로 우리를 예정하사 예수 그리스도로 말미암아 자기의 아들들이 되게 하셨으니, 이는 그가 사랑하시는 자 안에서 우리에게 거저 주시는 바 그의 은혜의 영광을 찬송하게 하려는 것이라. 우리는 그리스도 안에서 그의 은혜의 풍성함을 따라 그의 피로 말미암아 속량 곧 죄 사함을 받았느니라. 이는 그가 모든 지혜와 총명을 우리에게 넘치게 하사, 그 뜻의 비밀을 우리에게 알리신 것이요 그의 기뻐하심을 따라 그리스도 안에서 때가 찬 경륜을 위하여 예정하신 것이니, 하늘에 있는 것이나 땅에 있는 것이 다 그리스도 안에서 통일되게 하려 하심이라. 모든 일을 그의 뜻의 결정대로 일하시는 이의 계획을 따라 우리가 예정을 입어 그 안에서 기업이 되었으니, 이는 우리가 그리스도 안에서 전부터 바라던 그의 영광의 찬송이 되게 하려 하심이라. 그 안에서 너희도 진리의 말씀 곧 너희의 구원의 복음을 듣고 그 안에서 또한 믿어 약속의 성령으로 인치심을 받았으니, 이는 우리 기업의 보증이 되사 그 얻으신 것을 속량하시고 그의 영광을 찬송하게 하려 하심이라(엡 1:3-14).

너희는 모든 악독과 노함과 분냄과 떠드는 것과 비방하는 것을 모든 악의와 함께 버리고, 서로 친절하게 하며 불쌍히 여기며 서로 용서하기를 하나님이 그리스도 안에서 너희를 용서하심과 같이 하라(엡 4:31-32).

모든 은혜의 하나님 곧 그리스도 안에서 너희를 부르사 자기의 영원한 영광에 들어가게 하신 이가 잠깐 고난을 당한 너희를 친히 온전하게 하시며 굳건하게 하시며 강하게 하시며 터를 견고하게 하시리라(벧전 5:10).

4. 주 예수 그리스도

"주 예수"와 "예수 그리스도"는 합해져서 "주 예수 그리스도"로 확장된다. 이것 또한 "예수가 주시고 그리스도시다"를 의미하는 신앙고백이다. 신약성경에는 "주 예수 그리스도"(κύριος Ἰησοῦς Χριστός, 퀴리오스 예수스 크리스토스, the Lord Jesus Christ)라는 표현이 아주 많이 나타난다.

"주 예수 그리스도"는 사도행전과 서신서들을 중심으로 약 69회 나타난다. 사도행전에 4회(행 11:17; 15:25-26; 20:21; 28:31), 로마서 9회(롬 1:4, 7; 5:1, 11, 21; 7:25; 13:14; 15:6, 30), 고린도서 13회(고전 1:2, 3, 7, 8, 9, 10; 6:11; 8:6; 15:57; 16:23; 고후 1:2, 3; 8:9; 13:13), 갈라디아서 3회(갈 1:3; 6:14, 18), 에베소서 6회(엡 1:2, 3, 17; 5:20; 6:23, 24), 빌립보서 4회(빌 1:2; 2:11; 3:20; 4:23), 골로새서 1회(골 1:3), 데살로니가서 14회(살전 1:1, 3; 5:9, 23, 28; 살후 1:1, 2, 12; 2:1, 14, 16; 3:6, 12, 18), 디모데서 2회(딤전 6:3, 14), 빌레몬서 2회(몬 1:3, 25), 야고보서 2회(약 1:1; 2:1), 베드로서 4회(벧전 1:3; 벧후 1:8, 14, 16), 유다서에 4회(유 1:4, 17, 21, 25) 나타난다.

그리고 "주(퀴리오스) 예수 그리스도"에서 "주"(퀴리오스) 대신에 "구주"(소테르)가 사용된 "구주 예수 그리스도"라는 표현이 6회 나타난다. 디도서 2회(딛 2:13; 3:6), 베드로서 4회(벧후 1:1, 11; 2:20; 3:18) 나타난다.

그리고 "주 그리스도 예수"는 3회 나타난다(롬 8:39 "우리 주 그리스도 예수", 엡 3:11 "우리 주 그리스도 예수", 빌 3:8 "내 주 그리스도 예수"). 또한 "구주 그리스도 예수"는 1회 나타난다(딤후 1:10 "우리 구주 그리스도 예수"). 그리고 "그리스도 예수 우리 주"는 5회 나타난다(롬 6:23; 고전 15:31; 딤전 1:2, 12; 딤후 1:2).

5. 하나님의 아들

1) "하나님의 아들" 칭호

마가복음은 "**하나님의 아들** 예수 그리스도의 복음의 시작이라"(막 1:1)라는 말씀으로 시작한다. 요한복음은 복음서의 기록 목적을 끝부분에서 분명하게 밝힌다.

예수께서 제자들 앞에서 이 책에 기록되지 아니한 다른 표적도 많이 행하셨으나 오직 이것을 기록함은 너희로 예수께서 하나님의 아들 그리스도이심을 믿게 하려 함이요, 또 너희로 믿고 그 이름을 힘입어 생명을 얻게 하려 함이니라(요 20:30-31).

누가복음 1장에서 천사 가브리엘이 마리아에게 수태고지를 하면서 다음과 같이 말하였다.

> 보라! 네가 잉태하여 아들을 낳으리니 그 이름을 예수라 하라. 그가 큰 자
> 가 되고 **지극히 높으신 이의 아들**이라 일컬어질 것이요 주 하나님께서
> 그 조상 다윗의 왕위를 그에게 주시리니, 영원히 야곱의 집을 왕으로 다
> 스리실 것이며 그 나라가 무궁하리라(눅 1:31-33).

이에 마리아가 자신은 남자를 알지 못하니 어떻게 이 일이 있으리이까,
하고 묻자 천사가 다음과 같이 대답하였다.

> 성령이 네게 임하시고 지극히 높으신 이의 능력이 너를 덮으시리니 이러
> 므로 나실 바 거룩한 이는 **하나님의 아들**이라 일컬어지리라.…대저 하나
> 님의 모든 말씀은 능하지 못하심이 없느니라(눅 1:35-37).

요한복음 1장에서 세례 요한은 예수가 자기에게 나아오심을 보고 "보
라! 세상 죄를 지고 가는 하나님의 어린 양이로다"(요 1:29)라고 말하였
다. 그러면서 요한은 "내가 보고 그가 **하나님의 아들**이심을 증언하였노
라"(요 1:34)라고 말하였다.

요한복음 1장에서 빌립이 예수를 만나 따르면서 나다나엘에게 이
를 알리고 가서 예수를 보도록 권하였다. 예수를 만난 나다나엘은 예수
에게 "랍비여, 당신은 **하나님의 아들**이시요, 당신은 이스라엘의 임금이
로소이다"(요 1:49)라고 말하였다.

마귀나 귀신들도 예수가 하나님의 아들임을 알고 있다. 마태복음
4장(막 1장; 눅 4장)에서 마귀가 예수를 세 번 시험할 때에 각각의 시험에

서 "네가 만일 **하나님의 아들**이어든"(마 4:3, 6; 눅 4:6, 9)이라고 말하면서 시험하였다. 이것은 마귀가 예수는 하나님의 아들임을 알고 있음을 암시한다.

마태복음 8장(막 5장; 눅 8장)에서 예수가 가다라 지방에서 귀신 들린 자들을 만났는데 그들이 예수에게 소리지르며 "**하나님의 아들**이여, 우리가 당신과 무슨 상관이 있나이까? 때가 이르기 전에 우리를 괴롭게 하려고 여기 오셨나이까?"(마 8:29)라고 말하였다. 그리고 귀신들이 "만일 우리를 쫓아내시려면 돼지 떼에 들여 보내 주소서"(마 8:31)라고 간구하였고 그렇게 되었다. 이것은 귀신들이 예수가 하나님의 아들임을 알고 있음을 드러낸다.

마가복음 3장에서 예수가 많은 사람을 고쳤고 또한 많은 병자들이 몰려들었다. 더러운 귀신들도 어느 때든지 예수를 보면 그 앞에 엎드려 "당신은 하나님의 아들이니이다"(막 3:11)라고 말하였다. 그러자 예수는 그 귀신들에게 "자기를 나타내지 말라"(막 3:12)고 많이 경고하셨다.

마태복음 14장(막 6장; 요 6장)에서 제자들이 배를 타고 가고 있는데 예수께서 바다 위로 걸어오셨다. 베드로도 물 위로 걸어 예수께로 가다가 바람을 보고 무서워 빠져 갈 때 예수께서 그를 붙잡아 배에 오르게 하셨고 바람이 그쳤다. 이를 목격한 배의 사람들이 예수에게 절하며 "진실로 **하나님의 아들**이로소이다"(마 14:33)라고 말하였다.

또한 예수가 하나님의 아들이시라는 신앙고백이 여러 차례 나타난다. 가장 대표적으로 마태복음 16장(막 8장; 눅 9장)에서 빌립보 가이사랴 지방에서 예수가 제자들에게 "너희는 나를 누구라 하느냐?"(마 16:15)라고 물으셨고 이에 베드로는 "주는[당신은] 그리스도시요 살아 계신 **하나님의 아들**이시니이다"(마 16:16)라고 대답하였다. 여기서 "하나님의 아들"(ὁ υἱὸς τοῦ θεοῦ, 호 휘오스 투 테우, the Son of God)은 예수가 하나님의 아들로서 그 아버지인 하나님과 밀접한 관계를 맺고 있음을 알려준다.

마태복음 26장(막 14장; 눅 22장)에서 대제사장이 예수에게 "네가 **하나님의 아들** 그리스도인지 우리에게 말하라"(마 26:63) 하고 묻자 예수는 "네가 말하였느니라. 그러나 내가 너희에게 이르노니 이후에 인자가 권능의 우편에 앉아 있는 것과 하늘 구름을 타고 오는 것을 너희가 보리라"(마 26:64)라고 대답하였다. 그러자 대제사장은 예수가 신성모독하는 말을 하였다고 말하여 자기 옷을 찢었다. 마가복음 14장에서 대제사장이 "네가 **찬송 받을 이의 아들** 그리스도냐?"(막 14:61)라고 물었고 예수는 "내가 그니라. 인자가 권능자의 우편에 앉은 것과 하늘 구름을 타고 오는 것을 너희가 보리라"(막 14:62)라고 대답하였다. 누가복음 22장에서는 대제사장들과 서기관들이 "네가 **하나님의 아들**이냐?"(눅 22:70)라고 물었고 예수는 "너희들이 내가 그라고 말하고 있느니라"(눅 22:70)라고 대답하였다.

마태복음 27장(막 15장; 눅 23장)에서 예수가 십자가에 못 박힐 때 지나가는 사람들이 예수를 모욕하면서 "성전을 헐고 사흘에 짓는 자여, 네가 만일 **하나님의 아들**이어든 자기를 구원하고 십자가에서 내려오라"(마 27:40)라고 말하였다. 대제사장들도 서기관들과 장로들과 함께 희롱하며 "그가 남은 구원하였으되 자기는 구원할 수 없도다. 그가 이스라엘의 왕이로다. 지금 십자가에서 내려올지어다. 그리하면 우리가 믿겠노라. 그가 하나님을 신뢰하니 하나님이 원하시면 이제 그를 구원하실지라. 그의 말이 '나는 **하나님의 아들**이라' 하였도다"(마 27:42-43)라고 말하였다.

그리고 마태복음 27장(막 15장; 눅 23장)에서 예수가 십자가에 못 박혀 죽으실 때에 성소 휘장이 위로부터 아래까지 찢어지고 땅이 진동하며 바위가 터지며 무덤들이 열리며 자던 성도의 몸이 많이 일어났다. 그러자 백부장과 예수를 지키던 자들이 지진과 그 일어난 일들을 보고 심히 두려워하여 "이는 진실로 **하나님의 아들**이었도다"(마 27:54; 막 15:39)라고 말하였다.

요한복음 5장에서 예수가 예루살렘 베데스다 못에서 38년 된 병자를 고치시고 "네 자리를 들고 걸어가라"(요 5:8)라고 말하였고 그 사람이 그렇게 하였다. 이 일이 안식일에 일어나서 유대인들에게 논쟁이 되었고 이로 인하여 유대인들이 예수를 박해하기 시작하였다. 이때 예수가 그들에게 "내 아버지께서 이제까지 일하시니 나도 일한다"(요 5:17)라고 말하였는데, 이 말로 인하여 유대인들이 예수를 죽이고자 더욱 애썼다. 그 이유에 관하여 요한복음은 "이는 안식일을 범할 뿐만 아니라 **하나님을 자기의 친 아버지라 하여 자기를 하나님과 동등으로 삼으심이러라**"(요 5:18)라고 분명하게 밝힌다. 즉 예수가 하나님을 가리켜 "내 아버지"라고 말한 것은 예수가 하나님 아버지의 아들임을 암시하며, 또한 유대인들의 문화와 종교의 맥락에서는 하나님의 아들은 하나님과 동등한(ἴσος, 이소스, equal) 존재이기 때문이다.

요한복음 11장에서 예수가 나사로가 병에 걸린 것을 들으시고 "이 병은 죽을병이 아니라 하나님의 영광을 위함이요 **하나님의 아들**이 이로 말미암아 영광을 받게 하려 함이라"(요 11:4)라고 말하였다. 나사로가 죽은 지 나흘째에 예수께서 오셔서 "나는 부활이요 생명이니 나를 믿는 자는 죽어도 살겠고, 무릇 살아서 나를 믿는 자는 영원히 죽지 아니하리니 이것을 네가 믿느냐?"(요 11: 25-26)라고 말씀하셨다. 이때 마르다는 "이르되 '주여, 그러하외다. 주는 그리스도시요 세상에 오시는 **하나님의 아들**이신 줄 내가 믿나이다'"라고 대답하였다(요 11:27).

예수는 나사로의 죽음으로 마리아가 우는 것과 함께 온 유대인들이 우는 것을 보시고 심령에 비통히 여기시고 불쌍히 여기시며 눈물을 흘리셨다. 예수는 눈을 들어 우러러 보시고 "**아버지여**, 내 말을 들으신 것을 감사하나이다"(요 11:41)라고 말하며 "나사로야, 나오라"(요 11:43)라고 큰 소리로 부르셨다. 이에 나사로가 다시 살아났다. 이로 인하여 대제사장들과 바리새인들이 공회를 모으고 대책을 논의하였으며 예수를 죽이려고 모의하였다.

위의 예들을 포함하여 신약성경에서 "하나님의 아들"은 약 49회 나타나는데 이 중에서 예수 아닌 자들에게 적용되는 5회를 제외하면 약 44회 나타난다. 마태복음 10회(마 4:3, 6; 5:9; 8:29; 14:33; 16:16; 26:63; 27:40, 43, 54), 마가복음 4회(막 1:1; 3:11; 5:7; 15:39), 누가복음 6회(눅 1:35; 4:3, 9, 41; 8:28; 22:70), 요한복음 8회(요 1:34, 49; 5:25; 10:36; 11:4, 27; 19:7; 20:31), 사도행전 1회(행 9:20), 로마서 1회(롬 1:4), 고린도서 1회(고후 1:19), 갈라디아서 1회(갈 2:20), 에베소서 1회(엡 4:13), 히브리서 3회(히 4:4; 6:6; 10:29), 요한 서신 7회(요일 3:8; 4:15; 5:5, 10, 12, 13, 20), 요한계시록 1회(계 2:18).

예수의 세례 사건 및 변화산 사건에서 예수를 가리켜 "아들"이라고 표현하고 있으므로 이러한 경우들 총 6회를 포함하면 내용적으로 "하나님의 아들"은 약 50회 나타난다. 그 외에도 "아들"로만 표현되는 경우들도 있기 때문에 내용상으로 "하나님의 아들"이 사용된 횟수는 그 이상이라고 할 수 있다.

마태복음 3장(막 1장; 눅 3장)에서 예수를 가리켜 "아들"이라고 선언하는 성부 하나님의 목소리가 나타난다.

> 예수께서 세례를 받으시고 곧 물에서 올라오실새 하늘이 열리고 하나님
> 의 성령이 비둘기 같이 내려 자기 위에 임하심을 보시더니, 하늘로부터
> 소리가 있어 말씀하시되 "이는 **내 사랑하는 아들**이요 내 기뻐하는 자라"
> 하시니라(마 3:16-17).

여기서 "아들"은 실질적으로 "하나님의 아들"을 의미한다.

그리고 마태복음 17장(막 9장; 눅 9장)에서 예수가 제자들과 함께 변
화산에 있을 때 빛난 구름 속에서 "내 사랑하는 아들이요 내 기뻐하는
자니 너희는 그의 말을 들으라"(마 17:5; 막 9:7; 눅 9:35)라는 소리가 있었
다. 이 소리의 주체는 바로 성부 하나님이시므로 이곳의 "아들" 또한 실
질적으로 "하나님의 아들"을 의미한다.

그런데 "하나님의 아들"이 사용되는 경우 중에서 예수 아닌 자들에
게 적용되는 용례가 5회 나타난다. 로마서 8장에서는 생명의 성령의 법
이 죄와 사망의 법에서 우리를 해방하였다고 선언한 후에 육신을 따르
는 자는 육신의 일을 생각하고 영을 따르는 자는 영의 일을 생각한다고
구별하면서 "무릇 하나님의 영으로 인도함을 받는 사람은 곧 **하나님의
아들**이라"(롬 8:14)라고 말한다. 그리고 "피조물이 고대하는 바는 **하나
님의 아들들**이 나타나는 것이니"(롬 8:19)라고 말한다.

로마서 9장에서는 하나님의 구원의 긍휼을 말하면서 구약성경 호
세아의 글을 두 곳 인용한다.

> 호세아의 글에도 이르기를 "내가 내 백성 아닌 자를 내 백성이라, 사랑하

지 아니한 자를 사랑한 자라 부르리라. 너희는 내 백성이 아니라 한 그곳에서 그들이 살아 계신 하나님의 아들이라 일컬음을 받으리라" 함과 같으니라(롬 9:25-26).

갈라디아서 3장에서는 믿음이 온 후로는 우리가 초등교사인 율법 아래에 있지 않고 믿음으로 하나님의 아들이 되었다고 선언한다.

너희가 다 믿음으로 말미암아 그리스도 예수 안에서 **하나님의 아들**이 되었으니, 누구든지 그리스도와 합하기 위하여 세례를 받은 자는 그리스도로 옷 입었느니라(갈 3:26-27).

히브리서 7장에서는 멜기세덱을 가리켜 "하나님의 아들"이라는 표현을 사용한다.

이 멜기세덱은 살렘 왕이요 지극히 높으신 하나님의 제사장이라. 여러 왕을 쳐서 죽이고 돌아오는 아브라함을 만나 복을 빈 자라. 아브라함이 모든 것의 십분의 일을 그에게 나누어 주니라. 그 이름을 해석하면 먼저는 의의 왕이요 그다음은 살렘 왕이니 곧 평강의 왕이요. 아버지도 없고 어머니도 없고 족보도 없고 시작한 날도 없고 생명의 끝도 없어 하나님의 아들과 닮아서 항상 제사장으로 있느니라(히 7:1-3).

2) "하나님의 아들"의 의미

예수가 하나님의 아들이라는 것은 성부 하나님과 이 아들의 관계가 아주 밀접하다는 뜻이다. 즉 성부와 성자의 관계가 동일본질이라는 점을 의미한다. 성부로부터 성자가 태어났다는 것은 성자의 본질과 성부의 본질이 동일하다는 점을 의미하기 때문이다. 성부와 성자의 관계는 단순히 우열적인 순서의 관계가 아니라 성부와 성자가 동일한 본질을 지니는 관계임을 알려준다. 이는 특히 예수의 세례 사건과 변화산 사건에서 아주 잘 드러난다.

마태복음 3장(막 1장; 눅 3장)에서 예수를 가리켜 "아들"이라고 선언하는 성부 하나님의 목소리가 나타난다.

> 예수께서 세례를 받으시고 곧 물에서 올라오실새 하늘이 열리고 하나님의 성령이 비둘기 같이 내려 자기 위에 임하심을 보시더니, 하늘로부터 소리가 있어 말씀하시되 "이는 **내 사랑하는 아들**이요 내 기뻐하는 자라" 하시니라(마 3:16-17).

여기서 성부 하나님과 아들인 성자와의 관계가 아주 친밀한 것으로 드러난다.

그리고 마태복음 17장(막 9장; 눅 9장)에서 예수가 제자들과 함께 변화산에 있을 때 빛난 구름 속에서 "내 사랑하는 아들이요 내 기뻐하는 자니 너희는 그의 말을 들으라"(마 17:5; 막 9:7; 눅 9:35)라는 소리가 있었다. 이 소리의 주체는 바로 성부 하나님이시기에 여기서의 "아들" 또한 실질적으로 "하나님의 아들"을 의미한다. 여기서도 성부 하나님과 아들인 성자의 관계가 아주 친밀한 것으로 드러난다.

무엇보다도 예수가 하나님의 아들로서 그 아버지인 하나님과 밀접한 관계를 맺고 있음을 가장 분명하게 보여주는 단어가 있다. 바로 신약성경 안에 있는 아람어 "아빠"(αββα)인데 이는 아버지와의 아주 친밀한 관계에서 사용되는 단어다. 마가복음 14장에서 예수가 겟세마네에서 기도하면서 "**아빠 아버지여**(αββα ὁ πατήρ), 아버지께는 모든 것이 가능하오니 이 잔을 내게서 옮기시옵소서. 그러나 나의 원대로 마시옵고 아버지의 원대로 하옵소서"(막 14:36)라고 기도하였다.

아버지와 아들 사이의 아주 친밀한 관계는 더 나아가서 동등한 관계를 함의한다. 요한복음 5장에서 예수가 예루살렘 베데스다 못에서 38년 된 병자를 안식일에 고친 일로 유대인들에게 논쟁이 되었다. 또 이로 인하여 유대인들이 예수를 박해하기 시작하였다. 이때 예수가 그들에게 "내 아버지께서 이제까지 일하시니 나도 일한다"(요 5:17)라고 말하였는데, 이 말로 인하여 유대인들이 예수를 죽이고자 더욱 애썼다.

그런데 그 이유에 관해 요한복음은 "이는 안식일을 범할 뿐만 아니라 **하나님을 자기의 친 아버지라 하여 자기를 하나님과 동등으로 삼으심이러라**"(요 5:18)라고 분명하게 밝혔다. 즉 예수가 하나님을 가리켜 "내 아버지"라고 말한 것은 예수가 하나님 아버지의 아들임을 암시한다. 그리고 이러한 말은 유대인들의 문화와 종교의 맥락에서는 하나님의 아들인 예수가 성부 하나님과 동등한(ἴσος, 이소스, equal) 존재임을 의미하였다.

여기에 사용된 그리스어는 "이소스"(ἴσος)인데 수, 크기, 질 등등에서 대등하고 평등한 관계를 의미한다. 요한계시록 21장에 하늘에서 내려오는 거룩한 성 새 예루살렘이 있는데 16절에 따르면 "그 갈대 자로 그 성을 측량하니 만 이천 스다디온이요 길이와 너비와 높이가 같더라 (ἴσα, 이사, equal)"(계 21:16)라고 되어 있다. 여기서 사용된 "이사"(ἴσα)는 형용사 "이소스"(ἴσος)의 중성 복수형태다. 이는 길이와 너비와 높이가 동등한 또는 동일한(equal) 것임을 의미한다.

이 단어는 케노시스 기독론(Kenosis Christology)의 본문으로 알려진 빌립보서 2장에서도 사용되었다.

> 너희 안에 이 마음을 품으라. 곧 그리스도 예수의 마음이니, 그는 근본 하나님의 본체시나 하나님과 동등됨을 취할 것으로 여기지 아니하시고, 오히려 자기를 비워 종의 형체를 가지사 사람들과 같이 되셨고, 사람의 모양으로 나타나사 자기를 낮추시고 죽기까지 복종하셨으니 곧 십자가에 죽으심이라(빌 2:5-8).

여기서 "하나님과 동등됨"이라고 번역된 그리스어가 "이사 테오"(ἴσα θεῷ, isa theo)다. "테오"(θεῷ)는 하나님/신(神)을 뜻하는 "테오스"(θεός)의 여격 형태로서 비교의 대상을 의미한다. 이 여격 형태의 단어와 함께 "이사"(ἴσα)가 사용됨으로써 예수 그리스도가 성부 하나님과 비교하여 동등하다는 점을 의미한다.

정리하면, 성경에서 하나님의 아들이라는 표현은 아들이 아버지이신 하나님으로부터 태어남을 알려준다. 즉 성자가 성부의 본질로부터 출생함을 알려준다. 성부의 본질로부터 태어나기에 성자가 성부와 동일한 본질을 가진다. 그러기에 성경에서 성부와 성자의 관계는 단지 순서적이거나 우열적이거나 위계적인 것이 아니다. 오히려 성부와 성자의 관계는 본질이 같다는 점에서 동등한 관계다.

3) 성부와 성자의 친밀한 관계에 참여하는 삶

예수가 하나님의 아들로서 아버지 하나님과 맺는 친밀한 관계는 우리에게로 확장되어 적용될 수 있다. 이러한 점은 예수의 세례 사건에서 드러나고 알려졌다. 예수가 친히 세례를 받을 때 다음과 같은 현상이 나타났다.

> 예수께서 세례를 받으시고 곧 물에서 올라오실새 하늘이 열리고 하나님의 성령이 비둘기 같이 내려 자기 위에 임하심을 보시더니, 하늘로부터 소리가 있어 말씀하시되 "이는 내 사랑하는 아들이요 내 기뻐하는 자라" 하시니라(마 3:16-17).

성령이 비둘기 같은 모습으로 나타났는데 여기서 비둘기는 온유함을 상징한다. 곧 구체적으로 앞으로 있을 예수의 공생애 사역이 온유할 것임을 상징한다. 성경에서 온유함의 의미는 다음과 같은 예수의 초대의 말씀에 분명하게 드러나 있다.

> "수고하고 무거운 짐 진 자들아, 다 내게로 오라. 내가 너희를 쉬게 하리라. 나는 마음이 **온유하고** 겸손하니 나의 멍에를 메고 내게 배우라. 그리하면 너희 마음이 쉼을 얻으리니, 이는 내 멍에는 쉽고 내 짐은 가벼움이라" 하시니라(마 11:28-30).

예수는 자신의 마음이 온유하고 겸손하다고 말씀하신다. 여기서 형용사 "온유한"은 그리스어로 "프라우스"(πραΰς, praus)이며 명사로는 "프라

우테스"(πραΰτης, prautes, 영어 gentleness/meekness)다. 예수의 말씀에서 온유함의 핵심은 수고하고 무거운 짐 진 자들을 모두 자신에게로 초대하시고 품어주시고 포용하시는 것이다. 하나님과의 올바른 관계가 되어 있지 아니한 모든 죄인을, 그리고 자신들의 죄들로 인하여 지치고 힘들어하는 모든 이들을 불러주시는 것이다.

그리고 예수가 세례를 받을 때 하늘로부터 소리가 들렸는데, 그 내용으로 보아 성부 하나님의 소리이다. 그렇다면 우리가 예수처럼 세례를 받을 때 성부 하나님은 우리에게도 동일하게 "너는 내 사랑하는 자녀이요. 내가 너를 기뻐하리라"라고 말씀하실 것이다. 세례를 통해 우리가 하나님의 양자가 되고 하나님의 자녀가 되기 때문이다.

더 구체적으로 우리는 양자의 영인 성령을 통해 하나님의 아들, 곧 하나님의 자녀가 된다. 그러기에 우리는 예수님처럼 성부 하나님을 친밀하게 "아빠 아버지"라고 부를 수 있다.

로마서 8장은 생명의 성령의 법에 관해 말씀하면서 육신을 따르는 삶이 아니라 성령을 따르는 삶을 살도록 촉구한다. 그리고 성령으로 인도함을 받는 사람은 하나님의 아들이라고 말하면서 우리는 종의 영이 아니라 양자의 영을 받은 자들이라고 설명한다.

무릇 하나님의 영으로 인도함을 받는 사람은 곧 하나님의 아들이라. 너희는 다시 무서워하는 종의 영을 받지 아니하고 양자의 영을 받았으므로 우리가 **아빠 아버지**(αββα ὁ πατήρ)라고 부르짖느니라. 성령이 친히 우리의 영과 더불어 우리가 하나님의 자녀인 것을 증언하시나니, 자녀이면 또한 상속자 곧 하나님의 상속자요 그리스도와 함께 한 상속자니 우리가 그와 함께 영광을 받기 위하여 고난도 함께 받아야 할 것이니라(롬 8:15-

17).

갈라디아서 4장도 우리가 종이 아니라 아들이며 성령이 우리 마음 가운데 있음을 말씀한다.

> 때가 차매 하나님이 그 아들을 보내사 여자에게서 나게 하시고 율법 아래에 나게 하신 것은, 율법 아래에 있는 자들을 속량하시고 우리로 아들의 명분을 얻게 하려 하심이라. 너희가 아들이므로 하나님이 그 아들의 영을 우리 마음 가운데 보내사 **아빠 아버지**(αββα ὁ πατήρ)라 부르게 하셨느니라. 너희가 아들이므로 하나님이 그 아들의 영을 우리 마음 가운데 보내사 아빠 아버지라 부르게 하셨느니라. 그러므로 네가 이 후로는 종이 아니요 아들이니 아들이면 하나님으로 말미암아 유업을 받을 자니라(갈 4:4-7).

이렇게 우리는 성령 안에서 예수를 믿고 따르면서 하나님의 아들/하나님의 자녀가 되어 성부 하나님을 "아빠 아버지"라고 부르며 성부 하나님과 아주 친밀한 관계 안에서 살아갈 수 있다. 하나님이 바로 나의 하나님이며 나의 아버지 하나님이 되시기 때문이다.

하나님의 아들/하나님의 자녀가 된다는 것은 우리가 더 이상 종이 아니라는 의미이다. 더 이상 죄의 종이 아니다. 그러니 죄 안에 빠져 허우적거리는 삶을 더 이상 살 필요가 없다. 하나님의 아들/하나님의 자녀로서 우리는 무서워하는 종의 영을 받지 않았으니 더 이상 무서움과 두려움에 빠져 살아갈 필요가 없다.

더 나아가 우리는 우리는 하나님의 아들/하나님의 자녀로서 하나님의 상속자(heirs)이며, 또한 그리스도와 함께 하는 공동-상속자(joint-heirs)이고 하나님으로 말미암아 유업을 받을 자이다. 그러기에 우리가 만약 그리스도와 함께 고난을 받는다고 한다면, 그것으로 인하여 무서워하거나 두려워하거나 절망에 빠질 필요가 없다. 왜냐하면 우리는 그리스도와 함께 고난도 받지만 또한 그리스도와 함께 영광을 받고 영화롭게 될 것이기 때문이다. 이것이 바로 하나님의 아들/하나님의 자녀로서 우리가 지니는 특권이다.

6. 인자

1) "인자" 칭호

신약성경에서 "인자"(人子)라는 칭호는 예수가 자신을 가리켜 사용하는 표현이다. "인자"(人子)는 그리스어로 "호 휘오스 투 안트로푸"(ὁ υἱὸς τοῦ ἀνθρώπου)다. 문자적으로 "사람의 아들"(the Son of Man)이라는 뜻이다.

이 칭호는 『논어』(論語)에서 말하는 "인자"(仁者)와는 전혀 개념이 다른 것이다. 『논어』(論語)의 인자(仁者)는 공자가 강조하는 핵심 사상인 인(仁)을 실천하는 자로서 문자적으로 "어진 사람"이라는 뜻이다. 그러나 신약성경에서의 "인자"(人子)는 예수가 자신을 가리켜 사용하는 표현이므로 우리는 이 단어의 문자적인 의미보다는 이 단어가 이스라엘의 문화 안에서 어떻게 이해되는지에 주목할 필요가 있다.

예수가 자신을 가리키면서 사용하는 "인자"라는 단어는 복음서에 약 84회 나온다. 마태복음 29회(마 8:20; 9:6; 10:23; 11:19; 12:8, 32, 40;

13:37, 41; 16:13, 27, 28; 17:9, 12, 22; 19:28; 20:18, 28; 24:27, 30, 33, 37, 39, 44; 25:31; 26:2, 24, 45, 64), 마가복음 14회(막 2:10, 28; 8:31, 38; 9:9, 12, 31; 10:33, 45; 13:26, 29; 14:21, 41, 62), 누가복음 26회(눅 5:24; 6:5, 22; 7:34; 9:22, 26, 44, 58; 11:30; 12:8, 10, 40; 17:22, 24, 26, 30; 18:8, 31, 32; 19:10; 21:27, 36; 22:22, 48, 69; 24:7), 요한복음 14회(요 1:51; 3:13, 14; 5:27; 6:27[2회], 53[2회], 62; 8:28; 9:35; 12:23; 13:31[2회])다.

그런데 "인자"(人子)가 문자적으로 "사람의 아들"이라고 하여 예수의 인간적 본성(human nature), 즉 인성(人性, humanity)을 주로 가리키는 것으로 이해하는 것은 큰 오해다. 곧 예수의 칭호 중에서 "하나님의 아들"은 예수의 신성을 가리키고 "사람의 아들" 즉 "인자"(人子)는 예수의 인성을 가리키는 것으로 이해하는 것은 이 용어에 대한 큰 오해다. "인자"(人子)는 예수가 자신을 가리켜 사용하는 표현으로서 예수 자신의 인성의 측면이든 신성의 측면이든 어느 것이든 모두 다 포함하여 가리키는 것이기 때문이다.

마태복음 8장에서 한 서기관이 예수를 따르겠다고 말하자 예수는 "여우도 굴이 있고 공중의 새도 거처가 있으되 **인자**는 머리 둘 곳이 없다"(마 8:20; 눅 9:58)라고 말씀하신다. 여기서 인자는 예수의 신성 측면보다는 인성 측면에 더 가까운 것처럼 보인다.

그렇지만 마태복음 12장, 마가복음 2장, 누가복음 6장에서 예수는 제자들이 안식일에 밀밭 사이로 가다가 이삭을 잘라 먹는 일로 인하여 바리새인들과 논쟁을 벌인다. 이때 예수는 자신을 가리켜 "인자"라고 하시면서 "**인자**는 안식일의 주인이니라"(마 12:8; 막 2:28; 눅 6:5)라고 말씀하신다. 안식일의 주인으로서의 예수의 정체성은 인성 측면보다는 신성 측면에 더 가깝다고 할 수 있다.

또한 죄를 사하는 권세는 하나님에게만 있는데 예수는 "인자"라는 표현으로 자신을 가리키면서 본인에게도 이러한 권세가 있음을 알려 주신다. 마태복음 9장(막 2장; 눅 5장)에서 중풍병자에게 "작은 자야, 안심하라 네 죄 사함을 받았느니라"(마 9:2; 막 2:5; 눅 5:20)라고 말씀하신다. 그러자 어떤 서기관과 바리새인이 이것을 신성모독이라고 비판하였다. 왜냐하면 이들은 죄를 사하는 것은 하나님만이 하시는 일이라고 생각하기 때문이다.

이에 대해 예수는 "'네 죄 사함을 받았느니라 하는 말과 일어나 걸어가라 하는 말 중에 어느 것이 쉽겠느냐? 그러나 인자가 세상에서 죄를 사하는 권능이 있는 줄을 너희로 알게 하려 하노라' 하시고 중풍병자에게 말씀하시되, '일어나 네 침상을 가지고 집으로 가라'하시니"(마 9:5-6; 참조. 막 2:9-11; 눅 5:23-24)라고 말씀하셨다. 즉 인자인 예수 자신에게 죄를 사하는 권세/권능이 있다고 말씀하심으로써 자신이 신적 존재임을 알려주신다. 그러기에 여기서의 "인자"는 인성의 측면보다는 신성의 측면을 가리킨다고 보아야 한다.

예수의 고난과 죽음은 인성 측면과 가깝고 예수의 부활과 영광스러운 재림은 신성 측면과 가깝다. 그런데 이 두 가지 측면 모두가 "인자"라는 표현과 연결되어 있다.

마태복음 16장과 마가복음 8장과 누가복음 9장에서 예수는 자신이 예루살렘에서 고난과 죽음을 당할 것과 부활하실 것을 말씀하신다. 마가복음 8장과 누가복음 9장에서 예수는 자신을 "인자"로 표현하면서 말씀하신다. "**인자**가 많은 고난을 받고 장로들과 대제사장들과 서기관들에게 버린 바 되어 죽임을 당하고 사흘 만에 살아나야 할 것을 비로소 그들에게 가르치시되"(막 8:31; 참조. 눅 9:22).

마태복음 17장에서 갈릴리에서 예수가 자신을 인자라고 가리키며 죽음과 부활을 말씀하신다. "갈릴리에 모일 때에 예수께서 제자들에게 이르시되 '**인자**가 장차 사람들의 손에 넘겨져 죽임을 당하고 제삼일에 살아나리라' 하시니 제자들이 매우 근심하더라"(마 17:22-23; 참조. 막 9:30-32; 눅 9:43-45).

마태복음 20장에서 예수는 자신의 죽음과 부활에 관해 세 번째로 말씀하셨다. "예수께서 예루살렘으로 올라가려 하실 때에 열두 제자를 따로 데리시고 길에서 이르시되 '보라! 우리가 예루살렘으로 올라가노니 **인자**가 대제사장들과 서기관들에게 넘겨지매 그들이 죽이기로 결의하고 이방인들에게 넘겨 주어 그를 조롱하며 채찍질하며 십자가에 못박게 할 것이나 제삼일에 살아나리라'"(마 20:17-19; 참조. 막 10:32-34; 눅 18:31-34).

예수는 "인자"의 이러한 고난과 죽음의 모습을 "대속물"(ransom, λύτρον, 뤼트론)이라는 용어로 표현하며 설명한다. "인자가 온 것은 섬김을 받으려 함이 아니라 도리어 섬기려 하고 자기 목숨을 많은 사람의 **대속물**로 주려 함이니라"(마 20:28; 막 10:45).

그리고 예수는 자신의 고난과 죽음과 부활을 예고하신 후에 마태복음 16장과 누가복음 9장에서 다음과 같이 말씀하신다.

> **인자**가 아버지의 영광으로 그 천사들과 함께 오리니 그때에 각 사람이 행한 대로 갚으리라. 진실로 너희에게 이르노니 여기 서 있는 사람 중에 죽기 전에 **인자**가 그 왕권을 가지고 오는 것을 볼 자들도 있느니라(마 16:27-28).

누구든지 나와 내 말을 부끄러워하면 **인자**도 자기와 아버지와 거룩한 천사들의 영광으로 올 때에 그 사람을 부끄러워하리라 (눅 9:26).

고난과 죽음과 부활 이후 영광스러운 재림으로 오시는 인자의 모습은 구약성경 다니엘서의 "인자"와 연결된다. 이러한 "인자"는 인성의 측면이라기보다는 신성의 측면에 더 가깝고 신적인 심판자로서의 모습이 부각된다.

마태복음 13장에서 예수가 가라지 비유를 설명하면서 좋은 씨를 뿌리는 이는 "인자"라고 하시면서 세상 끝에 가라지를 거두어 불에 사르는 것과 같은 일이 종말에 있을 것이라고 말씀하신다. 그러면서 "인자가 그 천사들을 보내리니 그들이 그 나라에서 모든 넘어지게 하는 것과 또 불법을 행하는 자들을 거두어 내어 풀무 불에 던져 넣으리니 거기서 울며 이를 갈게 되리라"(마 13:41-42)라고 말씀하신다.

그리고 마태복음 19장에서 베드로가 예수를 따르고자 모든 것을 버렸는데 무엇을 얻을 것인가라고 여쭙자 예수는 다음과 같이 대답하였다.

내가 진실로 너희에게 이르노니 세상이 새롭게 되어 **인자**가 자기 영광의 보좌에 앉을 때에 나를 따르는 너희도 열두 보좌에 앉아 이스라엘 열두 지파를 심판하리라 (마 19:28-30; 참조. 막 10: 29-31; 눅 18:29-30).

예수는 종말에 있을 큰 환난에 관하여 말씀하시면서 "인자"가 구름 타고 영광스럽게 오시는 것을 말씀하신다.

그날 환난 후에 즉시 해가 어두워지며 달이 빛을 내지 아니하며 별들이 하늘에서 떨어지며 하늘의 권능들이 흔들리리라. 그때에 **인자**의 징조가 하늘에서 보이겠고 그때에 땅의 모든 족속들이 통곡하며 그들이 **인자**가 구름을 타고 능력과 큰 영광으로 오는 것을 보리라. 그가 큰 나팔소리와 함께 천사들을 보내리니 그들이 그의 택하신 자들을 하늘 이 끝에서 저 끝까지 사방에서 모으리라(마 24:29-31; 막 13:24-27; 눅 21:25-28).

누가복음에서는 이것을 "속량"(ἀπολύτρωσις, apolytrosis, 아포뤼트로시스)과 연결시킨다.

한편 마태복음 25장에서는 인자가 영광의 보좌에서 행하실 심판에 관해 다음과 같이 말씀한다.

인자가 자기 영광으로 모든 천사와 함께 올 때에 자기 영광의 보좌에 앉으리니 모든 민족을 그 앞에 모으고 각각 구분하기를 목자가 양과 염소를 구분하는 것 같이 하여 양은 그 오른편에 염소는 왼편에 두리라(마 25:31-33).

마태복음 26장에서 공회 앞에서 대제사장이 예수에게 "네가 하나님의 아들 그리스도인지 우리에게 말하라"(마 26:63)라고 하자 예수는 다음과 같이 대답하셨다. "네가 말하였느니라. 그러나 내가 너희에게 이르노니 이 후에 인자가 권능의 우편에 앉아 있는 것과 하늘 구름을 타고 오는 것을 너희가 보리라"(마 26:64; 막 14:62; 눅 22:69). 그러자 대제사장은 이것이 신성모독이라고 말하며 격분하였다.

예수가 아닌 다른 이들이 "인자"라는 단어를 사용하는 경우가 6회 있다. 요한복음 12:34(2회), 사도행전 7:56, 히브리서 2:6, 요한계시록 1:13, 14:14에서 나타난다. 이 중에서 히브리서의 "인자"는 "사람"을 가리키고 그 외의 경우들에서는 예수를 직접적으로 및 간접적으로 가리킨다.

요한복음 12장에서 예수가 "내가 땅에서 들리면 모든 사람을 내게로 이끌겠노라"(요 12:32)라고 말씀하였는데 이것은 예수가 자신의 죽음을 가리켜 말하는 것이었다. 그러자 무리가 "우리는 율법에서 그리스도가 영원히 계신다 함을 들었거늘 너는 어찌하여 **인자**가 들려야 하리라 하느냐? 이 **인자**는 누구냐"(요 12:34)라고 말하였다. 여기서 사람들은 "인자"라는 단어를 사용하고 있는데 이는 그리스어로 "호 휘오스 투 안트로푸"(ὁ υἱὸς τοῦ ἀνθρώπου, ho huios tu anthropou)다. 바로 앞에 있는 32절을 고려하면 이 단어는 예수를 가리킨다.

사도행전 7장에서 스데반이 설교하는 중 순교를 당하였다. "스데반이 성령 충만하여 하늘을 우러러 주목하여 하나님의 영광과 및 예수께서 하나님 우편에 서신 것을 보고 말하되 '보라! 하늘이 열리고 **인자**가 하나님 우편에 서신 것을 보노라' 한대"(행 7:55-56). 여기서도 "인자"는 그리스어로 "호 휘오스 투 안트로푸"(ὁ υἱὸς τοῦ ἀνθρώπου, ho huios tu anthropou)인데 문맥상 바로 앞에 있는 예수를 가리킨다. 즉 이 구절에서 "인자"는 예수가 자신을 가리키면서 사용하는 단어가 아니라 스데반이 예수를 가리키면서 사용하는 단어이다.

요한계시록 1장에서 사도 요한이 환상 중에 일곱 금 촛대를 보았는데 "촛대 사이에 **인자 같은 이**가 발에 끌리는 옷을 입고 가슴에 금띠를 띠고"(계 1:13) 있는 모습을 보았다. 여기서 "인자 같은 이"(someone like a son of man)는 "호모이온 휘온 안트로푸"(ὅμοιον υἱὸν ἀνθρώπου)다. 여기서 "호모이오스"(ὅμοιος)는 "비슷한" 또는 "같은"이라는 뜻이다. "인자"는 "휘오스 안트로푸"(υἱὸς ἀνθρώπου, huios anthropu)인데, 이어지는 구절들에서 예수를 가리킨다.

요한계시록 14:14에서 "또 내가 보니 흰 구름이 있고 구름 위에 **인자와 같은 이**가 앉으셨는데 그 머리에는 금 면류관이 있고 그 손에는 예리한 낫을 가졌더라"(계 14:14)라고 말씀한다. 여기서 "인자 같은 이"(one like a son of man)는 "호모이온 휘온 안트로푸"(ὅμοιον υἱὸν ἀνθρώπου)이다.

히브리서 2:6-7은 구약성경 시편 8:4-5을 인용하고 있다.

그러나 누구인가가 어디에서 증언하여 이르되 "**사람이** 무엇이기에 주께서 그를 생각하시며 **인자가** 무엇이기에 주께서 그를 돌보시나이까? 그를 잠시 동안 천사보다 못하게 하시며 영광과 존귀로 관을 씌우시며"(히 2:6-7).

여기서 "사람"은 그리스어로 "안트로포스"(ἄνθρωπος, anthropos)다. 그리고 "인자"는 "휘오스 안트로푸"(υἱὸς ἀνθρώπου, huios anthropu)로서 문자적으로 "사람의 아들"이라는 뜻이다. 본래 시편에서 "사람"과 "인자"가 함께 나옴으로써 인자는 사람을 가리키는데 여기서도 마찬가지다.

2) 구약성경에서 "인자"의 의미

구약성경에서 "인자"라는 단어는 여러 번 나타난다. 욥기 16장에서 욥이 다음과 같이 말한다.

지금 나의 증인이 하늘에 계시고 나의 중보자가 높은 데 계시니라. 나의 친구는 나를 조롱하고 내 눈은 하나님을 향하여 눈물을 흘리니 사람과 하나님 사이에와 **인자**와 그 이웃 사이에 중재하시기를 원하노니 수년이 지나면 나는 돌아오지 못할 길로 갈 것임이니라(욥 16:19-22).

여기서 "인자"는 "벤-아담"(בֶּן־אָדָם, ben-adam, 벤-아담)이다. 히브리어로 "벤"(בֵּן, ben)은 "아들"(son)이라는 뜻이며 "아담"(אָדָם, adam)은 "사람"이라는 뜻이다. "인자"는 문자적으로 "사람의 아들"이라는 뜻으로 사람을 가리킨다.

(1) 시편

시편에는 "인자"가 두 번, "인자들"이 한 번 나타난다.

주의 손가락으로 만드신 주의 하늘과 주께서 베풀어 두신 달과 별들을 내가 보오니 사람이 무엇이기에 주께서 그를 생각하시며 인자가 무엇이기에 주께서 그를 돌보시나이까? 그를 하나님보다 조금 못하게 하시고 영화와 존귀로 관을 씌우셨나이다(시 8:3-5).

다윗의 시인 시편 8:4에서 상반절에는 "사람"이 나타나고 하반절에는 "인자"가 나타나기 때문에 여기서 "사람"과 "인자"는 동일한 의미를 가진다고 볼 수 있다.

상반절에서 "사람"은 "에노쉬"(אֱנוֹשׁ, enosh)이며 하반절에서의 "인자"는 "벤-아담"(בֶּן־אָדָם, ben-adam)이다. 히브리어로 "벤"(בֵּן, ben)은 "아들"(son)이라는 뜻이며 "아담"(אָדָם, adam)은 "사람"이라는 뜻이다. "인자"
는 문자적으로 "사람의 아들"이라는 뜻으로서 사람을 가리킨다.

　다윗의 시인 시편 58편에서도 "인자"가 나타난다.

> 통치자들아, 너희가 정의를 말해야 하거늘 어찌 잠잠하냐? **인자들아**, 너
> 희가 올바르게 판결해야 하거늘 어찌 잠잠하냐? 아직도 너희가 중심에
> 악을 행하며 땅에서 너희 손으로 폭력을 달아 주는도다(시 58:1-2).

여기서 "인자들"은 "브네-아담"(בְּנֵי אָדָם, bne adam)이다. 여기서 "브네"(בְּנֵי,
bne)는 "벤"(בֵּן, ben)의 복수형이며 바로 뒤에 나오는 명사와 연결될 때
사용되는 연계형이다. "아담"(אָדָם, adam)은 히브리어로 사람이라는 뜻이
다. 문자적으로 "사람의 아들들"이라는 의미다.

　아삽의 시인 시편 80:17-18에서도 "인자"가 나타난다.

> 주의 오른쪽에 있는 자 곧 주를 위하여 힘있게 하신 **인자에게** 주의 손을
> 얹으소서. 그리하시면 우리가 주에게서 물러가지 아니하오리니 우리를
> 소생하게 하소서. 우리가 주의 이름을 부르리이다(시 80:17-18).

여기서 "인자"는 "벤-아담"(בֶּן־אָדָם, ben-adam)이다. 히브리어로 "벤"(בֵּן,
ben)은 "아들"(son)이라는 뜻이며 "아담"(אָדָם, adam)은 "사람"이라는 뜻이
다. "인자"는 문자적으로 "사람의 아들"이라는 뜻으로서 사람을 가리킨
다.

(2) 잠언

잠언에서는 8장에서 두 번 나타난다.

> 사람들아, 내가 너희를 부르며 내가 **인자들에게** 소리를 높이노라. 어리석
> 은 자들아, 너희는 명철할지니라. 미련한 자들아 너희는 마음이 밝을지니
> 라(잠 8:4-5).

> 내가 그 곁에 있어서 창조자가 되어 날마다 그의 기뻐하신 바가 되었으
> 며 항상 그 앞에서 즐거워하였으며, 사람이 거처할 땅에서 즐거워하며 인
> 자들을 기뻐하였느니라(잠 8:30-31).

잠언 8:4 상반절에 있는 "사람들아"는 히브리어로 "알레켐 이쉼"(אֲלֵיכֶם אִישִׁים, alekem ishim)이다. "알레"(אֲלֵי, ale)의 원형은 "엘"(אֵל)인데 전치사로
서 "~에게"라는 뜻을 지닌다. "켐"(כֶם)은 "너희"를 뜻하는 2인칭 인칭접
미어 남성 복수다. "이쉼"(אִישִׁים, ishim)은 사람 또는 남자를 의미하는 "이
쉬"(אִישׁ, ish)의 복수형으로서 사람들을 뜻한다. 그래서 이 구절은 문자적
으로 "모든 사람들에게"라는 의미를 지닌다.

8:4 하반절에 있는 "인자들에게"는 히브리어로 "엘-브네 아담"(אֶל־בְּנֵי אָדָם, el-bne adam)이다. "엘"(אֶל)은 전치사로서 "~에게"라는 뜻을 지닌
다. 여기서 "브네"(בְּנֵי, bne)는 "벤"(בֵּן, ben)의 복수형이며 바로 뒤에 나오
는 명사와 연결될 때 사용되는 연계형이다. "아담"(אָדָם, adam)은 히브리
어로 사람이라는 뜻이다. "인자들"은 문자적으로 "사람의 아들들"이라
는 뜻으로서 모든 사람을 의미한다.

8:31에서 "인자들을"은 히브리어로 "에트 브네 아담"(אֶת־בְּנֵי אָדָם) (et-bne adam)이다. "에트"(אֵת)는 동사의 직접 목적어 앞에 나오는 전치사로서 "~을"이라는 뜻을 지닌다. 여기서 "브네"(בְּנֵי, bne)는 "벤"(בֵּן, ben)의 복수형이며 바로 뒤에 나오는 명사와 연결될 때 사용되는 연계형이다. "아담"(אָדָם, adam)은 히브리어로 사람이라는 뜻이다. "인자들"은 문자적으로 "사람의 아들들"이라는 뜻으로서 모든 사람을 의미한다.

(3) 에스겔

구약성경 에스겔에 "인자"가 아주 많이 등장하는데 약 93회 나타난다. 모든 경우가 "인자야"로 되어 있으며 에스겔 선지자를 부를 때에 사용된다. 에스겔 2장에서 하나님이 에스겔을 선지자로 부르실 때 **인자야, 네 발로 일어서라. 내가 네게 말하리라**(Son of man, stand up on your feet and I will speak to you, 겔 2:1)라고 말씀하셨다. 여기서 "인자"(人子)는 영어로 "son of man"(선 오브 맨)으로서 "사람의 아들"이라는 뜻이다. 히브리어로 "벤 아담"(בֶּן־אָדָם, ben adam)인데, "벤"(בֵּן, ben)은 아들(son)이라는 뜻이다. "아담"(אָדָם, adam)은 사람이라는 뜻이다. 그런데 에스겔에서의 "인자"는 선지자 에스겔을 가리킨다.

(4) 다니엘

구약성경 다니엘에는 "인자"라는 단어가 3번 나온다. 다니엘 7장에서는 다음과 같다.

내가 또 밤 환상 중에 보니 **인자 같은 이**가 하늘 구름을 타고 와서 옛적부터 항상 계신 이에게 나아가 그 앞으로 인도되매, 그에게 권세와 영광과 나라를 주고 모든 백성과 나라들과 다른 언어를 말하는 모든 자들이 그를 섬기게 하였으니 그의 권세는 소멸되지 아니하는 영원한 권세요 그의 나라는 멸망하지 아니할 것이니라(단 7:13-14).

여기서 "인자 같은 이"(one like a son of man)는 구약성경에서 "케바르 에나쉬"(כְּבַר אֱנָשׁ, kebar enash)다. "케"(כְּ, ke)는 "~와 같은"의 뜻을 지닌다. "바르"(בַּר, bar)는 아람어로 "아들"(son)이라는 뜻이다. 히브리어로 "아들"을 의미하는 단어는 "벤"(בֵּן, ben)이다. "에나쉬"(אֱנָשׁ, enash)는 아람어로 사람이라는 뜻이다. 히브리어로 "사람"을 뜻하는 단어는 "아담"(אָדָם, adam)이다.

다니엘 8장에서는 다음과 같다.

나 다니엘이 이 환상을 보고 그 뜻을 알고자 할 때에 사람 모양 같은 것이 내 앞에 섰고 내가 들은즉 을래 강 두 언덕 사이에서 사람의 목소리가 있어 외쳐 이르되 "가브리엘아, 이 환상을 이 사람에게 깨닫게 하라" 하더니 그가 내가 선 곳으로 나왔는데 그가 나올 때에 내가 두려워서 얼굴을 땅에 대고 엎드리매 그가 내게 이르되 "**인자야**, 깨달아 알라. 이 환상은 정한 때 끝에 관한 것이니라"(8:15-17).

여기서 "인자"(son of man)는 구약성경 히브리어로 "בֶּן־אָדָם"(ben-adam, 벤-아담)이다. "벤"(בֵּן, ben)은 히브리어로 아들(son)이라는 뜻이다. "아담"(אָדָם, adam)은 히브리어로 사람이라는 뜻이다.

다니엘 10장에서는 다음과 같다.

인자와 같은 이가 있어 내 입술을 만진지라. 내가 곧 입을 열어 내 앞에 서 있는 자에게 말하여 이르되 "내 주여, 이 환상으로 말미암아 근심이 내게 더하므로 내가 힘이 없어졌나이다. 내 몸에 힘이 없어졌고 호흡이 남지 아니하였사오니 내 주의 이 종이 어찌 능히 내 주와 더불어 말씀할 수 있으리이까" 하니, 또 사람의 모양 같은 것 하나가 나를 만지며 나를 강건하게 하여 이르되 "큰 은총을 받은 사람이여, 두려워하지 말라, 평안하라, 강건하라, 강건하라." 그가 이같이 내게 말하매 내가 곧 힘이 나서 이르되 "내 주께서 나를 강건하게 하셨사오니 말씀하옵소서"(단 10:16-19).

여기서 "인자와 같은 이"(one who looked like a man [NIV], one in the likeness of the sons of men [RSV])는 히브리어로 "키데무트 브네 아담"(בְנֵי אָדָם כִּדְמוּת, kidemut bne adam)이다. "케"(כ, ke)는 "~와 같은"의 뜻을 지닌다. "데무트"(דְמוּת)는 모양 및 형상을 뜻한다. 그리고 "인자"는 "브네 아담"(אָדָם בְנֵי)이다. 여기서 "브네"(בְנֵי, bne)는 "벤"(בֵן, ben)의 복수형이며 바로 뒤에 나오는 명사와 연결될 때 사용되는 연계형이다. "아담"(אָדָם, adam)은 히브리어로 사람이라는 뜻이다. 문자적으로 "사람의 아들들의 모양과 같은 이"라는 의미이며 개역개정에서는 "인자와 같은 이"로 번역되어 있다.

정리하면, 구약성경에서의 인자(人子)는 문자적으로 "사람의 아들"이라는 뜻으로 많은 경우에 사람, 즉 인간을 의미한다. 특히 욥기, 시편, 잠언에서는 사람을 의미한다. 에스겔서에서는 인자(人子)가 에스겔 선지자를 부를 때에 사용되는 호칭으로 주로 사용된다. 그러나 다니엘서에서 인자(人子)는 그저 사람을 가리키거나 인간인 누군가를 부르는 호칭으로 사용되지 않는다. 오히려 여기서의 "인자"(人子)는 하늘 구름을 타고 오며 권세와 영광과 나라를 맡은 자로서 모든 자들을 다스리는 자로서 드러난다.

3) 인자를 따르는 삶

앞에서 살펴보았듯이 "인자"(人子)는 예수가 자신을 가리켜 사용하신 칭호인데 예수 자신의 인성의 측면과 신성의 측면을 모두 아우른다. 그러기에 단지 예수의 인성의 측면만을 가리키는 것으로 해석할 필요가 없다. 문맥에 따라 인성의 측면이든 신성의 측면이든 모두 가능하다.

다만 구약성경에서 "인자"(人子)라는 표현이 사용되어왔던 점을 고려할 때에 예수가 자신을 가리켜 "인자"(人子)라고 표현하는 것에는 독특한 강조점이 있을 수 있다. 특히, 구약성경 다니엘에서의 "인자"(人子)는 단지 인간인 것을 의미하지 않고 하늘 구름을 타고 오며 권세와 영광과 나라를 맡은 자로서 모든 자들을 다스리는 자로서 드러난다. 예수는 또한 다니엘의 구절들을 연상시키면서 자신을 "인자"(人子)로 표현하시기도 하신다. 그러기에 예수는 "인자"(人子)라는 표현을 사용하면서 자신이 모든 사람을 다스리고 통치하시고 심판하시는 권세와 영광을 가진 존재임을 알려주신다고 보아야 한다.

그렇다면 인자(人子)이신 예수를 믿고 따르는 우리는 예수의 인성의 측면이든 신성의 측면이든 예수의 온전한 모습을 그대로 받아들이고 믿고 따라가야 한다. 그리고 더 나아가서 우리는 온 세상과 모든 사람을 다스리시고 통치하시고 심판하시는 예수의 권세와 영광을 늘 마음에 새기며 살아가야 한다.

7. 하나님

예수를 하나님이라고 신앙고백하는 표현은 제자 도마에게서 볼 수 있다. 요한복음 20장에서 도마는 예수의 부활에 관해 듣고도 믿지 못하고 있었는데 이런 도마에게 부활하신 예수가 직접 찾아오셨다. 이때 도마는 부활하신 예수를 만나면서 "나의 주님이시요 나의 **하나님**이시니이다"(요 20:28)라고 신앙고백하였다. 여기서 도마는 예수를 "주"(ὁ κύριός, 호 퀴리오스)로뿐만 아니라 "하나님"(ὁ θεός, 호 테오스)으로 받아들이고 고백하고 있다.

이렇게 예수를 하나님으로 신앙고백하는 직접적인 표현이 신약성경에 많이 나타나지는 않는다. 그렇지만 여러 다른 표현들이나 사건들은 예수가 하나님임을 간접적으로 알려주거나 보여준다.

첫째, 구원자/구주 예수는 우리를 죄로부터 구원하시는 분이시며 이러한 구원에는 죄의 용서, 즉 죄 사함이 반드시 포함된다. 그런데 유대인들은 죄 사함의 권세는 오직 하나님에게만 있다고 생각하였다. 그러기에 하나님 외에 죄 사함의 권세를 갖고 있다고 말하는 사람은 하나님을 모독하는 행위, 즉 신성모독(神性冒瀆, blasphemy)을 행하는 것이다. 이런 생각을 가진 유대인들 사이에서 예수는 자신을 인자라고 지칭하면서 죄 사함을 선언하셨다. 이런 행위를 통해 인자이신 예수는 자신이 하나님임을 알려주며 드러낸다.

마태복음 9장(막 2장; 눅 5장)에서 예수는 침상에 누운 중풍병자를 고치셨다. 예수는 중풍병자를 침상에 메고 오는 사람들의 믿음을 보시고 중풍병자에게 "작은 자야, 안심하라. 네 죄 사함을 받았느니라"(마 9:2)라고 말씀하셨다. 그러자 어떤 서기관 또는 바리새인이 다음과 같이 말하였다. "이 사람이 신성을 모독하도다"(마 9:3). "신성모독이로다. 오직 하나님 한 분 외에는 누가 능히 죄를 사하겠느냐?"(막 2:7) "이 신성모독 하는 자가 누구냐? 오직 하나님 외에 누가 능히 죄를 사하겠느냐?"(눅 5:21) 이들은 죄를 사하는 것이 오직 하나님에게만 가능한 것이라고 여겼기에 예수가 신성모독을 하고 있다고 판단하였다.

그러자 예수는 "그러나 인자가 세상에서 죄를 사하는 권능(권세)이 있는 줄을 너희로 알게 하려 하노라"(마 9:6; 막 2:10; 눅 5:24)라고 말씀하셨다. 예수는 자신을 인자라고 지칭하시면서 죄사함의 권능/권세가 자신에게 있다고 말씀하셨다. 이것은 인자로 지칭하시는 예수 자신이 하나님이시라는 점을 알려 준다.

둘째, 예수가 하나님의 아들이라는 점은 예수가 하나님 아버지로부터 태어났기에 성부 하나님보다 못한 존재임을 알려주는 것이 아니다. 예수가 하나님 아버지로부터 태어났기에 아버지와 동일한 본질을 가진 존재임을 알려준다. 즉, 예수가 성부 하나님과 동일본질임을 알려준다. 그러기에 하나님의 아들이라는 칭호는 예수가 하나님이심을 의미한다.

요한복음 5장에서 안식일에 예루살렘 베데스다 못에서 예수가 38년 된 병자가 있어서 고치셨다. 유대인들은 안식일에 일을 했다는 구실로 예수를 박해하기 시작하였다. 이때 예수는 다음과 같이 대답하였다.

예수께서 그들에게 이르시되 "내 아버지께서 이제까지 일하시니 나도 일한다" 하시매, 유대인들이 이로 말미암아 더욱 예수를 죽이고자 하니 이는 안식일을 범할 뿐만 아니라 하나님을 자기의 친 아버지라 하여 자기를 하나님과 동등으로 삼으심이러라(not only was he breaking the Sabbath, but he was even calling God his own Father, making himself equal with God)(요 5:17-18).

그러자 유대인들은 예수를 더욱 죽이고자 하였다. 그 까닭은 단지 안식을 범한 것만이 아니라 하나님(God, Θεός, theos)을 "자신의 친아버지"(his own Father, πατήρ ἴδιος, pater idios)라고 하였기 때문이다. "자신의 친아버지"라는 표현이 유대인들에게는 예수가 자신을 하나님과 동등한(equal, ἴσος, isos) 존재라고 주장하는 것으로 들렸기 때문이었다. 즉 이러한 표현은 유대인들에게는 신성모독(神性冒瀆, blasphemy)과도 같은 것이었다. 하지만 이러한 사건을 통하여 예수는 유대인들에게 자신이 성부 하나님과 동등한 존재, 즉 신적인 존재인 하나님이심을 드러내었다.

셋째, 예수에게 적용되는 주(主, 퀴리오스)라는 칭호는 예수가 주님이시라는 점을 알려준다. 그런데 이 칭호는 예수가 단지 세상사에서 여러 주(主)들 가운데 하나일 뿐이라는 점을 말하는 것이 아니다. 주(主)라는 칭호는 구약성경에서 "야웨"를 히브리어로 "아도나이"라고 불렀는데 이것을 그리스어로 처음 번역할 때 사용한 용어다. 그러기에 주(主)라는 칭호를 예수에게 적용하는 것은 예수가 구약성경의 야웨와 같은 존재임을 알려주는 것이다. 따라서 "주 예수"라는 표현은 예수가 하나님이심을 나타낸다.

넷째, 예수 자신이 "나는 ~이다"라고 말씀하시는 것이 신약성경 요한복음에 7번 나타난다. "나는 ~이다"라는 구절은 그리스어로 "에고 에이미"(ἐγώ εἰμι, ego eimi)다. 이는 "나는 ~이다"라는 의미도 되지만 또한 "나는 있다/존재한다"라는 의미도 된다.

① "나는 생명의 떡이니"(ἐγώ εἰμι ὁ ἄρτος τῆς ζωῆς, I am the bread of life)(요 6:35). ② "나는 세상의 빛이니"(ἐγώ εἰμι τὸ φῶς τοῦ κόσμου, I am the light of the world)(요 8:12). ③ "나는 양의 문이라"(ἐγώ εἰμι ἡ θύρα τῶν προβάτων, I am the door of the sheep)(요 10:7, 10:9). ④ "나는 선한 목자라"(Ἐγώ εἰμι ὁ ποιμὴν ὁ καλός, I am the good shepherd)(요 10:11). ⑤ "나는 부활이요 생명이니"(ἐγώ εἰμι ἡ ἀνάστασις καὶ ἡ ζωή, I am the resurrection, and the life)(요 11:25). ⑥ "내가 곧 길이요 진리요 생명이니"(ἐγώ εἰμι ἡ ὁδὸς καὶ ἡ ἀλήθεια καὶ ἡ ζωή, I am the way, the truth, and the life)(요 14:6). ⑦ "나는 참포도나무요."(Ἐγώ εἰμι ἡ ἄμπελος ἡ ἀληθινή, I am the true vine)(요 15:1, 15:5).

그런데 이러한 "에고 에이미"(ἐγώ εἰμι) 구절은 구약성경 출애굽기 3장에서 하나님께서 자신의 이름을 모세에게 직접 알려주실 때와 같은 형식을 취한다. "나는 스스로 있는 자이니라"(출 3:14)라는 구절이 히브리어로 "에흐예 아셰르 예흐예"(אֶהְיֶה אֲשֶׁר אֶהְיֶה, I am that I am / I am who I am)인데 여기서 구약의 하나님의 이름인 "야웨"(יהוה, Yahweh)가 기원한다. 그런데 이 구절이 그리스어로 번역될 때 바로 "에고 에이미"(ἐγώ εἰμι)로 표현된다. 그러므로 예수가 7번 사용한 "에고 에이미"(ἐγώ εἰμι) 구절은 예수 자신이 구약의 야웨와 같은 신적 존재임을 간접적으로 보여주거나 함의하는 것이며, 또한 그러한 권세로써 자신이 누구이며 무엇을 하는지를 밝히 드러내는 것이다.

다섯째, 요한복음 1:1-18은 요한복음 서론(the Johannine Prologue)에 해당하는데, 이 서론은 성육신하여 우리에게 나타난 예수를 로고스(λόγος, logos)로, 즉 말씀(the Word)으로 표현한다. 그런데 이 로고스는 하나님(θεός, theos)이다. "태초에 말씀이 계시니라. 이 말씀이 하나님과 함께 계셨으니 이 말씀은 곧 하나님이시니라"(the Word was with God, and the

Word was God)(요 1:1).

그리고 14절에서는 성육신하여 우리에게 나타난 예수를 "아버지의 독생자"로 표현하고 있다. "말씀이 육신이 되어 우리 가운데 거하시매 우리가 그의 영광을 보니 아버지의 독생자(the only begotten of the Father, KJV)의 영광이요 은혜와 진리가 충만하더라"(요 1:14). 그러기에 예수의 영광이 아버지의 독생자의 영광이며 은혜와 진리가 충만한 영광이다.

여기서 "아버지의 독생자"는 그리스어로 "모노게네스 파라 파트로스"(μονογενής παρὰ πατρός)이며 문자적으로 "아버지로부터 태어난 유일한 자"(the only begotten of the Father)라는 뜻이다. 아버지로부터 태어난 자이기에 아들인데, 그리스어로 아들에 해당되는 단어 "휘오스"(υἱός, huios)를 분명하게 넣은 "독생자"(獨生子, μονογενής υἱός, 모노게네스 휘오스)라는 표현은 3곳이 있다(요 3:16, 18; 요일 4:9). "아버지로부터"에서 "~로부터"(from)에 해당하는 전치사는 "파라"(παρά, para)인데 이것은 기원 또는 출처를 의미하며, 반드시 우열적이거나 위계적이거나 순서적인 관계를 가리키는 것은 아니다. 오히려 아버지와 아버지로부터 태어난 이가 동일한 본질이며 동등한 관계임을 가리킨다. 즉 아버지가 하나님이듯이 아버지의 독생자도 또한 하나님이다.

이러한 점은 18절에서 분명히 확증한다. 왜냐하면 "독생자"를 "독생하신 하나님"으로 표현하고 있기 때문이다. "본래 하나님을 본 사람이 없으되 아버지 품 속에 있는 독생하신 하나님[독생자]이 나타내셨느니라"(요 1:18). 한글성경 개역개정에서 "독생하신 하나님"으로 번역되어 있는 문구는 어떤 사본에는 "독생자"(獨生子, the only begotten Son)로만 되어 있다. "독생하신 하나님"에 해당하는 그리스어는 "모노게네스

테오스"(μονογενὴς θεός)로서 여기에 하나님(θεός, theos)이라는 단어가 분명하게 표현되어 있다. 더욱이, 독생자는 아버지의 품속에 있는 분이시다. 여기서 "품"(bosom)은 그리스어로 "콜포스"(κόλπος, kolpos)라는 단어인데, 이것은 아버지의 품속에 있는 독생자가 아버지와 최고로 가까운 관계(is in closest relationship with the Father, NIV), 즉 동등한 관계임을 알려준다.

V.

오이코노미아와
테올로기아의 순환으로서의
예수 그리스도의 삶

1. 경륜과 내재의 순환

본서의 서론에서 논의하였듯이 "경륜"(經綸)은 그리스어로 "오이코노미아"(οἰκονομία, oikonomia)인데 삼위일체 하나님께서 창조하신 우주 만물 전체를 이끌어가시는 계획이나 비전을 의미한다. 기독론에서 경륜은 우리에게 계시되고 알려져서 우리가 신비/비밀로서 만나고 경험하고 체험하는 예수 그리스도를 가리킨다.

그리고 "내재"(內在)는 그리스어로 "테올로기아"(θεολογία, theologia)이다. 테올로기아는 오늘날 사용되는 신학(神學, theology)의 어원이긴 하지만 오늘날의 통상적인 의미, 즉 신(神)에 관하여 연구하는 학문(學問)이라는 의미와 사뭇 다르기 때문에 여기서는 신학(神學)으로 표현하지 않고 "테올로기아" 또는 "내재"(內在)라고 표현한다.

테올로기아는 경륜을 통하여 드러난 성부, 성자, 성령의 신성, 즉 하나님 되심을 인정하고 고백하고 아는 것이며, 또한 이를 통해 삼위일체 하나님과 깊은 관계를 맺는 삶을 사는 것을 가리킨다. 기독론과 관련해서 테올로기아는 계시된 신비/비밀이신 예수 그리스도를 만나고 경험하고 알아가면서 인식하고 고백하는 것을 가리킨다.

우리는 예수 그리스도의 삶을 오이코노미아와 테올로기아, 즉 경륜과 내재의 순환이라는 관점에서 살펴볼 수 있다. 경륜은 구원의 계획이 역사적으로 드러나고 실현되는 것이며 내재는 그러한 역사적 현현을 넘어서는 하나님의 내적인 존재를 의미한다. 그러나 내재가 하나님의 내적인 존재라고 하여 역사적으로 드러나고 실현되는 것인 경륜과 분리되는 것은 아니다. 경륜과 내재는 늘 같이 가는 것이다. 우리 인간의 입장에서 보자면, 경륜과 내재는 상호 순환 안에서 점점 발전하고 진보하는 것이다.

존재론적으로 본다면, 하나님의 내적인 존재가 있고 그것이 역사적으로 나타나고 실현된다. 그러나 인식론적으로 본다면, 우리가 경륜을 통해, 즉 성령 안에서 예수 그리스도와의 만남을 통해 구원의 경험에 이르며 이 안에서 하나님의 내적인 존재에 대한 인식과 고백으로 나아간다.

그리고 이러한 과정은 단 한 번으로 종결되는 것이 아니라 평생 계속 반복되어 나아간다. 그러면서 예수 그리스도에 대한 우리의 인식론적인 고백이 확장되어 가고 심화되어 가며 또한 심오해진다. 그러기에 우리는 예수 그리스도의 삶을 단순히 평면적으로만 살필 것이 아니라 경륜과 내재의 순환을 통해 다면적이고 다차원적으로 살필 필요가 있다. 그러기에 이것은 성령 안에서 신비/비밀이신 예수 그리스도를 만나는 신비적 영성, 또는 영성적 신비/비밀이라고 할 수 있다.

2. 경륜과 내재의 순환으로서의 예수 그리스도

경륜과 내재의 순환 안에서 우리는 예수 그리스도를 더 분명하게 믿고 고백하고 찬양하고 예배한다. 예수와의 만남의 경험 안에서 예수에 대한 인식과 신앙고백이 생겨나는데 이러한 인식과 신앙고백의 내용들은 핵심적으로 찬양/찬송/송영으로 정리되고 표현된다. 그리고 또한 기도로 또는 증언 및 설교 등으로도 정리되고 표현된다. 물론 각각의 내용들은 각각의 상황에서 나름대로 깊이와 넓이의 정도나 수준이 있으며 각각의 순간마다 차이가 날 수 있다.

그렇지만 이러한 내용들은 믿음 및 신앙의 여정과 함께 한층 더 깊어지고 넓어진다. 희미한 것을 더 분명하게 알게 되며 부분적으로 아는 것을 더 온전히 알아가게 된다. 그러한 만큼 자신과 인간과 사회와 세계와 우주가 다르게 보이며 또한 그러한 만큼 모든 것들이 존재하게 된다. 이러한 여정은 종말에 "얼굴과 얼굴을 대하여 볼" 정도로 깊어진다. 즉 존재에 대한 인식이 아무런 매개(media)가 없이, 즉 비매개적으로 및 즉각적으로(immediately) 이루어질 정도로, 그래서 온전히(fully) 알 수 있는 정도로 깊어진다.

> 우리가 지금은 거울로 보는 것 같이 희미하나 그때에는 얼굴과 얼굴을 대하여(face to face) 볼 것이요, 지금은 내가 부분적으로(in part) 아나 그때에는 주께서 나를 아신 것 같이 내가 온전히(fully) 알리라(고전 13:12).

이것은 계시의 신비/비밀이신 예수 그리스도를 우리가 만나고 경험하고 체험하면서 겪는 신비적 영성 또는 영성적 신비/비밀 안에서 일어난다. 이러한 모습들을 성경의 몇몇 예들로 살펴보면 다음과 같다.

1) 예수의 탄생

하나님의 경륜에 따라 성부가 성자를 성령 안에서 이 세상으로 보내셨고 이에 따라 성자가 성육신하여 사람이 되어 나타났다. 예수의 탄생과 관련하여 직접적으로 마리아와 요셉이 천사로부터 수태고지(受胎告知, Annunciation)를 받았다. 그리고 사가랴와 엘리사벳은 세례 요한의 임신과 출생을 통해 아기 예수의 탄생을 알게 되었고 고대하였다.

이러한 하나님의 경륜에 관한 소식을 듣고 접하며 이들은 이스라엘의 하나님을 주(主)와 구원자/구주로 찬양하고 찬송하였으며, 또한 아기 예수를 주(主)와 구원자로 고백하였다.

제사장 사가랴와 그의 아내 엘리사벳은 아기를 갖지 못하고 있었는데 천사가 나타나 아들을 낳을 것이며 그 이름을 요한이라고 하리라고 말하였다. 그 후 엘리사벳은 아기를 잉태하고 다섯 달 동안 숨어 있을 때 다음과 같이 고백하였다. "주(主)께서 나를 돌보시는 날에 사람들 앞에서 내 부끄러움을 없게 하시려고 이렇게 행하심이라 하더라"(눅 1:25).

여기서 "주(主)께서"(The Lord, κύριος, 퀴리오스)는 성부 하나님을 가리킨다. 엘리사벳은 그동안 잉태하지 못하여 사람들에게 부끄러움을 느끼며 힘들어하였는데 세례 요한을 잉태하게 되면서 주(主) 하나님께서 이렇게 행하셨음을 고백하였다. 엘리사벳은 자신의 힘든 곤경에서 하나님께서 자신을 돌보시며 자신의 부끄러움을 가져가심을 고백하였다.

세례 요한이 태어난 후에 사가랴는 성령으로 충만하여 찬송하면서 다음과 같이 예언하였다.

찬송하리로다! 주(主) 이스라엘의 하나님이여, 그 백성을 돌보사 속량하시며, 우리를 위하여 구원의 뿔을 그 종 다윗의 집에 일으키셨으니, 이것은 주께서 예로부터 거룩한 선지자의 입으로 말씀하신 바와 같이 우리 원수에게서와 우리를 미워하는 모든 자의 손에서 구원하시는 일이라. 우리 조상을 긍휼히 여기시며 그 거룩한 언약을 기억하셨으니, 곧 우리 조상 아브라함에게 하신 맹세라. 우리가 원수의 손에서 건지심을 받고 종신

토록 주의 앞에서 성결과 의로 두려움이 없이 섬기게 하리라 하셨도다. 이 아이여, 네가 지극히 높으신 이의 선지자라 일컬음을 받고 주(主) 앞에 앞서 가서 그 길을 준비하여, 주의(그의) 백성에게 그 죄 사함으로 말미암는 구원을 알게 하리니, 이는 우리 하나님의 긍휼로 인함이라. 이로써 돋는 해가 위로부터 우리에게 임하여, 어둠과 죽음의 그늘에 앉은 자에게 비치고 우리 발을 평강의 길로 인도하시리로다"(눅 1:68-79).

여기서 "주 이스라엘의 하나님"(the Lord, the God of Israel)은 그리스어로 "퀴리오스 호 테오스 투 이스라엘"(κύριος ὁ θεὸς τοῦ Ἰσραήλ)이다. 여기서 주(主)는 이스라엘의 하나님이며 성부 하나님이다. 세례 요한의 탄생과 직접적으로 관련되어 있는 상황에서 사가랴는 이 아이를 하나님의 선지자/예언자로 여기고 있다.

그렇지만 사가랴의 예언과 찬송의 초점은 세례 요한이 아니다. 하나님의 백성을 돌보고 속량하실 구원의 뿔(a horn of salvation, κέρας σωτηρίας, 케라스 소테리아스)이신 예수다. 세례 요한은 주(主)님이신 예수 앞에 먼저 가서 그의 길들을 준비하는 자일 뿐이다. 주(主)님이신 예수는 자기의 백성의 죄들의 사함을 통한 구원에 관한 지식(the knowledge of salvation, γνῶσιν σωτηρίας, 그노시스 소테리아스)을 주신다.

이러한 경륜을 몸으로 직접적으로 경험한 이는 바로 마리아다. 마리아에게 천사가 나타나 아들을 낳을 것이며 그 이름을 예수라고 하라고 말하였다. 이후 마리아가 사가랴의 집에 들어가 엘리사벳에게 문안하니 엘리사벳이 큰 소리로 말하였다.

여자 중에 네가 복이 있으며 네 태중의 아이도 복이 있도다. **내 주(主)**

의 어머니가 내게 나아오니 이 어찌 된 일인가? 보라! 네 문안하는 소리가 내 귀에 들릴 때에 아이가 내 복중에서 기쁨으로 뛰놀았도다. 주께서 하신 말씀이 반드시 이루어지리라고 믿은 그 여자에게 복이 있도다(눅 1:42-45).

여기서 엘리사벳은 마리아를 가리켜 "내 주의 어머니"(the mother of my Lord)라고 표현하였다. 그리스어로는 "헤 메테르 투 퀴리우 무"(ἡ μήτηρ τοῦ κυρίου μου)다. 마리아를 "내 주의 어머니"라고 표현함으로써 마리아가 잉태한 이가 주(主, the Lord)이심을 인식하였다. 그럼으로써 엘리사벳은 마리아가 잉태한 이가 엘리사벳 자신을 돌보시는 주(主)이신 성부 하나님과 연관되어 있음을 고백하였다.

마리아는 성령으로 예수를 잉태하면서 다음과 같이 찬양하였다. 이것을 "마리아의 찬양"(Magnificat, 마그니피카트)이라고 한다.

내 영혼이 주(主)를 찬양하며 내 마음이 하나님 내 구주를 기뻐하였음은, 그의 여종의 비천함을 돌보셨음이라. 보라! 이제 후로는 만세에 나를 복이 있다 일컬으리로다. 능하신 이가 큰 일을 내게 행하셨으니 그 이름이 거룩하시며, 긍휼하심이 두려워하는 자에게 대대로 이르는도다. 그의 팔로 힘을 보이사 마음의 생각이 교만한 자들을 흩으셨고 권세 있는 자를 그 위에서 내리치셨으며 비천한 자를 높이셨고 주리는 자를 좋은 것으로 배불리셨으며 부자는 빈손으로 보내셨도다. 그 종 이스라엘을 도우사 긍휼히 여기시고 기억하시되, 우리 조상에게 말씀하신 것과 같이 아브라함과 그 자손에게 영원히 하시리로다(눅 1:46-55).

여기서 마리아는 자신의 비천함을 돌보시는 하나님을 주(主)님으로 여기며 찬양하고 자신의 구주 하나님을 기뻐한다. 아기 예수의 잉태와 탄생을 통해 마리아는 주(主) 하나님께서 하시는 놀라운 일들을 고백하고 찬양한다.

요셉과 마리아가 아기 예수의 정결예식을 위해 예루살렘에 왔을 때 의롭고 경건한 사람 시므온이 아기를 안고 하나님을 찬송하였다.

> 주재여, 이제는 말씀하신 대로 종을 평안히 놓아 주시는도다. 내 눈이 주의 구원을 보았사오니 이는 만민 앞에 예비하신 것이요, 이방을 비추는 빛이요, 주의 백성 이스라엘의 영광이니이다(눅 2:29-32).

여기서 "주재(主宰, Sovereign Lord)여"는 그리스어로 "데스포타"(δέσποτα)로서 "데스포테스"(δεσπότης)의 호격이다.

예수의 탄생을 통해 시므온은 주재(主宰)이신 하나님의 구원을 보았다고 고백한다. 말하자면 시므온에게 예수는 하나님의 구원을 이루는 분이며 이 구원은 하나님께서 만민, 즉 모든 민족 앞에 준비하신 것이다. 그리고 이 구원은 이스라엘의 영광이며 이방인들의 계시를 위한 빛이다. 이렇게 시므온은 고백하고 찬송한다.

2) 이스라엘과 이방인의 구원

로마서 11장은 이방인의 구원과 이스라엘의 구원에 관하여 다루면서 그 마지막에 하나님의 지혜와 지식의 풍성함과 그 깊음을 찬양한다.

깊도다! 하나님의 지혜와 지식의 풍성함이여, 그의 판단은 헤아리지 못할 것이며 그의 길은 찾지 못할 것이로다. 누가 주(主)의 마음을 알았느냐? 누가 그의 모사가 되었느냐? 누가 주께(그에게) 먼저 드려서 갚으심을 받겠느냐? 이는 만물이 주에게서(그에게서) 나오고 주로(그로) 말미암고 주에게로(그에게로) 돌아감이라. 그에게 영광이 세세에 있을지어다 아멘(For from him and through him and for him are all things. To him be the glory forever! Amen)(롬 11:33-36).

여기서 주(主)는 하나님을 가리킨다. 그런데 이 하나님은 마지막 절에서 만물과의 관계에서 세 가지 관점으로 표현된다. 즉 만물이 "그로부터"(from him, ἐξ αὐτοῦ), "그를 통하여"(through him, δι' αὐτοῦ), "그에게로"(to/for him, εἰς αὐτὸν)라는 세 가지 관점으로 표현된다. 여기서 만물은 그리스어로 "타 판타"(τὰ πάντα, ta panta)로서 온 우주 만물 전체를 가리킨다.

3) 경륜 안에서 예수를 통해 드러난 하나님

고린도후서 1장에서는 "우리 주 예수 그리스도의 하나님"을 찬송한다. 그런데 이 하나님은 바로 예수를 통하여 알려지시고 드러나신 하나님이다. 경륜 안에서 예수를 통하여 드러나신 하나님은 자비의 아버지이시며 모든 위로의 하나님이시다. 사도 바울은 이러한 하나님을 찬송한다.

찬송하리로다! 그는 우리 주 예수 그리스도의 하나님이시요, 자비의 아버지시요, 모든 위로의 하나님이시며 우리의 모든 환난 중에서 우리를 위로하사 우리로 하여금 하나님께 받는 위로로써 모든 환난 중에 있는 자들을 능히 위로하게 하시는 이시로다. 그리스도의 고난이 우리에게 넘친 것 같이 우리가 받는 위로도 그리스도로 말미암아 넘치는도다. 우리가 환난 당하는 것도 너희가 위로와 구원을 받게 하려는 것이요, 우리가 위로를 받는 것도 너희가 위로를 받게 하려는 것이니 이 위로가 너희 속에 역사하여 우리가 받는 것 같은 고난을 너희도 견디게 하느니라. 너희를 위한 우리의 소망이 견고함은 너희가 고난에 참여하는 자가 된 것 같이 위로에도 그러할 줄을 앎이라(고후 1:3-7).

에베소서 1장에서도 예수를 통해 드러난 하나님, 즉 성부 하나님을 찬송한다.

찬송하리로다! 하나님 곧 우리 주 예수 그리스도의 아버지께서 그리스도 안에서 하늘에 속한 모든 신령한 복을 우리에게 주시되, 곧 창세 전에 그리스도 안에서 우리를 택하사 우리로 사랑 안에서 그 앞에 거룩하고 흠이 없게 하시려고 그 기쁘신 뜻대로 우리를 예정하사 예수 그리스도로 말미암아 자기의 아들들이 되게 하셨으니, 이는 그가 사랑하시는 자 안에서 우리에게 거저 주시는 바 그의 은혜의 영광을 찬송하게 하려는 것이라. 우리는 그리스도 안에서 그의 은혜의 풍성함을 따라 그의 피로 말미암아 속량 곧 죄 사함을 받았느니라. 이는 그가 모든 지혜와 총명을 우리에게 넘치게 하사 그 뜻의 비밀을 우리에게 알리신 것이요 그의 기뻐하심을 따라 그리스도 안에서 때가 찬 경륜을 위하여 예정하신 것이니 하늘에 있는 것이나 땅에 있는 것이 다 그리스도 안에서 통일되게 하려 하심이라. 모든 일을 그의 뜻의 결정대로 일하시는 이의 계획을 따라 우리가 예정을 입어 그 안에서 기업이 되었으니, 이는 우리가 그리스도 안에서 전부터 바라던 그의 영광의 찬송이 되게 하려 하심이라. 그 안에서 너희도 진리의 말씀 곧 너희의 구원의 복음을 듣고 그 안에서 또한 믿어 약속의 성령으로 인치심을 받았으니, 이는 우리 기업의 보증이 되사 그 얻으신 것을 속량하시고 그의 영광을 찬송하게 하려 하심이라(엡 1:3-14).

베드로전서 1장에서도 예수를 통해 드러난 하나님, 즉 아버지 하나님을 찬송한다.

우리 주 예수 그리스도의 아버지 하나님을 찬송하리로다. 그의 많으신 긍휼대로 예수 그리스도를 죽은 자 가운데서 부활하게 하심으로 말미암아 우리를 거듭나게 하사 산 소망이 있게 하시며, 썩지 않고 더럽지 않고 쇠하지 아니하는 유업을 잇게 하시나니 곧 너희를 위하여 하늘에 간직하신 것이라. 너희는 말세에 나타내기로 예비하신 구원을 얻기 위하여 믿음으로 말미암아 하나님의 능력으로 보호하심을 받았느니라(벧전 1:3-5).

4) 경륜 안에서 드러난 예수 그리스도의 마음 - 케노시스(자기비움)

빌립보서 2:5에서는 예수 그리스도의 마음을 품으라고 권면하며 예수 그리스도에 관하여 다음과 같이 고백한다.

그(예수 그리스도)는 근본 하나님의 본체시나 하나님과 동등됨을 취할 것으로 여기지 아니하시고, 오히려 자기를 비워 종의 형체를 가지사 사람들과 같이 되셨고, 사람의 모양으로 나타나사 자기를 낮추시고 죽기까지 복종하셨으니 곧 십자가에 죽으심이라. 이러므로 하나님이 그를 지극히 높여 모든 이름 위에 뛰어난 이름을 주사 하늘에 있는 자들과 땅에 있는 자들과 땅 아래에 있는 자들로 모든 무릎을 예수의 이름에 꿇게 하시고, 모든 입으로 예수 그리스도를 주(主)라 시인하여 하나님 아버지께 영광을 돌리게 하셨느니라(빌 2:6-11).

여기서 예수 그리스도는 성부 하나님과 동등한 존재로 여겨진다. 그렇지만 예수 그리스도는 동등함을 취하지 않고 오히려 자기를 비워 종의 형체를 가지고 사람이 되어 십자가에 죽기까지 복종하신 분으로 고백된다. 이러한 예수 그리스도를 성부 하나님은 지극히 높이셨다. 그래서 온 우주 만물이 예수의 이름에 무릎을 꿇어 예수가 주(主, κύριος)이심을 시인하도록 하셨고 이를 통해 성부 하나님께 영광을 돌리게 하셨다.

5) 종말에 있을 예수의 재림 고대

요한계시록 22장에서는 종말에 다시 오실 예수를 다음과 같이 고대한다. "아멘, [우리의] 주 예수여, 오시옵소서(Amen. Come, Lord Jesus)"(계 22:20). 그리스어로는 "아멘, 에르쿠, 퀴리에 예수"(Amen, erchou kyrie Iesou, Ἀμήν, ἔρχου κύριε Ἰησοῦ)다. 여기서 "[우리의] 주여, 오시옵소서"([our] Lord, come)에 아람어 "마라나타"(μαράνα θά, מָרַנָא תָא)가 사용되었다. 요한계시록 22:20 외에 고린도전서 16:22에서도 사용되었다. "만일 누구든지 주를 사랑하지 아니하면 저주를 받을지어다. 우리 주여, 오시옵소서"(If anyone does not love the Lord, let that person be cursed! Come, [our]

Lord)(고전 16:22).

6) 사도들의 기도

오순절 성령강림의 사건이 있은 후 사도행전 4장에서 사도들이 함께 기도할 때 이들은 예수를 그리스도로 표현하였고, 또한 예수가 하나님께서 기름 부으신 자임을 분명하게 인식하고 고백하였다.

> 사도들이 놓이매 그 동료에게 가서 제사장들과 장로들의 말을 다 알리니, 그들이 듣고 한마음으로 하나님께 소리를 높여 이르되 "대주재여, 천지와 바다와 그 가운데 만물을 지은 이시오 또 주의 종 우리 조상 다윗의 입을 통하여 성령으로 말씀하시기를 '어찌하여 열방이 분노하며 족속들이 허사를 경영하였는고 세상의 군왕들이 나서며 관리들이 함께 모여 주(主)와 그의 그리스도를 대적하도다(against the Lord, and against his Christ, KJV)' 하신 이로소이다. 과연 헤롯과 본디오 빌라도는 이방인과 이스라엘 백성과 합세하여 하나님께서 기름 부으신 거룩한 종 예수를 거슬러(against your holy servant Jesus, whom you anointed, NIV) 하나님의 권능과 뜻대로 이루려고 예정하신 그것을 행하려고 이 성에 모였나이다. 주여, 이제도 그들의 위협함을 굽어보시옵고 또 종들로 하여금 담대히 하나님의 말씀을 전하게 하여 주시오며, 손을 내밀어 병을 낫게 하시옵고 표적과 기사가 거룩한 종 예수의 이름으로 이루어지게 하옵소서" 하더라. 빌기를 다하매 모인 곳이 진동하더니 무리가 다 성령이 충만하여 담대히 하나님의 말씀을 전하니라(행 4:23-31).

여기서 주(主)는 성부 하나님을 가리킨다. 그리고 예수는 성부 하나님의 그리스도(Χριστός, Christos)로 표현된다. "그리스도"라는 단어 자체가 히브리어 "메시아"(מָשִׁיחַ, Messiah)의 그리스어 번역이며 그 자체로 "기름 부음을 받은 자"(the anointed one)라는 뜻이다. 이 단어의 동사형이 "크리오"(χρίω, chrio)인데 바로 다음절에서 이 단어가 사용되었다. 즉 27절이 예수를 가리켜 성부 하나님께서 기름 부으신 거룩한 종이라고 표현하고 있는데, 여기서 "기름 붓다"에 사용된 동사가 바로 "크리오"(χρίω, chrio)다. 다시 말해 "기름 붓다"라는 동사 "크리오"(χρίω, chrio)로부터 파생된 명사인 "기름 부음을 받은 자"가 바로 "크리스토스"(Χριστός, Christos)다.

3. 에큐메니칼 공의회에서의 예수 그리스도

1) 제1차 니케아 에큐메니칼 공의회

위에서 논의한 바와 같이 예수 그리스도에 관한 인식과 이해가 이미 있었기에 교회의 역사에서 세계 전체 기독교 대표들이 모이는 에큐메니칼 공의회에서도 예수 그리스도에 관한 신앙고백이 지속되고 발전되어 간다.[1]

　　기원후 325년 제1차 니케아 에큐메니칼 공의회에서 결정한 것을

---

[1] 　에큐메니칼 공의회에 관한 상세한 설명은 다음을 참조하라. 양정호, 『신앙, 무엇을 믿는가 – 교리와 논쟁, 신앙고백의 역사 (고대와 중세편)』(서울: 장로회신학대학교출판부, 2024).

"니케아 신조/신경"(the Nicene Creed)이라고 한다. 그리고 381년 제2차 콘스탄티노플 에큐메니칼 공의회에서 결정한 것을 "니케아-콘스탄티노플 신조/신경"(the Nicene-Constantinopolitan Creed)이라고 하는데 이것을 통상 "니케아 신조/신경"(the Nicene Creed)이라고도 한다. 둘의 차이점은 성령에 관한 항목이다. 제1차 공의회에서는 기독론에 관해 집중하였기에 성령에 관해서는 "우리는 성령을 믿습니다"라고 간단하게 고백되어 있다. 그렇지만 325년 이후 초기 교회 교부들에 의해 성령에 관한 논의가 진행되고 성령론이 발전하였기 때문에 제2차 공의회에서는 "생명의 시여자"(Giver of life)를 포함하여 성령에 관해 더 많은 내용을 고백하였다.

제1차 니케아 에큐메니칼 공의회에서는 성부와 성자의 관계를 "동일본질"(ὁμοουσία, homoousia, 호모우시아)이라는 말로 규정하였다. 그리고 이 용어는 교회사에서 가장 중요한 교리(dogma)가 되었다.

우시아(οὐσια)는 본래 그리스 철학과 문화에서 사용되던 용어로 어떤 A를 A가 되도록 하는 본체/본질/존재(substance/essence/being)를 뜻한다. 그러기에 동일본질은 본체/본질/존재에서 동일하다는 점(the same substance, the same essence, the same being)을 의미한다. 이러한 단어가 초기 교부 신학자들에 의해 기독교 신학 안에 차용되어 사용되었다. 그렇지만 단지 그리스 철학과 문화의 일방적인 영향으로 인한 것은 아니고 예수 그리스도의 정체성을 명확하게 규명하고자 고민하던 신학자들이 기존의 용어를 창조적으로 활용하여 사용한 것이다.

제1차 니케아 에큐메니칼 공의회에서 결정한 니케아 신조/신경에서 하나님의 아들이신 예수 그리스도에 관하여 신앙고백하는 내용을

다음과 같이 확인할 수 있다.[2]

> 우리는 전능자이시오,
>
> 보이는 것과 보이지 않는 모든 것의 창조주이신,
>
> 유일하신 하나님 아버지를 믿노라.
>
> 우리는 또한, 유일하신 주이시며, 하나님의 아들이신 예수 그리스도를 [믿노니],
>
> 이는 성부에게서, 곧 성부의 본질로부터 태어나신 독생자시며,
>
> 하나님에게서 나온 하나님,
>
> 빛에서 나온 빛,
>
> 참된 하나님에게서 나온 참된 하나님이시고,
>
> 출생하셨으나, 창조되지는 않으셨으며,
>
> **성부와 동일본질이시고**[ὁμοούσιον, homoousion, 호모우시온],
>
> 이를 통해 하늘에 있는 것이나, 땅에 있는 모든 것이 지은 바 되었으니,
>
> 이는 우리 인간을 위하여, 우리의 구원을 위하여 내려 오사,
>
> 육신을 입고 인간이 되셨으며,
>
> 고난당하신 지 사흘 만에 다시 살아나사,
>
> 하늘에 오르셨고,
>
> 산 자와 죽은 자를 심판하러 오시리라.

---

2   http://kcm.kr/dic_view.php?nid=38154. 양정호,『신앙, 무엇을 믿는가 ─ 교리와 논쟁, 신앙고백의 역사 (고대와 중세편)』, 163-164에서 재인용함.

우리는 또한, 성령을 믿노라.

......

여기서 사용된 "호모우시온"(ὁμοούσιον, homoousion)은 형용사형이며 영어로 그대로 번역하면 homoousios(호모우시오스)다. 이것의 명사형이 "호모우시아"(ὁμοουσία, homoousia)다. 니케아 신조/신경은 이렇게 동일 본질이라는 단어를 사용하여 성부와 성자의 관계가 동등하며 대등함을 규정한다. 그리고 이러한 관계를 비유로 "빛에서 나온 빛"(light from light)이라고 표현한다. 빛에서 빛이 나오지만 각각의 빛이 그 본질에서는 동일하다는 점을 알려준다.

2) 제4차 칼케돈 에큐메니칼 공의회

경륜과 내재 사이의 상호 순환 안에서 예수 그리스도의 신성, 즉 참 하나님 되심을 인식하고 신앙고백하였고 이것이 제1차 니케아 에큐메니칼 공의회에서의 논의와 그 결과인 니케아 신경/신조 안에 반영되었다.

또한 동시에 참 하나님이신 예수가 경륜을 통하여 성육신하셔서 인성을 가지심을, 즉 참 사람 되심을 인식하고 신앙고백하였다. 히브리서 4장은 예수가 우리와 똑같이 시험을 받으시는 참 사람이라고 말씀한다. 물론 예수가 참 사람이지만 죄는 없다고도 말씀한다.

그러므로 우리에게 큰 대제사장이 계시니 승천하신 이 곧 하나님의 아들 예수시라. 우리가 믿는 도리를 굳게 잡을지어다. 우리에게 있는 대제사장은 우리의 연약함을 동정하지 못하실 이가 아니요 모든 일에 우리와 똑

같이 시험을 받으신 이로되 죄는 없으시니라. 그러므로 우리는 긍휼하심을 받고 때를 따라 돕는 은혜를 얻기 위하여 은혜의 보좌 앞에 담대히 나아갈 것이니라(히 4:14-16).

그리고 요한1서 3장에서도 예수에게는 죄가 없다고 말씀한다. "그가 우리 죄를 없애려고 나타나신 것을 너희가 아나니 그에게는 죄가 없느니라"(요일 3:5).

히브리서 4:15에서 우리의 연약함을 "동정한다"라고 말할 때 사용된 동사가 "쉼파테오"(συμπαθέω, sympatheo)인데 "쉰"(συν)은 "함께"라는 뜻이며 "파테오"(παθέω)는 "아파한다"라는 뜻이다. 이 동사와 관련된 명사가 "파토스"(πάθος, pathos)로서 고난, 고통 등을 뜻한다. 그리고 16절에서 긍휼하심과 관련된 단어가 "엘레오스"(ἔλεος, eleos)로서 공감, 긍휼, 자비 등을 뜻한다.

이러한 의미에서 예수 그리스도의 신성과 인성을 함께 인식하고 신앙고백하는 것, 다시 말해 예수 그리스도의 신성과 인성을 동시에 고백하는 것은 이러한 경륜과 내재의 상호 순환에 따른 필연적인 결과이며 결론이다. 그러기에 제4차 에큐메니칼 공의회가 451년 칼케돈에서 개최되었는데 여기서 결정한 칼케돈 신경/신조는 성부 하나님과 동일본질인 예수 그리스도에게서의 신성과 인성의 관계, 즉 예수 그리스도의 참 하나님 되심과 참 사람 되심의 관계를 규명하고자 하였다.[3]

---

3   저스틴 홀콤 지음, 이심주 옮김. 『신조를 알면 교회사가 보인다』(서울: 부흥과개혁사, 2015), 73-74. 다음의 책에서 재인용함. 양정호, 『신앙, 무엇을 믿는가 – 교리와 논쟁, 신앙고백의 역사 (고대와 중세편)』, 199-200.

그러므로 거룩한 교부들을 따라 우리는 한마음으로 한 분이며 동일하신 성자 우리 주 예수 그리스도가 동시에 신성에서도 온전하시고 인성에서도 온전하신, 참 하나님이며 이성적 영혼과 몸으로 구성된 참 사람임을 가르친다.

그는 신성에 관하여 성부와 동일본질이시고, 동시에 인성에 관하여 우리와 하나의 본질이시다. 그는 모든 면에서 우리와 똑같으시지만 죄는 없으시다. 신성에 관하여 성자는 모든 세대 이전에 성부에게서 나셨으나, 인성에 관하여 인간적인 우리와 우리 구원을 위해 하나님의 어머니(Theotokos)인 동정녀 마리아에게서 나셨다. 한 분이며 동일하신 그리스도요, 성자, 주, 독생자는, 두 본성 가운데 인식되지만, 두 본성은 혼합되지 않고, 변화되지 않고, 분할되지 않고, 분리되지 않는다. 두 본성의 구분은 연합에 의해 취소되지 않으며, 오히려 각 본성의 특성들은 보존되고 함께 한 인격과 위격을 형성하며, 두 인격으로 나뉘거나 분리되지 않고 오직 한 분이며 동일하신 성자, 말씀이신 독생자 하나님, 주 예수 그리스도를 이룬다. 이는 옛적부터 선지자들이 그에 대해 전한 바이며, 우리 주 예수 그리스도 자신이 가르치신 것이고, 교부들의 신조가 우리에게 전해 준 내용이다.

위의 칼케돈 신경/신조에 따르면 예수 그리스도는 참 하나님이며 참 사람이다. 라틴어로 "vere deus, vere homo"(베레 데우스, 베레 호모)이며 영어로는 "truly God, truly human being"이다. 영어의 형용사적 표현으로는 "fully divine, fully human"이라는 문구를 많이 사용한다. 이렇게 예수 그리스도의 신성과 인성을 모두 인정하기에 칼케돈의 기독론을 양성론(兩性論, dyophysitism) 또는 양성기독론(兩性基督論, dyophysite Christology)이라고 한다. 신성이든 인성이든 그중 하나만을 인정하면 단성론(單性論, monophysitism)이 되며 단성론은 이단으로 규정되었다.

양성론하에서 신성과 인성의 관계에 관해서 칼케돈 신경/신조는 적극적이고 긍정적인 표현보다는 소극적이고 부정적인 표현을 사용하여 "두 본성은 혼합되지 않고, 변화되지 않고, 분할되지 않고, 분리되지 않는다"(without confusion, without change, without separation, without division)라고 하였다. 칼케돈 공의회까지 경륜과 내재의 상호 순환 안에서 예수 그리스도에 대한 인식과 신앙고백이 여기에까지 다다른 것이며 그 이후로는 교회의 역사와 함께 더 심화되고 더 확장되어 간다.

VI.

결론:
예수 그리스도의 현대적 의미와
그 실천적인 삶

본서의 서론에서 논의하였듯이 삼위일체중심주의는 신중심주의, 그리스도중심주의, 성령중심주의 각각의 강점들을 모아서 최대화하고 또한 각각의 약점들을 제거하거나 최소화하고자 한다. 그리고 삼위일체중심주의의 틀에서 이루어지는 삼위일체중심주의 기독론도 마찬가지다. 이러한 접근하에서 삼위일체중심주의 및 삼위일체중심주의 기독론의 기본적인 방향은 다음과 같다.

기독교의 정체성을 분명히 하면서도 삼위일체 하나님과 창조세계 및 우주 만물 전체의 관계를 잘 정립한다. 예수 그리스도에 대한 강한 신앙과 뜨거운 열정으로 교회중심적인 삶을 살면서도 개인구원 또는 교회중심주의로 한정되지 않는다. 더 나아가 교회의 공공성과 공동선을 지향하면서 사회와 세계 속에서 및 우주 만물 안에서의 삶을 추구한다.

이러한 방향을 추구하는 삼위일체중심주의 기독론은 다음과 같이 네 가지를 중점적으로 강조한다. 첫째, 계시의 신비가 예수 그리스도이심을 강조한다. 둘째, 파토스와 로고스의 결합으로서의 예수 그리스도의 모습을 강조한다. 셋째, 예수 그리스도의 정체성(identity)을 인격과 사역의 통합으로 보는 것을 강조한다. 넷째, 경륜과 내재 사이의 순환이라는 관점에서 예수 그리스도의 삶에 접근하는 것을 강조한다.

위에서 제시한 바와 같이 삼위일체중심주의 기독론의 기본적인 방향과 중점적인 특징들을 고려한다면 예수 그리스도가 오늘날 갖는 의미가 더욱 선명하게 드러날 것이다.

첫째, 예수 그리스도는 삼위일체 하나님이 창조하신 창조세계 및 우주 만물 전체와 관련하여 중요한 의미를 지닌다. 인간의 영혼이 아주 중요하지만 예수의 구원이 단지 영혼구원으로만 한정되지 않는다. 예수 그리스도는 인간의 영혼(靈魂)과 육체(肉體), 또는 인간의 영(靈), 혼(魂), 육(肉) 모두를 아우르는 통전적 인간 전체에, 또한 인간의 삶 전체와 관련하여서도 중요한 의미를 지닌다. 더 나아가, 예수 그리스도는 인간의 사회와 공동체, 세계와 온 세상, 그리고 우주 만물 전체와 관련하여 중요한 의미를 지닌다.

둘째, 예수 그리스도는 인간의 고통과 고난을 비롯하여 우주 만물의 고통과 고난에 대해 함께 느끼시고 아파하시는 공감과 긍휼의 마음을 지니신다. 그러시면서 예수 그리스도는 인간의 삶과 우주 만물 전체의 원리가 되시기에 고통과 고난과 모든 문제를 치유하고 회복하시며 새롭게 하시는 분이시다.

셋째, 예수 그리스도는 자신의 인격과 자신의 활동이 통합되어 있으며 서로 분리되어 있지 않다. 그러기에 예수 그리스도는 그의 정체성대로 우리와 우주 만물에 대해 구원자가 되시며, 또한 구원자이시기에 우리와 우주 만물을 구원하실 수 있는 분이시다. 예수 그리스도는 그의 메시아의 정체성대로 우리와 우주 만물에 대해 왕이시며 제사장이시며 예언자/선지자이시고, 또한 그러한 활동들을 통하여 자신의 메시아이심을 온전히 드러내신다.

넷째, 예수 그리스도의 구원 경륜 안에서 이 모든 일이 일어나며, 우리는 구원의 경륜 안에서 일어나는 경험을 통하여 그의 영원하신 내적인 존재로 나아간다. 그리고 이것은 단지 한순간에 일어나는 것으로 끝나는 것이 아니라 평생 예수 그리스도를 믿고 고백하고 따르는 삶의 모든 여정을 통해 조금씩 더 깊어지고 더 넓어지고 더욱 심화한다. 그러면서 예수 그리스도를 얼굴과 얼굴을 대면하여 보듯이 더욱 분명하게 알아가며 찬양과 영광을 돌릴 것이다.

참고문헌

가울러, 데이비드 지음, 김병모 옮김. 『최근 역사적 예수 연구 동향』. 서울: CLC,
　　2009.

그렌즈, 스탠리 지음, 신옥수 옮김. 『조직신학 – 하나님의 공동체를 위한 신학』. 고
　　양: 크리스챤다이제스트, 2003.

김동건. 『그리스도는 누구인가? – 시대가 묻고 신학이 답하다』. 서울: 대한기독교서
　　회, 2019.

김동건. 『그리스도론의 미래 – 글로벌 시대의 예수 그리스도』. 서울: 대한기독교서
　　회, 2020.

김동건. 『예수 – 선포와 독특성』. 서울: 대한기독교서회, 2019.

김세윤. 『예수와 바울 (제2수정판)』. 서울: 참말, 1993.

김세윤 지음, 최승근 옮김. 『그 '사람의 아들'(仁子) – 하나님의 아들』. 서울: 두란노,
　　2012.

김흡영. 『기독교 신학의 새 길, 도(道)의 신학』. 서울: 동연, 2022.

_____. 『도(道)의 신학』. 서울: 다산글방, 2000.

_____. 『도(道)의 신학 II』. 서울: 동연, 2012.

니버, 라인홀드 지음, 이한우 옮김. 『도덕적 인간과 비도덕적 사회』. 서울: 문예출판
　　사, 2004.

라쿠나, 캐서린 모리 지음, 이세형 옮김. 『우리를 위한 하나님 – 삼위일체와 그리스
　　도인의 삶』. 서울: 대한기독교서회, 2008.

맥클라우드, 도널드 지음, 김재영 옮김. 『그리스도의 위격』. 서울: IVP, 1998.

몰트만, 위르겐 지음, 김균진·김명용 옮김. 『예수 그리스도의 길 – 메시아적 차원의

그리스도론』. 서울: 대한기독교서회, 2017.

밀리오리, 다니엘 지음, 신옥수·백충현 옮김.『기독교 조직신학 개론 – 이해를 추구하는 신앙(개정3판)』. 서울: 새물결플러스, 2016.

바빙크, 헤르만 지음, 박태현 옮김.『개혁교의학 1 – 4』, 서울: 부흥과개혁사, 2011.

_____. 존 볼트 엮음, 김찬영·장호준 옮김.『개혁파 교의학(단권축약)』. 서울: 새물결플러스, 2015.

백충현.『내재적 삼위일체와 경륜적 삼위일체 – 현대 삼위일체신학에 대한 신학·철학의 융합적 분석』. 서울: 새물결플러스, 2015.

_____.『삼위일체신학의 핵심과 확장 – 성경·역사·교회·통일·사회·설교』. 서울: 장로회신학대학교출판부, 2020.

_____.『삼위일체신학의 핵심과 확장 I – 인간·복음·세계·선교·평화·과학』. 서울: 장로회신학대학교출판부, 2024.

_____.『남북한 평화통일을 위한 삼위일체적 평화통일 신학의 모색』. 서울: 나눔사, 2012.

_____.『성경의 키워드로 풀어가는 신학세계 – 삼위일체 조직신학 개요』. 서울: 새물결플러스, 2024.

벌코프, 루이스 지음, 권수경·이상원 옮김.『벌코프 조직신학』. 고양: 크리스챤다이제스트, 2006.

본회퍼, 디트리히 지음, 정지련·손규태 옮김.『신도의 공동생활/성서의 기도서』. 서울: 대한기독교서회, 2010.

부세트, 빌헬름 지음, 진규선 옮김.『퀴리오스 크리스토스(상)』. 서울: 수와진, 2021.

불트만, 루돌프 지음, 이동영 옮김.『예수 그리스도와 신화 – 성서비평의 빛에서 바라본 신약성서』. 남양주: 지우, 2024.

빌리, 크리스토퍼 지음, 백충현 옮김.『삼위일체와 영성 – 나지안조스의 그레고리오스의 신앙여정』. 서울: 장로회신학대학교출판부, 2018.

양정호.『신앙, 무엇을 믿는가 – 교리와 논쟁, 신앙고백의 역사 (고대와 중세편)』, 서울: 장로회신학대학교출판부, 2024.

에버트, 다니엘 J. 지음, 곽계일 옮김.『지혜 기독론 – 예수 그리스도, 우리를 향한 하나님의 지혜』. 서울: 개혁주의신학사, 2012.

윤성련. "신체 현상학을 통한 육화 개념의 수평적 이해 – 고백자 막시무스의 창조적
　　　육화론과 메를로 – 퐁티의 살 존재론을 중심으로." 미간행박사학위논문. 연
　　　세대학교 대학원, 2024.

윤철호. 『너희는 나를 누구라 하느냐 – 통전적 예수 그리스도론』. 서울: 대한기독교
　　　서회, 2013.

이세형. 『도(道)의 신학 – 기독교 하느님과 악에 대한 도가 철학적 재해석』. 서울: 한
　　　들출판사, 2002.

이정용 지음, 이세형 옮김. 『역(易)의 신학 – 동양의 관점에서 본 하느님에 대한 기독
　　　교적 개념』. 서울: 대한기독교서회, 1998.

주대준. 『바라봄의 법칙』. 서울: 두란노서원, 2008.

천세종. 『한국교회에서 읽는 바울』. 서울: 케노시스, 2014.

최윤배. 『깔뱅신학 입문』. 서울: 장로회신학대학교출판부, 2012.

최인식. 『예수와 대화 – 다석·함석헌·틸리히』, 서울: 기독교문서선교회, 2021.

토랜스, 토마스 F. 지음, 김학봉 옮김. 『그리스도의 중재 – 계시, 화해, 성육신에 관한
　　　과학적 – 삼위일체적 탐구』. 서울: 사자와어린양, 2024.

필만, 호르스트 게오르크 지음, 이신건 옮김. 『교의학』. 서울: 신앙과지성사, 2012.

한국조직신학회 엮음. 『그리스도론』. 서울: 대한기독교서회, 2011.

헹엘, 마르틴 지음, 김명수 옮김. 『하나님의 아들』. 서울: 대한기독교서회, 1981.

_____. 이영욱 옮김. 『하나님의 아들 – 기독론의 발생과 유대교 – 헬레니즘 종교
　　　사(제2판)』. 서울: 감은사, 2023.

허타도, 래리 지음, 박규태 옮김. 『주 예수 그리스도 – 초기 기독교의 예수 신앙에 대
　　　한 역사적 탐구』. 서울: 새물결플러스, 2010.

홀콤, 저스틴 지음, 이심주 옮김. 『신조를 알면 교회사가 보인다』. 서울: 부흥과개혁
　　　사, 2015.

Allen, Diogenes and Eric O. *Springsted. Philosophy for Understanding Theology
　　　(2nd edition)*. Louisville: Westminster John Knox Press, 2007.

Aquinas, Thomas. trans. Timothy McDermott. *Summa Theologiae: A Concise Translation*. London: Methuen, 1989.

Aristotle, trans. J. L. Ackrill. *Aristotle Categories and De Interpretatione*. Oxford: Clarendon Press, 2002.

_____. ed. E. H. Warmington. *Aristotle I: The Categories, On Interpretation, Prior Analytics (The Loeb Classical Library 325)*. Cambridge: Harvard University Press, 1973.

Augustine. trans. Edmund Hill. *The Trinity*. New York: New City Press, 1991.

Baek, Dong In. *Emil Brunner's Integration of Faith and Reason: Modern Perspectives on Religious-Philosophical Methods and Natural Theology*. Eugene: Pickwick Publications, 2024.

Baik, Chung-Hyun. *The Holy Trinity – God for God and God for Us: Seven Positions on the Immanent-Economic Trinity Relation in Contemporary Trinitarian Theology*. Eugene: Pickwick Publications, 2011.

_____. *Seeking a Trinitarian Theology of Peaceful Reunification for two Koreas*. Seoul: Nanumsa, 2012.

_____. "H. Richard Niebuhr's Suggestion Reconsidered: Towards Trinitycentrism as a Trinity-centered Theology," *Theology Today* (forthcoming).

Barth, Karl. trans. Edwyn C. Hoskyns. *The Epistle to the Romans*. London, Oxford University Press, 1968.

_____. trans. Geoffrey W. Bromiley. *Church Dogmatics*. Edinburgh: T&T Clark, 1975.

Beeley, Christopher A. "Gregory of Nazianzus: Trinitarian Theology, Spirituality, and Pastoral Theory," Ph.D. diss., The University of Notre Dame, 2002.

Bracken, Joseph A. and Marjorie Hewitt Suchocki, eds. *The Trinity in Process: A Relational Theology of God*. New York: Continuum, 1997.

Brunner, Emil. trans. David Cairns. *God and Man: Four Essays on the Nature of Personality*. London: Student Christian Movement Press, 1936.

_____. trans. Amandus W. Loos. *The Divine-Human Encounter*. Philadelphia: The Westminster Press, 1943.

_____. trans. David Cairns. *Truth as Encounter*. Philadelphia: The Westminster Press, 1964.

Buber, Martin. trans. Ronald Gregor Smith. *I and Thou*. New York: Scribner, 2000.

Carlisle, Clare. *Kierkegaard's Philosophy of Becoming: Movements and Positions*. Albany: State University of New York Press, 2005.

Cobb, John B., Jr., and David Ray Griffin. *Process Theology: An Introductory Exposition*. Philadelphia: Westminster Press, 1976.

Descartes, René. trans. Desmond M. Clarke. *Discourse on Method and Related Writings*. London: Penguin Books, 1999.

Harnack, Adolf von, trans. Neil Buchanan, *History of Dogma Vols*. I-VII. New York: Russell & Russell, 1958.

Hartshorne, Charles. *The Divine Relativity: A Social Concept of God*. New Haven: Yale University Press, 1948.

Hegel, Georg Wilhelm Friedrich. trans. Howard P. Kainz. *Hegel's Phenomenology of Spirit: Selections*. University Park: Pennsylvania State University Press, 1994.

_____. trans. Klaus Brinkmann and Daniel O. Dahlstrom. *Encyclopedia of the Philosophical Sciences in Basic Outline. Part 1, Science of Logic*. Cambridge: Cambridge University Press, 2010.

Hill, Edmund. *The Mystery of the Trinity*. London: Geoffrey Chapman, 1985.

Hurtado, Larry W. *Lord Jesus Christ: Devotion to Jesus in Earliest Christianity*. Grand Rapids: Wm. B. Eerdmans Publishing Co., 2003.

Kant, Immanuel. trans. Paul Guyer and Allen W. Wood, *Critique of Pure Reason*. Cambridge: Cambridge University Press, 1998.

Kierkegaard, Søren. trans. Walter Lowrie. *Christian Discourses*. London: Oxford University Press, 1952.

_____. trans. Howard V. Hong and Edna H. Hong. *Either/Or Part I*. Princeton:

Princeton University Press, 1987.

_____. trans. Howard V. Hong and Edna H. Hong. *Philosophical Fragments; Johannes Climacus.* Princeton: Princeton University Press, 1985.

Kim, Heup Young. *A Theology of Dao.* Maryknoll: Orbis Books, 2017.

_____. Christ & the Tao. Hong Kong: Christian Conference of Asia, 2003.

_____. "The Tao in Confucianism and Taoism: The Trinity in East Asian Perspective," in *The Cambridge companion to the Trinity.* ed. Peter C. Phan (Cambridge: Cambridge University Press, 2011): 293-308.

LaCugna, Catherine Mowry. *God for Us: The Trinity and Christian Life.* New York: HarperCollins Publishers, 1991.

Lee, Jung Young. *God Suffers for Us: A Systematic Inquiry into a Concept of Divine Passibility.* The Hague: Martinus Nijhoff, 1974.

_____. "The Suffering of God: A Systematic Inquiry into a Concept of Divine Passibility." Th.D. diss., Boston University, 1968.

_____. *The Theology of Change: A Christian Concept of God in an Eastern Perspective.* Maryknoll: Orbis Books, 1979.

_____. *The Trinity in Asian Perspective.* Nashville: Abingdon, 1996.

Levinas, Emmanuel. trans. Alphonso Lingis. *Otherwise Than Being or Beyond Essence.* Hague: Martinus Nijhoff Publishers, 1981.

Moltmann, Jürgen. trans. Magaret Kohl. *The Trinity and the Kingdom: The Doctrine of God.* Minneapolis: Fortress Press, 1993.

Nicholas of Cusa. trans. Jasper Hopkins. *Nicholas of Cusa: Metaphysical Speculations.* Minneapolis: The Arthur J. Banning Press, 1998.

_____. trans. Jasper Hopkins. *Nicholas of Cusa on Learned Ignorance: A Translation and an Appraisal of De Docta Ignorantia.* Minneapolis: The Arthur J. Banning Press, 1981.

Niebuhr, H. Richard. "The Doctrine of the Trinity and the Unity of the Church," *Theology Today* Volume 3 Issue 3 (October 1946): 371-384.

_____. "Theological Unitarianisms," *Theology Today*. Volume 40 Issue 2 (July 1983): 150-157.

_____. *Faith on Earth: An Inquiry into the Structure of Human Faith*. New Haven: Yale University Press, 1989.

_____. *Radical Monotheism and Western Culture*. Lincoln: The University of Nebraska Press, 1960.

_____. *The Meaning of Revelation*. Louisville: Westminster John Knox Press, 2006.

Panikkar, Raimon. "*The Myth of Pluralism: The Tower of Babel — A Meditation on Non-Violence,*" *Cross Currents* Vol.29, No.2 (1979): 197-230.

_____. *The Rhythm of Being: The Gifford Lectures*. Maryknoll: Orbis Books, 2010.

_____. *The Trinity and World Religions; Icon-Person-Mystery*. Madras: Christian Literature Society, 1970.

_____. *Trinitarian and Cosmotheandric Vision*. Maryknoll: Orbis Books, 2019.

Pelikan, Jaroslav. *The Christian Tradition: A History of the Development of Doctrine: Vol.1 The Emergence of the Catholic Tradition* (100-600). Chicago: The University of Chicago Press, 1971.

Phan, Peter C., ed. *The Cambridge companion to the Trinity*. Cambridge: Cambridge University Press, 2011.

Pseudo-Dionysius the Areopagite, trans. John D. Jones. *The Divine Names and the Mystical Theology*. Milwaukee: Marquette University Press, 1980.

Richard of St. Victor. trans. Grover A Zinn. *The Twelve Patriarchs, The Mystical Ark, Book Three of the Trinity*. New York: Paulist Press, 1979.

_____. trans. Christopher P. Evans. *On the Trinity* in Coolman, Boyd Taylor and Dale M. Coulter, eds. *Trinity and Creation: A Selection of Works of Hugh, Richard and Adam of St. Victor*. Turnhout: Brepols Publishers, 2010: 195-352.

Schleiermacher, Friedrich D. E. eds. H. R. Mackintosh and J. S. Stewart, *The Christian Faith*, London: T&T Clark, 1999.

Schwöbel, Christoph, ed., *Trinitarian Theology Today: Essays on Divine Being and Act*. Edinburgh: T&T Clark, 1995.

Teichman, Jenny. "The Definition of Person," *Philosophy* Volume 60 Issue 232 (April 1985), 175-185.

Thiemann,Ronald F. ed. *The Legacy of H. Richard Niebuhr*. Minneapolis: Fortress Press, 1991.

Volf, Miroslav. After Our Likeness: *The Church as the Image of the Trinity*. Grand Rapids: William B. Eerdmans, 1998.

_____. *Exclusion and Embrace: A Theological Exploration of Identity, Otherness, and Reconciliation*. Nashville: Abingdon Press, 1996.

Welch, Claude. *In This Name*: The Doctrine of the Trinity in Contemporary Theology. New York: Charles Scribner's Sons, 1952,

Whitehead, Alfred North. *Process and Reality: An Essay in Cosmology*. New York: Macmillan, 1929.

Williams, Rowan. *The Tragic Imagination*. Oxford: Oxford University Press, 2016.

Zizioulas, John D. *Being as Communion: Studies in Personhood and the Church*. London: Darton Longman & Todd, 2004.

_____. *Communion and Otherness: Further Studies in Personhood and the Church*. London: T&T Clark, 2006.

_____. *Eucharistic Communion and the World*. London: T&T Clark, 2011.

부록1

조직신학적 관점에서 보는 부활 – 개신교 현대 조직신학자 바르트, 판넨베르크, 몰트만을 중심으로[1]

---

1   이 글은 2024년 '재단법인 신학과사상'의 연구비 지원을 받아 연구
     작성된 논문임. 백충현, "조직신학적 관점에서 보는 부활 – 개신교
     현대 조직신학자 바르트, 판넨베르크, 몰트만을 중심으로," 「가톨릭
     신학과사상」90권 (2024년 여름): 137-163.

1. 서론: 죽음에 관한 오늘날의 관심

오늘날 현대인들은 죽음에 관해 많은 관심을 가지고 있다. 그래서 죽음을 주제로 다루는 책들이 계속 나오고 있고, 또한 죽음을 연구하는 죽음학, 생사학, 사생학(thanatology)이 하나의 학문 분야로 자리를 잡아가고 있다.[1]

그런데 죽음에 대한 이런 관심은 죽음 자체에 대한 관심이라기보다는 현재 어떤 삶을 살 것인가에 대한 고민의 표출이다. 대표적인 예를 들면, 셸리 케이건(Shelly Kagan)은 자신의 책『죽음이란 무엇인가』(*Death*)에서 한편으로 죽음은 삶의 끝이고 소멸이기에 죽음 이후의 영생을 다루는 것이 불필요하다고 주장하면서도, 다른 한편으로는 죽음을 인정하여 단 한 번뿐인 삶을 신중하게 살아갈 것을 제안하였다.[2] 또한 죽음에 관한 관심은 죽음 자체에 대한 관심으로 끝나지 않고 죽음 이후의 삶에 대한 열망의 표현이다. 현대 죽음학의 대가로 알려진 엘리자베스 퀴블러-로스(Elizabeth Kübler-Ross)는 많은 임종 환자들의 근사체험을 바탕으로 죽음을 연구하면서『사후생 - 죽음 이후의 삶의 이야기』(*On Life after Death*)를 저술하였는데 이 책에서 죽음은 새로운 삶의 시작이라고 주장하였다.[3]

기독교 신학에서 죽음 또는 죽음 이후의 삶에 관한 논의는 부활이

1 　백충현,「셸리 케이건의『죽음이란 무엇인가』에 대한 신학적 비판과 응답」,『한국조직신학논총』50(2018년 3월), 99-100.
2 　셸리 케이건,『죽음이란 무엇인가』, 박세연 옮김(엘도라도, 2012).
3 　엘리자베스 퀴블러-로스,『사후생 - 죽음 이후의 삶의 이야기』, 최준식 옮김(대화출판사, 1996).

라는 신학적 주제/신학론(theological locus)과 관련된다. 기독교 신학에서도 부활에 관한 논의가 많이 진행되고 있는데 이것은 그만큼 부활 및 죽음에 관한 많은 관심이 반영되고 있음을 보여준다. 주목할만한 점은 근래에는 성서학자들을 중심으로 논의가 많이 이루어지고 있다는 점이다.[4]

그런데 본 논문은 조직신학적 관점에서 부활을 다루기에 성서학자들의 논의를 다루지 않는다. 그 대신에 본 논문은 개신교 현대 조직신학자들 가운데 부활에 관해 많은 논의를 하였던 대표적인 신학자들인 칼 바르트(Karl Barth, 1886-1968), 볼프하르트 판넨베르크(Wolfhart Pannenberg, 1928-2014), 위르겐 몰트만(Jürgen Moltmann, 1926-2024)을 다루고자 한다. 이들이 각각 자신의 조직신학 체계 안에서 부활을 어떻게 다루는지를 면밀하게 살펴보고자 한다. 부활과 관련된 여러 세부 주제들이 있지만[5] 본 논문은 그 범위를 예수 그리스도의 부활의 가능성에 집중하고자 한다. 본 논문에서 부활의 가능성은 예수 그리스도의 부활이 역사 속에서 어떻게 일어날 수 있는지에 관한 신학적인 설명과 해석을 가리킨다. 이들 신학자들이 예수 그리스도의 부활의 의미에 관해 더

---

4   대표적인 몇몇 논의들은 다음과 같다. 조지 래드, 『나는 부활을 믿는다』, 이진영 옮김 (생명의말씀사, 1985); 전경연, 『예수의 부활 – 그 역사성과 진리성』(대한기독교서회, 1994); 오스카 쿨만 외 지음, 『영혼불멸과 죽은 자의 부활』, 전주석 외 옮김(대한기독교서회, 1997). 이 책 안에 있는 오스카 쿨만의 글은 본래 1956년에 출판되었다; 마커스 보그·톰 라이트, 『예수의 의미 – 역사적 예수에 대한 두 신학자의 논쟁』, 김준우 옮김(한국기독교연구소, 2018); 로버트 B. 스튜어트 엮음, 『예수 부활 논쟁 – 존 도미닉 크로산과 N. T. 라이트의 대화』, 김귀탁 옮김(새물결플러스, 2018); 마이클 리코나, 『예수의 부활 – 새로운 역사기술 접근법』, 김광남 옮김(새물결플러스, 2019).
5   예를 들면, 다음의 책들을 참고하라. 김균진, 『죽음과 부활의 신학 – 죽음 너머 영원한 생명을 희망하며』(새물결플러스, 2015); 김영선, 「영혼불멸사상과 부활신앙의 대립과 융합에 대한 소고」, 『장신논단』 51(1)(2019년 3월): 177-201.

욱 많은 논의를 하였지만 본 논문에서는 지면의 한계상 다루지 아니한다. 마지막으로, 예수 그리스도의 부활이 함의하는 점들을 몇몇 가지로 살펴보되 부활을 소망하는 삶이 어떠한 것인지에 관해 간결하게 다루고자 한다.

2. 예수 그리스도의 부활의 가능성에 관한 조직신학적 관점들

1) 칼 바르트

바르트에게 부활은 아주 중요한 신학적 주제였다. 바르트의 부활론을 집중적으로 연구한 데일 도슨(R. Dale Dawson)은 "예수 그리스도의 부활의 교리는 바르트의 신학적 이력 전체에 걸쳐 공리적 중요성을 지닌 주제다"라고 말한다.[6] 그리고 존 웹스터(John Webster)는 바르트가 예수 그리스도의 부활을 "기독교 신앙의 내용적 중심"으로 여겼다고 말하면서 그에게 "부활은 복음의 전체 온전한 범위를 자체 안에 포함한다"라고 진술한다.[7] 바르트는 바울에게 부활이 "기독교 선포의 중추요 전체"이며 "기독교를 기독교 되게 하는 것 자체"라고 여긴다.[8]

　　바르트는 신학의 여정 초기에 세계적으로 많은 영향을 끼친 유명한 『로마서』(Der Römerbrief)를 저술하였다. 제1판이 1919년에 출판되

6　R. Dale Dawson, *The Resurrection in Karl Barth* (Hampshire: Ashgate, 2007), p. 2.
7　같은 책, p. vii.
8　칼 바르트, 『죽은 자의 부활 - 고린도전서 15장 연구』, 황정욱 옮김(대한기독교서회, 1979), 86. 이후 『죽은 자의 부활』로 표기함.

었고 제2판이 1922년에 출판되었다. 로마서를 주석하는 이 책에서 그는 부활에 관해 자신의 관점을 간단히 논하였다.[9] 그리고 얼마 되지 않은 1924년에 부활에 관한 책 『죽은 자의 부활 – 고린도전서 15장 연구』(*Die Auferstehung der Toten–Eine akademische Vorlesung über I. Kor. 15.*)를 저술하면서 부활에 관한 자신의 관점을 제시하였다. 이후 그는 자신의 주저 『교회교의학』(*Die kirchliche Dogmatik*)을 저술하면서 III/2 명제 §47.1 "예수, 시간의 주", IV/1 명제 §59.3 "성부의 판결", IV/2 명제 §64.4 "성자의 인도", 그리고 IV/3-1 명제 §69.4 "성령의 약속"에서 부활을 다루었다.[10] 특히 『교회교의학』 IV권 전체의 주제가 화해론이기에 화해의 관점에서 부활의 의미를 매우 세밀하게 다루었다. 본 논문은 부활의 의미보다는 부활의 가능성에 관한 논의에 초점을 두기에 『로마서』와 『죽은 자의 부활 – 고린도전서 15장 연구』를 중심으로 다루며 이와 관련되는 한에서 『교회교의학』을 다루고자 한다.

바르트에게 부활이 아주 중요한 신학적 주제가 되는 이유는 부활이 하나님의 계시이기 때문이다. 그는 『로마서』를 통해 19세기 자유주의신학의 인간중심주의를 비판하고 그 대신에 하나님께서 예수 그리스도 안에서 말씀하시고 자기를 계시하신다는 하나님의 직접적인 자기계시를 주장하였다. 그는 "전적 타자"[11]이신 하나님께서 세계와 인간에게로 뚫고 들어오신다는 변증법적 위기의 신학을, 그리고 이를 바탕으로 하나님의 말씀 신학을 전개하였다. 그래서 그는 "하나님과 인간, 하나

---

9   칼 바르트, 『로마서 (제2판, 1922)』, 손성현 옮김(복있는사람, 2017). 이후 『로마서』로 표기함.

10   R. Dale Dawson, *The Resurrection in Karl Barth*, p. 8.

11   칼 바르트, 『로마서』, 141, 147.

님과 세상 사이의 질적인 차이"[12] 및 시간과 영원의 차이를[13] 강조하였고, "인간은 인간이고 하나님은 하나님이다"[14]라고 선언하였다.

위와 같은 관점은『죽은 자의 부활 – 고린도전서 15장 연구』에서도 계속 드러난다. 여기서도 바르트는 영원과 시간의 질적인 차이를 강조하여 시간, 세계, 사물, 인간, 역사의 유한성을 주장한다. "여기서 물론 그 영원…은 하나님의 영원, 하나님의 통치, 하나님의 나라, 만물과 역사의 창조자, 구속자, 제왕으로서 하나님의 절대적 초월성이다."[15]

이러한 바르트에게 부활은 계시다. "부활은 예수께서 그리스도라는 계시, 예수를 그리스도로 발견하는 것, 예수 안에서 하나님이 나타나신 것, 예수 안에 계신 하나님을 인식하는 것"[16]이라고 말하며, 또한 "부활은 어떤 필연성의 도래를 뜻하니, 그것은…예수를 시간의 종말, 역설, 원 역사 그리고 승리자로 인정해야 하는 필연성이다"[17]라고 진술한다. 그래서 바르트는 부활이 "불가능한 가능성"이며 "새로운 인간의 가능성"[18]이라고 여긴다.

그리고 바르트에게 부활은 "하나님의 행위이고, 계시의 범주로만 파악될 수 있는 역사적인 하나님의 사실"이다.[19] "하나님께서 자신을 계시하므로, 하나님을 주님, 창조자, 만물의 근원으로 인식하고 인정"해

---

12   같은 책, 162, 240, 255, 462.

13   같은 책, 144, 172.

14   같은 책, 209, 240.

15   칼 바르트,『죽은 자의 부활』, 81.

16   칼 바르트,『로마서』, 146-147.

17   같은 책, 147.

18   같은 책, 450-451.

19   칼 바르트,『죽은 자의 부활』, 105.

야 한다.[20] 더 나아가 부활은 "하나님이 주님"이심을, 그것도 "생명의 주님"이심과 "영이시며, 그런 한에서 그는 주님"이심을 알려준다.[21]

이런 점에서 바르트는 부활이 하나님을 하나님으로 알려준다고 여긴다. 따라서 바르트는 "그리스도의 부활을 기적이나 신화, 또는 심령적 체험…이 아니고, 하나님의 계시로 이해한다면, 부인할 수 없는 것이다. 이는 사실 이런 의미다. 하나님은 하나님이시다"라고 진술한다.[22] 그러기에 바르트는 예수 그리스도의 부활이라는 계시에 근거하여 또한 우리 인간의 부활의 가능성까지 주장한다. "하나님은 하나님이시다. 사실 그리스도 사건에서 우리의 부활을 추론하는 것은 저 심층에 있는 전제에 근거한다: 사실 그리스도의 부활[은]…하나님의 계시다. 그것이 진실이라면, 여기에 하나님에 의한 역사의 종말이 있다면, 여기에 하나님에 의한 새로운 영원한 시간이 나타났다면, 하나님으로부터 나타난 이것은 이 지평 속에 속한 역사 전체와 상관이 있고, 그리스도에게 행하신 하나님의 기적은 곧, 동시에 우리를 위한 기적"[23]이다. 그래서 우리는 "저 지평에 의하여 한정된 생을 살며, 우리는 시간 속에서 영원을 위하여 산다. 우리는 부활의 소망 가운데 산다."[24]

위와 같이 바르트의 논의들을 살펴보면, 바르트에게 부활이 가능한 것은 "하나님이 계시고, 그가 자신을 계시하셨기 때문이다."[25] 그리고 이것은 "하나님께서 여기서 말씀하시고 행동하셨다는 의미에서 부

---

20   같은 책, 105.
21   같은 책, 148.
22   같은 책, 115.
23   같은 책, 115.
24   같은 책, 115.
25   같은 책, 157.

활하셨다"는 점을 의미한다.[26] 이렇게 부활을 하나님의 직접적인 자기 계시로서 이해하기에 바르트에게 부활은 "신적 진리와 현실"[27]이며, "신적 지평"[28]이며 "현실"[29]로서 이를 그대로 받아들인다. 그러기에 바르트는 예수 그리스도의 부활이 단순히 "자유주의자들처럼 소위 환상이라고" 여기지 않는다.[30]

그런데 바르트는 부활의 현실성을 인정하되 이것을 히스토리 (Historie)로 여기기보다는 게쉬히테(Geschichte)로 여긴다. 독일어로 역사를 의미하는 단어가 둘이 있는데 히스토리(Historie)와 게쉬히테 (Geschichte)이다. 전자는 역사학적 역사, 연대기적 역사, 역대기적 역사, 또는 역사실증주의적 역사를 의미하며, 후자는 좀 더 포괄적인 의미에서 인간 또는 인간의 실존에 영향을 끼치는 실존적 영향사적 역사를 의미한다.[31]

바르트가 부활을 히스토리(Historie)가 아니라 게쉬히테(Geschichte) 로 여기기에 "계시와 직관"으로서의 예수 그리스도의 부활이 비역사적인 사건이라고까지 주장한다. 그는 부활이란 "하나의 '역사학적'(historisch) 사건이 아니라, 그런 다른 사건들의 한계로서 그것들을 둘러싸는 '비역사적'(unhistorisch) 사건이다"라고 진술한다.[32] 그리고 그는

---

26   같은 책, 116.
27   같은 책, 113.
28   같은 책, 115, 117, 127.
29   같은 책, 157.
30   같은 책, 104.
31   독일어에서 역사를 의미하는 단어가 히스토리(Historie)와 게쉬히테(Geschichte)로 두 가지가 있는데 각각의 의미에 관해서는 다음의 책을 참고하라. 윤철호, 『너희는 나를 누구라 하느냐 – 통전적 예수 그리스도론』(대한기독교서회, 2013).
32   칼 바르트, 『로마서』, 463.

예수 그리스도의 부활이 "탁월하게 '비역사적인' 사건이어서 죽음이 그를 더 이상 지배하지 못한다"라고 말한다.[33] 그러기에 바르트는 예수 그리스도의 부활을 "실증주의자들처럼 역시 진부한 '역사적 사실'로 보는 것은…너무 소박하고 우둔한 판단"이라고 주장한다.[34] 그리고 이후에 바르트는 『교회교의학』에서 다음과 같이 진술한다. "예수 그리스도의 역사(Geschichte)는 역대기적 역사(Historie)가 될 수 없다. 더 자세히 말하면, 예수 그리스도의 역사는 분명―그 자체가 영원한 역사가 되기 위한―그 자신의 시간에 속한 예수의 역사(Geschichte)다."[35]

그런데 바르트가 이렇게 히스토리(Historie)와 게쉬히테(Geschichte)를 구별할 수는 있는데, 이렇게 구별하는 것의 문제는 그가 점차 양자를 분리하는 쪽으로 나아가는 경향을 보인다는 점이다. 그렇게 되면 예수 그리스도의 부활의 역사성과 사실성이 점점 더 약해지게 된다. 그리고 이렇게 구별하는 것의 더 큰 문제는 예수 그리스도의 십자가 사건과 그의 부활 사건이 점차 다른 범주와 다른 차원으로 여겨지게 된다는 점이다. 바르트에 따르면, "어쨌거나 예수 그리스도의 죽음은 '사실적 역사'(Historie)로 파악될 수 있지만, 그분의 부활은 '사실적 역사'(Historie)로 파악될 수 없다."[36]

이렇게 되면 예수 그리스도의 십자가에서의 죽음은 역사성과 사실성이 있는 사건으로 여겨지는 반면에 예수 그리스도의 부활은 역사성과 사실성으로부터 멀어지게 되는 사건으로 여겨지게 된다. 즉 하나님

---

33   같은 책, 467.
34   칼 바르트, 『죽은 자의 부활』, 104-105.
35   칼 바르트, 『교회교의학』 IV/1, 511.
36   같은 책, IV/1, 547.

의 계시의 관점에서 부활을 다루는 바르트에게 부활의 가능성과 현실성은 확보가 될 수 있지만 부활의 역사성과 사실성은 점차로 담보하기가 어려운 경향을 지니게 된다.

2) 볼프하르트 판넨베르크

판넨베르크에게도 예수 그리스도의 부활은 아주 중요한 신학적 주제였다. 판넨베르크는 "부활은 그리스도에 대한 사도들의 선포의 근원을 형성하며, 이와 함께 원시 그리스도교의 그리스도론적인 출발점도 되었다"[37]라고 말하였다. 그는 자신의 신학의 여정 초기인 1961년에 몇몇 학자들과 함께 저술한 책 『역사로서 나타난 계시』(*Offenbarung als Geschichte*)에서 계시의 개념을 새롭게 주창하면서 예수 그리스도의 부활을 다루었다.[38] 그리고 1964년에 독일어로 저술하고 1968년에 영어로 출판된 책 *Jesus — God and Man*(예수 그리스도 — 신 그리고 인간)에서 예수 그리스도의 부활을 다루다.[39] 그리고 이후 저술한 자신의 조직신학 책에서 예수 그리스도의 부활을 논의하였다.[40]

　　예수 그리스도의 부활을 다루는 판넨베르크에게서 가장 주목할 점은 그가 "부활이 실제로 발생하지 않았다면 그 의미에 관한 모든 숙고

37　볼프하르트 판넨베르크, 『판넨베르크 조직신학 II』, 신준호·안희철 옮김(새물결플러스, 2018), 594.

38　볼프하르트 판넨베르크 외 지음, 『역사로서 나타난 계시』, 전경연 옮김(대한기독교서회, 1979).

39　Wolfhart Pannenberg, *Jesus — God and Man* (SCM Press, 1968), 53-114.

40　볼프하르트 판넨베르크, 『판넨베르크 조직신학 I-III』, 신준호·안희철 옮김(새물결플러스, 2017-2019).

는 물론 쓸모없는 것이 된다"[41]라고 진술하면서 부활의 역사성과 사실성을 아주 강조하였다는 점이다. 판넨베르크가 이렇게 예수 그리스도의 부활의 역사성과 사실성을 아주 강조하게 된 것은 그의 신학적 방법론, 즉 역사 전체를 통한 하나님의 간접적인 자기계시를 주창하는 신학적 방법론에 근거한다.

판넨베르크는 『역사로서 나타난 계시』에서 하나님의 직접적인 자기계시를 주장하는 바르트에 반대하면서 하나님의 계시가 전체 역사를 통해 간접적으로 드러난다고 주장하였다. 그는 "계시 문제에 있어서 보다 중요한 것은 자신의 행위를 통한 하나님의 간접적 자기 증명이다"[42]라고 말하였다. 여기서 판넨베르크에게 전체 역사 또는 보편역사는 인간의 역사만을 포함하지 않고 자연의 역사까지도 포함하는 광의의 개념이다. 닐스 헨드릭 그레게르센(Niels Hendrik Gregersen)이 판넨베르크의 논문들을 편집하여 출판한 책의 제목이 『자연의 역사성 – 신학과 과학에 대한 판넨베르크의 기여』(The Historicity of Nature – Essays on Science and Theology)이다.[43] 그레게르센에 따르면, "판넨베르크는 인간 존재만 역사적인 결정과 문화적 전환점에 의해 구성되는 것이 아니라 자연 역시 역사성을 지닌다고 말한다."[44] 판넨베르크에게 하나님은 인간의 역사뿐만 아니라 자연현상과 자연법칙을 아우르는 자연의 역사까지 포함하여 전체 역사를 통해 자신을 드러내시는 분이시다.

---

41 볼프하르트 판넨베르크, 『판넨베르크 조직신학 II』, 597.
42 볼프하르트 판넨베르크 외 지음, 『역사로서 나타난 계시』, 13.
43 볼프하르트 판넨베르크, 『자연의 역사성 – 신학과 과학에 대한 판넨베르크의 기여』, 전경보 옮김(종문화사, 2023).
44 같은 책, 6.

그리고 판넨베르크는 "하나님의 직접적 자기 계시 대신에 간접적 자기 계시개념을 역사 속에서의 그의 활동의 영상으로서 지적해야 한다. 전체적인 하나님의 말씀과 행위, 그에 관해서 섭리되는 역사는 그가 누구인가를 간접적으로 보여준다"[45]라고 말하였다. 판넨베르크는 『역사로서 나타난 계시』에서 계시에 관한 일곱 명제를 제시하였는데, 첫 번째 명제가 바로 계시의 간접성을 분명하게 선언한다. "성서적 증언에서의 하나님의 자기 계시는 신현현이라는 의미의 직접적 형태가 아니라 간접적 형태이며 하나님의 역사행위에 의해서 발생한 것이다."[46]

그리고 전체 역사를 통한 계시의 간접성은 판넨베르크에게 계시의 인식 및 이해와 관련하여 현재적 잠정성과 종말적 완전성을 의미하는데, 이러한 점을 그의 두 번째 명제가 주장한다. "계시는 시초부터 완전히 이해되지 않고 계시 역사의 종말에 이르러 완전히 이해된다."[47] 현재적 잠정성은 사건의 의미가 현재 다 드러나지 않고 숨겨져 있음을 의미한다. 그리고 종말적 완전성은 사건의 의미가 종말에서야 온전히 드러남을 의미한다. 이런 점에서 현재 시점에서 계시를 통한 신지식은 잠정적이며 또한 가설적이다. 온전한 신지식은 종말에서야 이루어진다. 즉, 하나님의 신성과 통치에 관한 온전한 지식은 종말에서야 온전히 밝히 드러난다.

그런데 판넨베르크에게서 주목할 점은 종말이 모든 역사 과정을 포함하는 역사의 종말이지만 이 종말이 예수 그리스도 안에서 예기되었다는 점이다. "역사의 종말은 예수의 생명 안에서 하나의 예기로서

---

45   볼프하르트 판넨베르크 외 지음, 『역사로서 나타난 계시』, 20.
46   같은 책, 115.
47   같은 책, 121.

발전적으로 경험된다."[48] 그래서 그의 네 번째 명제는 다음과 같이 주장한다. "하나님의 신성의 우주적 계시는 이스라엘 역사에서는 아직 실현되지 않고, 나사렛 예수의 생애에서 비로소 실행되었다. 모든 사건의 종말은 그의 생애 안에서 예기된다."[49] 여기서 예기는 역사의 완성이 예수에게서 이미 시작되었음과 예수에게서 신지식이 완전히 계시되었음을 의미한다. "바야흐로 전체 역사는 그 역사의 종말에 가서야만 볼 수 있다.…그리고 역사의 완성이 이미 예수 그리스도 안에서 시작되었다는 의미에서만 하나님께서는 예수의 생애에서 최종적으로, 그리고 완전히 계시된다."[50] 그러기에 판넨베르크는 "역사 전체를 그것의 종말로부터, 다시 말해 예수 그리스도 안에서 이미 선취적인 사건으로 발생한 종말로부터 성찰"[51]하고자 하였다.

이런 점에서 판넨베르크에게 종말은 단지 역사의 끝과 마지막을 가리키는 것만이 아니라 하나님 나라의 도래를 통한 미래적 완성이 예수 그리스도에게서 이미 시작되었음을 의미하는 것이다. 그러기에 종말로서의 "하나님의 통치의 도래가 이미 현재를 규정하는 힘이 되고 있다."[52] 종말은 예수 그리스도 안에서 이미 선취적으로 예기되었고 그래서 종말의 미래가 이미 시작되었다. "예수의 등장 가운데서 하나님의 미래가 미리 폭로될 뿐만 아니라, 그 미래는 이미 사건으로 발생했으

---

48   같은 책, 124.
49   같은 책, 129.
50   같은 책, 132.
51   볼프하르트 판넨베르크, 『판넨베르크 조직신학 I』, 신준호·안희철 옮김(새물결플러스, 2017), 404.
52   같은 책, 400.

며…그 사건 안에서 하나님의 미래가 이미 동터왔다."[53] 그러기에 미래의 종말은 단지 시간의 끝과 마지막에서가 아니라 현재에도 이미 역사하고 영향을 끼치고 있다.

이렇게 종말을 이해하는 판넨베르크에게 역사의 종말은 예수의 생애에서 완전히 계시되었는데 그중에서 가장 중요한 것이 바로 부활이다. 판넨베르크는 "이미 예수의 부활과 더불어 역사의 종말이 일어났다. 이스라엘의 하나님이 궁극적으로 그의 신성을 입증하셨고 이제 모든 사람의 하나님으로 나타나신다는 것은 이 부활을 통해서다.…십자가에 달리신 분의 부활은 하나님의 종말론적 자기 계시임이 분명하다."[54] 이런 점에서 예수 그리스도의 부활은 "예수의 생애와 더불어 종말이 시작되고 하나님께서 예수 안에 자신을 나타내셨다는 것"을 의미한다.[55]

그러기에 판넨베르크는 부활의 역사성과 사실성을 매우 강조한다. 판넨베르크도 역사를 히스토리(Historie)와 게쉬히테(Geschichte)로 구별한다. 그렇지만 그는 게쉬히테(Geschichte)는 히스토리(Historie)를 통해 드러난다고 여김으로써 이 둘이 분리되지 않고 서로 긴밀한 관련성을 지닌다고 주장한다. 판넨베르크의 책 『역사로서 나타난 계시』에서의 역사는 게쉬히테(Geschichte)이지만 히스토리(Historie)와 분리되지 않고 오히려 포함한다. 특히 판넨베르크가 예수 그리스도의 부활을 다룰 때는 히스토리(Historie)로서의 역사성(Historizität)과 사실성(Tatsächlichkeit)을 가리킨다. 그래서 그는 다음과 같이 진술하였다. "예수께서 '부활하

---

53   같은 책, 401.
54   볼프하르트 판넨베르크, 『역사로서 나타난 계시』, 132.
55   같은 책, 136.

셨다'는 주장, 곧 죽은 나사렛 예수가 새로운 생명에 도달했다는 주장은 이미 역사성(Historizität)의 요청을 함축하고 있다."[56]

　판넨베르크에게 부활의 역사성과 사실성은 부활의 사건이 시공간 안에서 발생한 사건임을 의미한다. "그리스도의 부활의 소식은 예수의 부활이 이 세상으로부터 하나님 곁에 있는 불멸의 새로운 생명으로 건너가는 사건이라고 주장하지만, 그러나 그와 함께 부활의 사건 자체가 이 세상 속에서 성취되었음을 말한다. 다시 말해 부활은 예루살렘에 있는 예수의 무덤 속에서, 그의 죽음 직후의 일요일 아침에 그곳을 찾았던 여자들 앞에서, 일어난 것이다."[57] 이런 점에서 판넨베르크는 예수 그리스도의 부활이 실제로 발생하였던 사건임을 확인하고 강조한다. 그리고 판넨베르크가 예수 그리스도의 부활의 가능성을 역사 전체를 통한 하나님의 간접적인 자기계시라는 관점에서 접근하면서 단순히 히스토리(Historie)와 구별되거나 심지어 분리되는 게쉬히테(Geschichte)로서만 여기는 것이 아니라 오히려 히스토리(Historie)로서의 부활의 역사성과 사실성을 충분히 확증하고 강조한다.

3) 위르겐 몰트만

몰트만의 신학에서 희망, 곧 소망[58]은 처음부터 매우 중요한 신학적 주제였다. 그는 안셀무스의 "fides quaerens intellectum ― credo, ut

---

56　볼프하르트 판넨베르크, 『판넨베르크 조직신학 II』, 620-621.
57　같은 책, 620.
58　몰트만 책의 한글 번역에서 희망(Hoffnung)은 곧 소망이다. 그래서 본 논문에서는 몰트만의 책 제목과 인용문을 제외하고는 희망을 소망으로 표기한다.

intelligam"(이해를 추구하는 믿음 — 알기 위하여 나는 믿는다)이라는 문구를 변형하여 "spes quaerens intellectum-spero, ut intelligam"(이해를 추구하는 소망 — 알기 위하여 나는 소망한다)으로 표현하기도 하였다.[59]

그런데 몰트만에게 소망의 근거는 예수 그리스도의 부활이다. 그러기에 그는 초기 저서인『희망의 신학 — 그리스도교적 종말론의 근거와 의미에 대한 연구』(*Theologie der Hoffnung — Untersuchungen zur Begründung und zu den Kansequenzen einer christlichen Eschatologie*)에서부터 부활을 다루었다. 책 제목이 알려주는 것처럼 그는 종말론의 관점으로 부활을 다루었다. 이후에 동일하게 종말론적 관점에서 저술한『예수 그리스도의 길 — 메시아적 차원의 그리스도론』(*Der Weg Jesu Christi — Christologie in messianischen Dimensionen*)에서 메시아적 기독론을 다루면서 부활을 다루었다.[60] 그리고『오시는 하나님 — 그리스도교적 종말론』(*Das Kommen Gottes — Christliche Eschatologie*)에서 종말론을 깊이 다루었다.[61] 또한『하나님의 이름은 정의이다』(*Sein Name ist Gerechtigkeit*)에서 예수 그리스도의 부활을 다루었고[62] 그의 마지막 저서인『나는 영생을 믿는다』(*Auferstanden in das ewige Leben*)에서도 예수 그리스도의 부활에 관하여 논의하였다.[63]

---

59   위르겐 몰트만,『희망의 신학 — 그리스도교적 종말론의 근거와 의미에 대한 연구』, 이신건 옮김(대한기독교서회, 2017), 47, 51. 이후『희망의 신학』으로 표기함.

60   위르겐 몰트만,『예수 그리스도의 길 — 메시아적 차원의 그리스도론』, 김균진·김명용 옮김(대한기독교서회, 2017). 이후『예수 그리스도의 길』로 표기함.

61   위르겐 몰트만,『오시는 하나님 — 그리스도교적 종말론』, 김균진 옮김(대한기독교서회, 2017). 이후『오시는 하나님』으로 표기함.

62   위르겐 몰트만,『하나님의 이름은 정의이다』, 곽혜원 옮김(21세기교회와신학포럼, 2011).

63   위르겐 몰트만,『나는 영생을 믿는다』, 이신건 옮김(신앙과지성사, 2020).

이렇게 몰트만에게 예수 그리스도의 부활은 아주 중요한 위치를 차지한다. 『희망의 신학』에서 몰트만은 "나의 최초의 신학방법론을 발전시켰다"라고 말하는데 그것은 "신학의 전체를 하나의 유일한 초점에 맞추는 것"이라고 하면서 그 초점을 소망이라고 밝혔다. 그러면서 몰트만은 소망의 근거를 예수 그리스도의 부활에 두었다.[64] 더 나아가서 몰트만은 예수 그리스도의 부활은 "바울에게는 물론 우리가 잘 아는 원시 그리스도교에서 그리스도에 대한 신앙의 근거요 따라서 그리스도의 교회의 근거이기도 하였다. 그리스도교 신앙은 사실상 그리스도의 부활과 함께 살거나 아니면 죽는다"[65]라고 진술하였다. 그래서 후기에 몰트만은 "그리스도의 부활과 부활 신앙은 『희망의 신학』(*Theologie der Hoffnung*) 이래로 나의 신학의 기초와 출발점이다"라고 스스로 밝혔다.[66] 그리고 몰트만은 예수 그리스도의 부활의 사건이 없이는 신약성서도, 교회도, 기독교도 존재하지 않으며 예수 그리스도에 대한 지식도 없다고 말하였다.[67]

그런데 몰트만의 논의에서 가장 특징적인 점은 부활을 종말론의 관점에서 접근한다는 점이다. 그에게 종말론은 단지 "마지막 일들에 관한 가르침'이나 '마지막에 관한 가르침'"이 아니다. 몰트만에 따르면, 이러한 가르침으로 인해 오히려 소망이 삶과 분리되고 미래가 피안으로 옮겨지며, 그래서 소망이 교회를 떠났다.[68] 이러한 가르침은 몰트만

---

64   위르겐 몰트만, 『희망의 신학』, 13.
65   위르겐 몰트만, 『예수 그리스도의 길』, 339.
66   위르겐 몰트만, 『하나님의 이름은 정의이다』, 63, 각주 1.
67   같은 책, 63.
68   위르겐 몰트만, 『희망의 신학』, 23-24.

에 따르면 묵시사상으로서 종말론은 "묵시사상적 '마지막 해결'"과는 아무런 관계가 없다.[69]

몰트만에게 종말론은 더 구체적으로 "그리스도교적 종말론"이다. 왜냐하면 예수 그리스도의 부활에 근거한 종말론이기 때문이다. 그리스도교적 종말론은 "그리스도와 관련된 종말론이고 '그리스도와 그의 미래'에 관해 말한다." 그리고 그것은 "본질적으로 나사렛 예수의 인격과 그의 부활 사건과 관련을 맺으며, 이 인격과 이 사건에 근거해 있는 미래에 관해 말한다."[70]

여기서 예수 그리스도의 부활은 "종말론적인 새로움"을 제시하는데 이것은 "궁극적인 새로움"(novum ultimum)이며 또한 "새로운 창조"(nova creatio)다.[71] 이후에 몰트만은 그리스도교적 종말론을 가리키며 더 구체적으로 표현하여 "그것의 주제는 '종말'이 아니라, 모든 사물의 새로운 창조"이며 그것은 "십자가에 달려 죽은 그리스도의 부활을 회상함에서 비롯된 희망이요, 그러므로 죽음과 같은 종말 안에 있는 새로운 시작에 대하여 말한다"라고 진술한다.[72]

더 근원적으로 이와 같은 종말론적인 새로움이 가능하고 약속과 소망이 가능한 것은 바로 오고 계시는 하나님 때문이다.

하나님은 오고 계시며, 오고 계시는 분으로서 현존하신다. 하나님은 생명과 공의, 진리가 도도히 넘치는 새로운 세계를 약속하시며, 바로 이 약속

---

69   위르겐 몰트만, 『오시는 하나님』, 7-8.
70   위르겐 몰트만, 『희망의 신학』, 254.
71   위르겐 몰트만, 『희망의 신학』, 238; 위르겐 몰트만, 『오시는 하나님』, 64.
72   위르겐 몰트만, 『오시는 하나님』, 8-9.

을 통해 이 세계를 항상 문제시하신다.…희망하는 사람에게 이 세계는 아직도 그가 바라보는 것이 아니기 때문이다.[73]

이같이 몰트만이 주장하는 그리스도교적 종말론은 "후기 유대교의 묵시사상의 틀을 깨뜨린다."[74] 그리고 그의 입장은 알버트 슈바이처와 오스카 쿨만의 "종말론의 시간화"와 다르며,[75] 바르트의 "초월적 종말론" 또는 "종말론의 영원화"와도 다르다.[76] 그리고 판넨베르크의 "하나님의 간접적 자기 계시로서의 '역사'"의 종말론과도 다르다.[77]

그런데 위에서 살펴본 바와 같이 부활에 관한 몰트만의 종말론적 관점에서 주목할 점은 몰트만이 예수 그리스도의 부활의 역사성이나 사실성보다는 부활의 현실성을 훨씬 더 많이 강조하고 있다는 점이다. 첫째, 성서가 증언하는 대로 "하나님이 예수를 죽은 자들 가운데서 살리신 사건"을 그대로 받아들여 증언의 역사성과 관련하여 "실존적 확실성"과 "사실적 확실성"을 인정한다. 그렇지만 몰트만의 논의에서 역사성이나 사실성이나 확실성은 잠시 언급되고 대부분 현실성에 관해 다룬다.[78] 여기서의 현실성이란 부활이 단지 객관적으로 일어난 것에 초점을 두는 것만이 아니라 객관적으로 일어난 부활이 그것을 경험한 이들의 실존 안에서 어떻게 현실적으로 영향을 미치는지에 초점을 두는 것을 의미한다. 그러기에 예수 그리스도의 부활의 현실성과 관련된 역

73   위르겐 몰트만, 『희망의 신학』, 217.
74   같은 책, 254.
75   위르겐 몰트만, 『오시는 하나님』, 29-41.
76   위르겐 몰트만, 『희망의 신학』, 70-97; 위르겐 몰트만, 『오시는 하나님』, 41-54.
77   위르겐 몰트만, 『희망의 신학』, 105-115.
78   같은 책, 229-230.

사적 질문은 도리어 기존의 역사성의 개념, 예를 들면 역사실증주의적인 역사성의 개념이나 트뢸취의 유비적 역사성의 개념을 오히려 의문시하고 비판한다.[79]

둘째, 더 나아가 몰트만은 부활의 현실성에 관한 논의에서 역사성의 의미를 변형시킨다.

> 부활의 신학은 종말론적 유비에 따라서 미래적인 것의 서광과 선취로 전개되는 역사 이해를 기획해야 한다. 그리스도의 부활이 "역사적"이라고 일컬어지는 것은 그것이 다른 범주들에 의해서도 언제나 해명될 수 있는 역사 속에서 일어났기 때문이 아니다. 그리스도의 부활이 역사적이라고 일컬어질 수 있는 것은, 그것이 우리가 살아갈 수 있고 또 살아가야 할 역사를 만들기 때문이요, 그것이 미래의 사건을 위해 길을 열어 놓기 때문이다. 그리스도의 부활은 종말론적 미래를 열어 놓기 때문에 역사적이다.[80]

셋째, 부활을 이해하는 데서 몰트만이 종말론적 지평을 강조하다가 보니 그는 역사를 의미하는 독일어 두 단어 히스토리(Historie)와 게쉬히테(Geschichte)를 구별하여 사용한다.[81] 본래 두 단어는 서로 배타적인 것은 아니지만 몰트만에게 둘은 구별될 뿐만 아니라 점점 더 분리되는 듯한

---

79   같은 책, 232-233.
80   같은 책, 240.
81   몰트만의 책들의 한국어 번역에서는 히스토리(Historie, 형용사 historisch)와 게쉬히테(Geschichte, 형용사 geschichtlich)가 일관되게 번역되어 있지 않고 "역사"와 "실사", "역사적", "실사적", "사실적"이 혼용되어 있다.

경향을 보인다. 특히, 예수 그리스도의 부활을 히스토리(Historie)로서보다는 게쉬히테(Geschichte)로서 여긴다.

넷째, 이렇게 되면 몰트만에게 부활의 역사성과 사실성의 개념은 계속 약해지고 후퇴하게 되어 결국에는 예수 그리스도의 십자가 사건과 부활 사건이 다른 차원과 다른 범주로 분리되는 경향을 보인다. 몰트만은 "그리스도의 십자가 죽음은 역사적 사실(ein historisches Faktum)이요, 그리스도의 부활은 종말론적 사건이다"[82]라고 진술하였다. 몰트만은 십자가에서 달리신 분과 부활하신 분이 같다는 동일성으로 두 사건을 연결하며, 또한 이 두 사건을 주관하시는 하나님의 신실성으로 연결하지만 각 사건을 바라보는 범주와 차원이 다르기에 두 사건이 분리되는 경향을 보일 수밖에 없다.

다섯째, 부활에 관한 몰트만의 종말론적 관점의 가장 큰 장점은 종말론적 약속과 기대의 지평 안에서 부활을 인식하며 그것이 현실에 끼치는 영향에 주목하는 것이다. 그리고 현실에서의 고난과 억압에 대해 변혁과 새로움의 관점에서 접근한다는 것이다. 그렇지만 이러한 장점은 부활에 관한 논의가 진행되면 될수록 십자가 사건과 분리됨으로써 몰트만이 강조하는 약속과 소망의 힘이 점차로 옅어지거나 무색하게 되는 방향으로 나아갈 수밖에 없다.

---

82   위르겐 몰트만, 『예수 그리스도의 길』, 340.

3. 결론: 예수 그리스도의 부활의 함의점들

1) 요약

위의 본론에서 살펴보았던 것처럼 바르트, 판넨베르크, 몰트만은 모두 예수 그리스도의 부활 가능성을 인정한다. 이들은 성경에 기록되어 있는 대로 예수 그리스도의 빈 무덤 사건과 부활 현현 사건을 모두 받아들이며 부활의 가능성을 주장한다. 이들에게는 예수 그리스도의 부활이 허구, 거짓, 상상, 환상이 전혀 아니다. 그런데 이들이 예수 그리스도의 부활에 접근하는 관점들은 서로 다르며, 그러한 관점들은 각자의 신학 방법론과 밀접하게 연관되어 있다.

첫째, 바르트는 하나님이 하나님이심을 강조하여 하나님의 직접적인 자기계시의 관점에서 부활에 접근한다. 이러한 관점에서 부활은 하나님의 계시이며 하나님의 말씀이며 하나님의 행동이다. 하나님의 계시로 인하여 형성된 새로운 세계는 새로운 신적 지평과 현실이며, 역사의 종말이되 실제로는 하나님의 원역사이며 영원한 지평이다. 그러기에 예수 그리스도의 부활은 하나님의 직접적인 자기계시의 관점에서 새로운 가능성으로서 또는 불가능한 가능성으로서 현실성을 지닌다.

둘째, 판넨베르크는 바르트에 반대하여 하나님의 계시는 전체 역사를 통해 간접적으로 드러나며 현시점에서의 신지식은 잠정적이며 가설적이라고 주장한다. 그러기에 하나님의 신성은 역사 과정을 통해 드러나고 인정되며 역사의 종말에서야 온전히 나타난다. 그런데 종말에서야 온전히 나타날 하나님의 신성이 예수 그리스도의 생애 전체를 통해 예기적으로 선취되었는데, 특히 예수 그리스도의 부활을 통해 온전히 분명하게 나타났다. 예수 그리스도가 성부 하나님과 자신을 구별함으로써 하나님의 신성과 통치를 인정하였으며, 또한 예수 그리스도의 죽음과 부활을 통해 하나님의 신성과 통치가 온전히 드러나고 입증되었다. 이런 점에서 판넨베르크에게 예수 그리스도의 부활은 역사 과정 안에서, 즉 현실의 시공간 안에서 이미 발생한 사건이다.

셋째, 몰트만은 시대적 상황 속에서 소망을 추구하면서 소망의 근거를 예수 그리스도의 부활에서 찾는다. 그러면서 몰트만 자신의 기독교적, 미래적, 종말론적 관점에서 부활에 접근한다. 몰트만의 종말론은 단순히 세상의 마지막을 기다리는 묵시적 종말론이 아니며, 바르트의 계시적·초월적 종말론도 아니며, 또한 판넨베르크의 역사적 종말론과도 다르다. 몰트만에게 부활은 종말론적 새로움을 제시하는 하나님의 새 창조이며, 이것은 하나님이 미래로부터 현재로 오고 계시는 하나님이심을 드러낸다. 이런 점에서 예수 그리스도의 부활은 오시는 하나님의 종말론적 새로움으로 여겨진다.

위와 같이 바르트, 판넨베르크, 몰트만이 예수 그리스도의 부활에 접근하는 관점들은 서로 다르며, 그러한 관점들은 각자의 신학 방법론과 밀접하게 연관되어 있다. 그러기에 각자의 신학방법론의 차이점들로 인하여 각자 예수 그리스도 부활의 현실성, 역사성, 사실성을 이해하는 정도가 서로 상이하게 나타난다.[83]

첫째, 바르트에게 예수 그리스도 부활의 가능성과 현실성은 히스토리(Historie)로서의 역사보다는 게쉬히테(Geschichte)로서의 역사로

---

[83] 성서에서의 역사성과 사실성에 관한 최근 논의는 다음을 참고하라. 안용성, 『교회를 위한 성서학 – 복음서는 역사적 사실인가?』(새물결플러스, 2024).

여겨진다. 그러기에 예수 그리스도의 부활은 역사실증주의자들의 좁은 의미의 역사, 즉 히스토리(Historie)로서 판단될 것이 아니라 하나님 자신의 계시 안에서 예수 그리스도의 넓은 의미의 역사, 즉 게쉬히테(Geschichte)로서 판단되어야 한다. 시간과 대립하며 시간을 초월하는 하나님의 원래의 영원성과 이로부터 연원하는 하나님의 직접적 자기계시성은 좁은 의미의 역사로서의 히스토리(Historie), 즉 역사실증주의적 역사로서 규정될 수 없기 때문이다.

둘째, 판넨베르크는 예수 그리스도의 부활의 역사성과 사실성을 아주 강조한다. 하나님은 전체 역사 과정을 통해 드러나고 종말에서야 온전히 나타나기 때문이다. 그러한 과정 중에 예수 그리스도의 생애를 통해, 특히 예수 그리스도의 죽음과 부활을 통해 하나님의 신성과 통치가 온전히 예기적으로 선취되었다. 이러한 이해는 예수 그리스도의 부활이 다른 역사 과정들처럼 시공간 안에서 발행한 것임을, 즉 역사성과 사실성이 있음을 분명하게 강조한다. 하나님의 계시가 전체 역사를 통해 드러나기에 예수 그리스도의 부활은 넓은 의미의 역사, 즉 게쉬히테(Geschichte)로서 이해되지만, 여기서의 역사는 전체 역사 과정 안에서 일어나고 발생한다는 의미로서의 역사, 즉 히스토리(Historie)와 분리되지 않으며 오히려 양자는 밀접하게 연결되어 있다.

셋째, 몰트만은 예수 그리스도의 부활을 기독교적 미래적 종말론의 관점에서 접근하면서 미래로부터 현재로 오시는 하나님의 궁극적인 새로움의 새 창조로서 예수 그리스도의 부활을 이해한다. 이러한 이해는 단순히 좁은 의미의 역사, 즉 히스토리(Historie)로서 규정될 수 있지 않고 오히려 넓은 의미의 역사, 즉 게쉬히테(Geschichte)로서 판단될 수 있다.

서로 비교하면, 판넨베르크는 예수 그리스도 부활의 역사성과 사실성을 일관되게 계속 강조하고 있지만, 바르트와 몰트만은 예수 그리스도의 부활의 현실성을 계속 언급하되 역사성과 사실성에 관해서는 약해지는 입장을 보이고 있다. 판넨베르크가 게쉬히테(Geschichte)가 히스토리(Historie)로서 드러난다고 말하면서 양자의 긴밀한 관계를 계속 유지하는 반면에 바르트와 몰트만은 양자를 구별할 뿐만 아니라 더 나아가서 분리하는 쪽으로 나아가기 때문인 것처럼 보인다. 그러다 보니 판넨베르크에게는 예수 그리스도의 십자가 죽음의 사건과 부활의 사건이 동일한 범주와 차원에서 다루어지지만, 바르트와 몰트만에게는 이 두 사건이 서로 다른 범주와 차원으로 분리되는 경향으로 나아가고 있음을 볼 수 있다.

2) 함의점들

본 논문은 현대 조직신학자들 중 부활에 관해 많은 논의를 하였던 대표적인 신학자들인 바르트, 판넨베르크, 몰트만이 각자 자신의 신학 방법론에 기반한 관점에서 예수 그리스도의 부활에 어떻게 접근하고 논의하는지를 살펴보았다. 비록 각자의 신학 방법론이 다르고 이에 따른 접근과 관점이 다르기는 하지만 성서에 계시되고 증언되고 기록되어 있는 예수 그리스도의 부활을 받아들이고 인정하는 점에서는 동일하다. 이런 점에서 예수 그리스도의 부활은 일관되게 존중되고 보존되어야 한다.

조직신학에서의 신학 방법론은 각자 자신이 활동하던 당시의 시대적 상황 속에서 신학적 작업을 어떻게 수행할 것인가에 관한 고민의 결과이며, 예수 그리스도의 부활에 관한 각자의 관점과 이해는 그 결과 속에서 예수 그리스도의 부활을 성서에 기록되어 있는 대로 신실하게 증언하고자 하는 노력의 산물이다. 이런 점에서 오늘날 현재의 시대적 상황 속에서 우리는 예수 그리스도의 부활에 대한 이전의 이해를 그대로 반복하거나 답습하기보다는 새로운 시대적 상황 속에서 적실성 있는 신학 방법론을 모색하고 그에 따른 새로운 이해를 제안하고 전개할 필요가 있다.

성서에 따르면 예수 그리스도의 부활은 예수 그리스도의 부활로만 한정되지 않고 죽은 자들의 부활과 연관되어 있다. 그러기에 예수 그리스도의 부활 가능성에 관한 논의는 인간의 죽음 이후의 부활 가능성에 관한 논의를 보여주고 알려준다.

그러기에 서론에서 소개하였던 케이건처럼 인간의 죽음은 삶의 끝이고 소멸이며, 죽음 이후의 영생을 다루는 것이 불필요하다고 말하는 주장은 성서의 증언과 맞지 않는다. 그리고 케이건처럼 죽음 이후 아무것도 없기에 죽음을 인정하여 단 한 번뿐인 현재의 삶을 신중하게 살아가라는 제안은 인간의 심리적 현실과도 맞지 않는다. 또한 서론에서 소개하였던 퀴블러-로스처럼 죽음은 새로운 삶의 시작이라고 말하되 그것이 어떠한 삶인지 구체적으로 알려주지 못하는 입장은 우리에게 참된 소망을 제시하지 못한다.

오히려 우리가 예수 그리스도의 부활을 근거로 인간의 죽음 이후의 부활 가능성을 분명히 파악한다면, 현재의 삶으로부터 도피하거나 회피하지 않고 현재를 충실하고 신실하게 살아갈 수 있을 것이다. 또한, 우리는 죽음을 앞두고 막연히 두려워하거나 현실의 고통과 고난 속에서 절망하기보다는 죽음 이후의 새로운 삶을 소망하고 기대할 수 있을 것이며 그러한 소망과 기대로 현실의 어려움을 꿋꿋이 버티고 이겨낼 수 있을 것이다.

다만 현재의 삶에서 예수 그리스도의 십자가를 진지하게 받아들이며 믿음으로 살아가는 것과 예수 그리스도의 부활을 있는 그대로 받아들이며 소망 가운데 살아가는 것이 어떻게 서로 분리되지 않고 둘을 긴밀하게 연결하느냐 하는 것은 새로운 시대마다 조직신학에서의 신학적 작업이 감당해야 할 몫이다.

참고문헌

Dawson, R. Dale, *The Resurrection in Karl Barth*, Hampshire: Ashgate, 2007.

Pannenberg, Wolfhart, *Jesus – God and Man*, SCM Press, 1968.

Swinburne, Richard, *The Resurrection of God Incarnate, Oxford*: Clarendon Press, 2003.

Torrance, Thomas F., *Space, Time and Resurrection, Edinburgh*: T&T Clark, 1998.

김균진, 『죽음과 부활의 신학 – 죽음 너머 영원한 생명을 희망하며』, 새물결플러스, 2015.

김동건, 「판넨베르크의 계시론 – 보편사로서의 계시와 예수에게 나타난 계시」, 『신학과 목회』 32 (2009년 11월), 125-162.

김영선, 「영혼불멸사상과 부활신앙의 대립과 융합에 대한 소고」, 『장신논단』 51 (1) (2019년 3월), 177-201.

래드, 조지 (Ladd, George Eldon), 『나는 부활을 믿는다』, 이진영 옮김, 생명의말씀사, 1985.

리코나, 마이클 (Licona, Michael R.), 『예수의 부활 – 새로운 역사기술 접근법』, 김광남 옮김, 새물결플러스, 2019.

몰트만, 위르겐 (Moltmann, Jürgen), 『나는 영생을 믿는다』, 이신건 옮김, 신앙과지성사, 2020.

_____. 『예수 그리스도의 길 – 메시아적 차원의 그리스도론』, 김균진·김명용 옮김, 대한기독교서회, 2017.

_____. 『오시는 하나님 – 그리스도교적 종말론』, 김균진 옮김, 대한기독교서회,

2017.

_____.『하나님의 이름은 정의이다』, 곽혜원 옮김, 21세기교회와신학포럼, 2011.

_____.『희망의 신학 – 그리스도교적 종말론의 근거와 의미에 대한 연구』, 이신건 옮김, 대한기독교서회, 2017.

바르트, 칼(Barth, Karl),『교회교의학 III/2』, 오영석·황정욱 옮김, 대한기독교서회, 2017.

_____.『교회교의학 IV/1』, 김재진 옮김, 대한기독교서회, 2017.

_____.『로마서 (제2판, 1922)』, 손성현 옮김, 복있는사람, 2017.

_____.『죽은 자의 부활 – 고린도전서 15장 연구』, 황정욱 옮김, 대한기독교서회, 1979.

바실리아디스, 니콜라오스(Vassiliadis, Nikolaos P.),『죽음의 신비 – 죽음과 부활에 대한 정교회의 신학』, 요한 박용범 옮김, 정교회출판사, 2010.

보그, 마커스·라이트, 톰(Borg, Macus J./Wright, N.T.),『예수의 의미 – 역사적 예수에 대한 두 신학자의 논쟁』, 김준우 옮김, 한국기독교연구소, 2018.

백충현,「셸리 케이건의『죽음이란 무엇인가』에 대한 신학적 비판과 응답」,『한국조직신학논총』50(2018년 3월), 99-131.

스튜어트, 로버트 B. 엮음(Stewart, Robert B.),『예수 부활 논쟁 – 존 도미닉 크로산과 N. T. 라이트의 대화』, 김귀탁 옮김, 새물결플러스, 2018.

신옥수,「몰트만(J. Moltmann)의 부활 이해 – 통전적 성격을 중심으로」,『선교와 신학』50(2020년): 293-322.

안용성,『교회를 위한 성서학 – 복음서는 역사적 사실인가?』, 새물결플러스, 2024.

윤철호,『너희는 나를 누구라 하느냐 – 통전적 예수 그리스도론』, 대한기독교서회, 2013.

전경연,『예수의 부활 – 그 역사성과 진리성』, 대한기독교서회, 1994.

_____.「현대신학의 죽음과 부활이해 – 현대신학자들의 논쟁을 중심으로」,『기독교사상』167(1972년 4월): 40-47.

_____.「예수의 부활과 현대신학」,『신학연구』11(1968년 12월): 43-60.

조한규,「영혼의 그리스도론적 특성에 대한 종말론적 고찰」,『가톨릭 신학과 사상』

89(2003/겨울), 가톨릭대학교출판부, 91-135쪽.

최태관, 「예수의 성육신이 지니는 보편사적 의미 - 판넨베르크의 보편사 신학을 중심으로」, 『한국기독교신학논총』 112(2019년 4월), 125-159.

케이건, 셸리(Kagan, Shelly), 『죽음이란 무엇인가』, 박세연 옮김, 엘도라도, 2012.

퀴블러-로스, 엘리자베스(Kübler-Ross, Elizabeth), 『사후생 - 죽음 이후의 삶의 이야기』, 최준식 옮김, 대화출판사, 1996.

쿨만, 오스카(Cullmann, Oscar) 외 지음, 『영혼불멸과 죽은 자의 부활』, 전주석 외 옮김, 대한기독교서회, 1997.

판넨베르크, 볼프하르트(Pannenberg, Wolfhart), 『역사로서 나타난 계시』, 전경연 옮김, 대한기독교서회, 1979.

_____. 『자연의 역사성 - 신학과 과학에 대한 판넨베르크의 기여』, 전경보 옮김, 종문화사, 2023.

_____. 『판넨베르크 조직신학 I-III』, 신준호·안희철 옮김, 새물결플러스, 2017-2019.

부록2

윤동주의 기독론 – 그의 시(詩)에서 드러나는 예수 그리스도[1]

---

1 백충현, "윤동주의 기독론 – 그의 시(詩)에서 드러나는 예수 그리스
   도", 「신학사상」 193집(2021년 여름호): 139-163. 이 글은 2019년
   7월 1일 – 2021년 6월 30일 대한민국 교육부와 한국연구재단의
   인문사회분야 중견연구자지원사업의 지원을 받아 수행된 연구임
   (NRF-2019S1A5A2A01036375).

1. 서론

기독교의 강한 영향으로 인하여 윤동주(尹東柱, 1917-1945)의 시(詩)에는 하나의 신학세계가 형성되어 있다. 그의 시(詩)에서 드러나는 신학세계를 총체적으로 탐구하기 위한 연구작업의[1] 일환으로 시도되는 이 논문에서는 기독론에 초점을 두고자 한다. 즉 그의 시(詩)에서 드러나는 예수 그리스도의 모습을 집중적으로 다루되 신학적으로 분석하고 재구성하고자 한다.

윤동주의 시(詩)와 기독교의 관계를 고려하여 다룬 연구가 적지는 않지만 대개는 문학적 접근 또는 철학적 접근하에서 기독교적 신앙, 관념, 사상을 찾아내는 작업들이다.[2] 그것들과는 달리 이 논문은 윤동주

---

1 이 연구작업과 관련된 선행연구들로는 다음과 같다. 특히, 윤동주가 살았던 시공간에 대한 역사적 배경과 기독교의 연관성에 관해서는 이 논문들을 참조하라. 백충현, "윤동주의 시(詩)에서 드러나는 신학세계 – 하나의 신학적 분석", 「한국조직신학논총」 54(2019년 3월): 97-130. "윤동주의 신(神)론-그의 시(詩)에서 드러나는 하나님", 「신학사상」 189(2020년 여름): 255-278.

2 김응교, "예견되는 헌신의 삶 – 윤동주의 첫시〈초 한 대〉", 「기독교사상」 651(2013년 3월): 150-161. "단독자, 키에르케고르와 윤동주 –「길」,「간」", 「기독교사상」 670(2014년 10월): 166-178. "한국현대시에 나타난 기독교의 구원의식 – 윤동주, 김현승 시를 중심으로", 「문학과 종교」 9-1(2004): 27-52. 남송우, "Christian Ideology in Yoon Dongjoo's Poetry," 「동북아시아문화학회 국제학술대회 발표자료집」(2004년 11월): 115-122. 류양선, "윤동주의 시에 나타난 기독교 신앙 –「십자가」를 중심으로", 「한국시학연구」 31(2011년 8월): 141-168. 배지연, "윤동주 십자가에 나타난 실존적 자기실현", 「신앙과 학문」 22-4(2017년): 105-128. 신익호, "현대시에 나타난 기독교적 메시아 사상-윤동주·박두진의 시를 중심으로", 「국제어문」 21(2000): 61-74. 유준, "숭고의 관점에서 바라본 윤동주의 시 –「십자가」를 중심으로", 「한국문예비평연구」 52(2016년 12월): 7-32. 이은애, "윤동주 시에 나타난 '영성 세계'의 순례-'어머니'에서 '그리스도'에로 혹은 '그리움'에서 '사랑'에 이르는 길", 「한국문예비평연구」 64(2019): 117-159. 정경은, "윤동주가 삶으로 보여주었던 예수", 「기독교사상」 707(2017년 11월): 188-198. "신앙과 삶과 문학의 길항: 윤동주의 신앙시를 중심으로", 「선교와 신학」 48 (2018년 10월): 359-385. 최명환, "윤동주의「십자가」분석",

의 시(詩)에 대한 신학적 접근을 취할 것이며, 특히 예수 그리스도와 관련된 기독론적인 접근을 취할 것이다. 신학적 또는 기독론적 접근을 취한 연구가 없는 것은 아니지만 극소수이다.[3]

윤동주의 시(詩)에서 드러나는 기독론을 연구하고자 하는 이 논문은 "예수 그리스도" 또는 "십자가"를 직접적으로 언급한 시(詩)들을 자료로 삼아 다루고자 한다. 또한, 이러한 단어들이 직접적으로 사용된 것은 아니지만 예수 그리스도 또는 십자가와 연관된 시(詩)들을 함께 다루고자 한다. 현존하는 윤동주의 시(詩) 중에서 "예수"라는 단어와 "그리스도"라는 단어는 1941년 5월 31일에 쓰인 「십자가」 시(詩)에서 단 한 번 사용되었다. 그리고 "십자가"라는 단어는 「십자가」 시(詩)에서 두 번 사용되었다.[4] 윤동주의 현존하는 시(詩) 중에서 가장 이른 것으로 알려진 「초 한 대」라는 시(詩)는 1934년 12월 24일에 쓰였다. 이 시(詩)는 그와 같은 단어들을 직접적으로 사용하지는 않지만 예수 그리스도의 모습을 비유적으로 표현하였다.[5] 그리고 1940년 12월에 쓰인 「팔복」이라는 시(詩)에서도 그와 같은 단어들이 직접적으로 사용되지는 않고 예수 그리

「국제어문」 21(2000): 45-59. 허소라, "다시 읽는 기독교 명시 - 윤동주의 십자가", 「활천」 580-3(2002년 3월): 78-79.

3   김응교, "'처럼'의 현상학 - 『십자가』와 스플랑크니조마이", 「기독교사상」 668(2014년 8월): 158-170. 『처럼 - 시로 만나는 윤동주』(파주: 문학동네, 2016). 김재진, "윤동주 시상에 담겨진 신학적 특성", 「제11회 윤동주기념강좌 자료집(윤동주기념사업회)」 (2006년 6월 1일, 연세대학교 신학관 예배실), 1-26. "윤동주 시상에 담겨진 신학적 특성", 「신학사상」 136(2007): 131-171. 김형태, "윤동주 시의 신정론적 의미 연구", 「청람어문교육」 54(2015년 6월): 161-207. 차정식, "한국 현대시에 투영된 예수의 초상", 「한국기독교신학논총」 79-1(2012년 1월): 207-250.

4   조재수, 『윤동주 시어사전 - 그 시 언어와 표현』(서울: 연세대학교출판부, 2005), 250, 450, 492.

5   같은 책, 578.

스도의 모습이 표현되지도 않지만, 예수 그리스도의 산상수훈의 말씀을 다루기에 윤동주의 시(詩)의 기독론을 가늠해볼 수 있도록 해준다.

윤동주의 기독론을 연구하는 이 논문에서의 작업을 통하여 볼 때, 그의 시(詩)에서 드러나는 예수 그리스도의 핵심적인 모습은 십자가에서의 고난과 죽음의 모습이지만, 그것을 춤으로 승화시킨 행복한 예수 그리스도의 모습이다. 여기서는 고난과 죽음의 대비와 극복으로서의 부활에 대한 논의는 나타나지 않는다. 현존하는 그의 시(詩)에서는 "부활"이라는 단어가 한 번도 나오지 않는다. 그리고 윤동주의 시(詩)의 기독론은 단지 예수 그리스도에게만 한정된 이해로 끝나지 않으며, 예수 그리스도의 십자가를 따라가고자 하는 우리 모두에게도 연결되는 이해이다. 다만 십자가를 지는 것이 우리에게는 거의 불가능한 것이기에 우리로서는 십자가를 지는 기회가 허락되어 주어진다면 그저 조용히 담당할 수 있을 뿐이다.

이렇게 볼 때 윤동주의 기독론은 예수 그리스도의 신성과 인성에 초점을 두는 형이상학적 기독론에 집중하지 않으며, 또한 신성에서 인성으로 나아가는 "위로부터의 기독론"(Christology from above)도 아니다. 오히려 "아래로부터의 기독론"(Christology from below)으로서 눈물과 피를 흘리시며 십자가에서의 고난과 죽음을 당하는 예수 그리스도에 집중한다. 예수 그리스도는 자신의 희생을 통하여 어두운 세계를 밝히시며 향내를 풍기시는 변화와 소망의 예수 그리스도이시며, 고난과 죽음 자체를 춤으로 승화시키며 행복을 느끼는 예수 그리스도이시다. 이러한 기독론은 또한 우리 그리스도인들의 삶과 바로 연결된다. 즉 윤동주의 기독론은 기독교윤리와 매우 밀접한 관계에 있다.

2. 윤동주의 기독론 – 그의 시(詩)에서 드러나는 예수 그리스도

1) 윤동주의 기독론에 관한 기존 이해들

서론에서 언급하였듯이 이 논문은 윤동주의 시(詩)들에 대해 신학적 접근을 취하며 특히 예수 그리스도와 관련하여 기독론적인 접근을 취한다. 신학적 또는 기독론적 접근을 취한 연구들이 비록 극소수이기는 하지만 여기서는 대표적인 선행연구들을 먼저 간략하게 살펴보고자 한다.

첫째, 신익호는 윤동주의 시(詩)에 나타난 메시아 사상을 연구한다.[6] 신익호의 연구는 문학적인 연구의 범주에 속한다고 볼 수 있지만, 메시아가 지니는 신학적인 의미를 어느 정도 언급하고 있다는 점에서는 신학적인 연구의 범주에도 속한다고 할 수 있다. 신익호에 따르면, 유대인들은 포로기 시절 노예로 사는 고통 중에 메시아의 도래를 기대하였고, 이로써 메시아 사상이 확산되었다고 주장한다. 그런데 예수 그리스도는 "자발적인 희생으로써 부활의 이적을 보여 준 인류의 구원자였다. 그는 인류의 구원자로서, 섬기는 종으로서, 고난의 종으로 와서 영원한 메시아가 되었다."[7]

그러나 신익호는 윤동주의 시(詩)의 연구에서 이러한 메시아 사상을 예수 그리스도와 직접적으로 연관시키지 않고 있다. 그 대신에 윤동주의 시(詩) 중에서 「태초의 아침」, 「또 태초의 아침」, 「새벽이 올 때까

---

6   신익호, "현대시에 나타난 기독교적 메시아 사상 – 윤동주·박두진의 시를 중심으로",
      61-74.
7   같은 책, 61.

지」에 나오는 하나님의 모습과 연관시키고 있다. 이런 점에서 신익호의 연구는 기독론적 연구라고 하기에는 한계가 있으며, 또한 하나님과 연관시킨다는 점에서 신학적이라고 하더라도 매우 피상적인 논의에 머무르고 있음을 알 수 있다. 그러기에 신익호의 연구와 이와 유사한 연구들은 윤동주의 시(詩)에 관한 연구가 신학적으로 또는 기독론적으로 더욱 심층적으로 전개될 필요가 있음을 보여준다.

둘째, 차정식은 한국 현대시에 나타난 예수의 다양한 모습을 분석하여 세 가지 유형으로 정리한다. 첫 번째는 "순결한 희생과 초월적 사랑의 초상"으로서 윤동주, 박두진, 김현승 시인들이 여기에 속한다. 두 번째는 "생태적 예수와 민중 해방자의 초상"으로서 김지하, 정호승, 김정환 시인들이 여기에 속한다. 세 번째는 "실존적 구도자와 미학적 옹호자"의 초상으로서 황동규, 이성복, 최승호 시인들이 여기에 속한다.[8] 차정식은 윤동주의 「십자가」와 「팔복」을 중심으로 살펴보면서 다음과 같이 정리한다.

> 요컨대, 윤동주의 예수 상은 십자가의 비극적 수난과 죽음에 담긴 의미를 신학적으로 승화시키면서도 당대의 식민주의적 역사 현실 가운데 이를 재투사하여 시인의 운명과 동일시하는 데서 비롯되었던 것 같다. 이는 예수의 성서적 전통을 전반적으로 수용하면서 동시에 그 십자가의 신학적 의미를 시인의 극단적인 슬픔 속에 급진화한 결과로 평가된다. 이는 윤동주가 재구성한 예수의 십자가 상징이 결국 자기희생을 통한 구원이라는 전통적 신앙미덕을 시인의 현실 속에 적용한 결과이기도 하다. 그 가운데

---

8   차정식, "한국 현대시에 투영된 예수의 초상", 209. 243-244.

'끝까지' 슬퍼할 수밖에 없는 시인의 운명은 그 '희생'의 순도를 극대화하
는 기능을 수행하는 셈이다.[9]

셋째, 김재진은 「십자가」와 「팔복」을 비롯한 여러 시(詩)를 바탕으로 윤
동주의 시상에 담긴 신학적 특성을 전반적으로 살피면서 "'하나님 앞에
서(coram deo)' 단독자로 살았던 삶에서 우러나온…현재적 실존론적 종
말사상"과 "이웃을 위하여 자기를 희생하는 기독교의 '순교자적 서정'"[10]
이라고 정리한다. 그리고 이러한 "'순교자적 서정'은 '고난'을 '고난'으로
극복하는 서정, 곧 '민족의 역사적 시련'을 자기의 '시련'으로 극복하고
자 하는 '역설적 사랑의 서정'"[11]이라고 규정한다. 그런데 김재진은 이러
한 신학적 특성은 근원적으로 "'하나님 앞'에서 생명을 존중하며 살아가
고자 하는 그리스도의 생명사랑에 정초된 것"[12]이라고 정리한다.

여기에 김재진이 이해하는 윤동주의 기독론의 강조점이 있다. 다
만, 김재진의 연구에서는 예수 그리스도의 생명 사랑에 관해 더 세밀한
분석을 제시하지 못하는 아쉬움이 있다. 그저 예수 그리스도의 죽음과
윤동주의 죽음을 유사성으로 연결하고 있을 뿐이다. 이것은 예수 그리
스도에 대한 그의 이해가 전통적인 교리적인 내용에 집중하고 있기 때
문인 것으로 보인다. 그래서 그는 그저 다음과 같이 기술하면서 논문을
마무리할 뿐이다.

---

9   같은 책, 212.
10   김재진, "윤동주 시상에 담겨진 신학적 특성", 164-165.
11   같은 책, 166.
12   같은 책, 167.

마치 예수 그리스도가 아무런 죄를 범하지 않았음에도 불구하고 교만한 유대인 대제사장이나, 서기관들로부터 미움을 받아 십자가에 처형된 것과 같다. 즉, 조선 청년 시인의 기독교적 희생정신과 자기 죄를 참회하는 정신이 온갖 비열함으로 가득 찬 일제에 '역저항'을 일으켜 윤동주를 체포 옥사시킨 것이다. 그의 숭고한 生命愛的 서정 때문에 윤동주는 '십자가'에서 "괴로웠던 사나이/행복한 예수 그리스도에게/처럼/십자가가 허락된다면/모가지를 드리우고/꽃처럼 피어나는 피를/어두워 가는 하늘 밑에 조용히 흘리겠습니다"라고 결의한 것처럼, 그렇게 비열한 유대인과 같은 일제에 의해서, 일제의 비인간적인 만행의 죄를 짊어지고 그들을 대신하여 순교자적 희생을 당한 것이다. 이러한 의미에서 윤동주의 '시상'은 '하나님 앞'에서 생명을 존중하며 살아가고자 하는 그리스도의 생명사랑에 정초된 것이라고 볼 수 있다.[13]

넷째, 김형태는 윤동주의 시(詩)를 "역설과 고난의 시학"[14]으로 규정하면서 고난의 신정론의 관점에서 이해한다. 특히, 김형태는 「십자가」에 주목하면서, "'고난의 신정론'은 형이상학적으로 '전능한 신'을 전제하고 고난을 죄로 인한 신의 심판으로 규정했던 전통적인 신정론과 달리, 예수의 십자가 속에서 '고난당하는 신(神)'을 새롭게 발견하고 불의한 세계 속에서 일어나는 고난의 의미와 그 극복을 지향"한다.[15] 이러한 고난의 신정론의 대표적인 예로 김형태는 디트리히 본회퍼와 함석헌을 든다. 또한, 이러한 고난의 신정론은 신적 고난에 참여하는 대속적 고난

---

13   같은 책.
14   김형태, "윤동주 시의 신정론적 의미 연구", 196.
15   같은 책, 165.

의 윤리와 연결된다. 그러기에 김형태는 「십자가」에 드러나는 윤동주의 기독론을 다음과 같이 정리한다.

> 첫째, 이는 신학적으로 "역사적 예수"와 "신앙적 그리스도" 사이의 동일성을 의미한다고 볼 수 있다.···둘째, 이는 "신의 부재"와 "신의 현존"이 역설적으로 다르지 않음을 의미할 수 있다.···
>
> 시적 주체는 이 "처럼"으로 인해 예수와 자신을 동일시하고 있고, 예수의 "십자가"를 자신의 "십자가"로 받아들이고 짊어지려 하는 것이다.···정리하면 신정론적 관점에서 「十字架」는 불의한 현실 속에서 "신은 지금 어디에 있는가?"라는 물음을 예수의 십자가를 통해 모색하면서, 역설적으로 "고난당하는 신"의 현존을 발견하고 타자를 위해 신적 고난에 참여하는 "대속의 고난"의 윤리를 지향하는 시인의 "순교 의지"가 형상화된 작품이라 할 수 있다.[16]

다섯째, 김응교는 "고난의 신정론"의 용어를 사용하지는 않지만, 「십자가」에 주목하면서 김형태와 유사한 정리를 제시한다. 특히, 그는 윤동주가 기독론으로부터 자신과 타자 간의 동일성을 추구한다고 파악한다.

> 「십자가」는 인간 예수가 겪는 시련과 시인의 헌신이 명확히 담겨 있습니다. 인간이 된 예수를 표현하기 위해 괴롬과 행복을 표현했다면 앞의 "예수"는 갈릴리에서 고아와 과부와 술집 여자들을 만났던 역사적 예수(Historical Jesus)이고, 뒤에 "그리스도"는 신의 아들인 구세주(Savior

---

16   같은 책, 180-182, 185.

Christ)일 것입니다. 결국 윤동주에게 예수는 그리스도(예수=그리스도)인 동시에 '인간/신'이기도 한 존재입니다. 윤동주에게 인간 예수와 초월자 예수는 같은 존재입니다.…

사실 "처럼"이 이렇게 한 행으로 쓰여 있는 시를 보기는 어렵습니다.…타인의 괴로움을 외면하지 않고 그의 고통을 대신 짐 지는 순간 개인은 "행복한" 하나의 주체가 됩니다. 그러나 "처럼"이라는 직유법처럼 그 길은 도달하기 힘든 길 위의 삶이지요. 그것을 짊어지고 가는 삶, 윤동주는 그 길을 선택합니다.[17]

지금까지 윤동주의 시(詩)에서 드러나는 예수 그리스도의 모습에 관한 기존의 선행연구들을 신익호, 차정식, 김재진, 김형태, 김응교를 중심으로 살펴보았다. 그러나 신학적 또는 기독론적 연구라고 하더라도 신학적으로나 기독론적으로 더 깊이 세밀하게 들어가지는 못하고 있음을 알 수 있다. 그러기에 이 분야에서 더욱 심층적이고 세밀한 연구들이 앞으로 많이 나올 필요가 있다.

2) 「초 한 대」

위에서 다룬 내용들을 고려하면서 이제 윤동주의 시(詩)에서 드러나는 예수 그리스도의 모습을 본격적으로 살펴보고자 한다. 첫째, 1934년 12월 24일에 쓰인 「초 한 대」라는 시(詩)의 전문은 아래와 같다.

---

17   김응교, "'처럼'의 현상학 −『십자가』와 스플랑크니조마이", 161-162.

초 한 대

초 한 대 –
내 방에 품긴 향내를 맡는다.

광명의 제단이 무너지기 전
나는 깨끗한 제물을 보았다.

염소의 갈비뼈 같은 그의 몸,
그의 생명인 심지(心志)까지
백옥 같은 눈물과 피를 흘려
불살라 버린다.

그리고도 책상머리에 아롱거리며
선녀처럼 촛불은 춤을 춘다.

매를 본 꿩이 도망하듯이
암흑이 창구멍으로 도망한
나의 방에 품긴
제물의 위대한 향내를 맛보노라

(1934년 12월 24일)

위에서 보는 바와 같이, 이 시(詩) 자체 안에서는 "예수", "그리스도", "십자가"와 같은 단어들은 전혀 나타나지 않는다. 다만, 초 한 대의 모습이 그려진다. 그런데 이 시(詩)가 쓰인 날짜는 1934년 12월 24일로서 윤동주가 17세가 되는 해다. 이 시(詩)가 성탄절 전야에 쓰였다는 사실은 이 시(詩)의 "초 한 대"가 성탄절에 인간으로 오신 예수 그리스도를 비유적으로 가리킴을 의미한다.

그런데 여기서 그려지는 예수 그리스도는 성탄절에서 흔히 볼 수 있는 모습이 아니다. 성탄절에 마구간에서 태어나 구유에 누여 있거나, 또는 목자들과 동방 박사들에 둘러싸여 축하와 경배를 받는 모습이 아니다. 비유적이긴 하지만 오히려 십자가에 달린 예수 그리스도의 모습이다. 즉 성탄절에 윤동주가 노래하는 예수 그리스도의 모습은 성탄의 예수가 아니라 고난의 예수이다. 성탄절이기는 하지만 성탄의 주인공인 예수의 탄생을 기쁘게 축하하고 경배하기보다는 성탄에 인간으로 오신 예수 그리스도가 앞으로 가야 할 십자가 죽음의 길을 예고하듯이 보여준다.

이런 점에서 윤동주에게 성탄의 가장 본질적인 의미는 고난과 죽음이며, 또한 윤동주의 기독론에서 예수 그리스도의 가장 핵심적인 의미는 십자가이다. 즉 십자가에서의 고난과 죽음을 중심으로 예수 그리스도를 이해하고 있기에 성탄의 의미가 이것과 긴밀하게 연결되어 있다. 이러한 기독론적 이해는 당시의 상황이 일제 식민지 치하에서의 암울하고 어두운 상황에 기인하는 것이라고 볼 수 있다. 시대적인 상황이 어두우면 어두울수록 예수 그리스도에 대한 이해는 그의 고난과 죽음에 대한 강한 강조로 이어진 것이다.

좀 더 구체적으로 살펴보자면, 이 시(詩)에서 시적 화자는 방에 풍긴 향내를 통하여 초 한 대의 존재를 느끼고 발견한다. 이 향내는 제단에서 불살라지는 제물로부터 나오는 향내다. 이를 통해 시적 화자는 예수 그리스도의 죽음의 의미를 제물로, 즉 희생의 제물로 이해하고 있음을 알 수 있다. 이 희생의 제물로 인하여 생겨나는 일들은 무엇인가? 두 가지인데, 첫째로 이 제물에서 나오는 향내가 시적 화자의 방 전체에 풍긴다. 아름다운 향기로 방 전체가 새로운 냄새가 나도록 변화시킨다. 둘째, 희생의 제물을 불사르는 불빛을 통하여 암흑이 사라지도록 하며 방 전체를 밝힌다. 예수 그리스도의 십자가의 고난과 죽음은 그저 아무런 효력이 없는 것으로 끝나지 않고, 방 전체를 밝게 하며 향기롭게 한다. 이런 점에서 윤동주의 기독론은 예수 그리스도의 십자가를 중심으로 하면서도, 십자가에서의 고난과 죽음을 통하여 세계가 밝아지며 향기롭게 되는 역사가 일어남을 강조하는 기독론이다. 여기에 예수 그리스도를 통한 새로운 변화의 소망이 있다. 그러나 이 시(詩) 자체에서는 부활에 대한 언급이 없다. 그 당시의 시대 상황이 너무나 위중하였기에 부활에 대한 언급조차 쉽지 않았던 것처럼 보인다. 그렇지만 예수 그리스도의 십자가의 고난과 죽음 자체를 통해서 새로운 세계를 소망하고 기대하고 있음을 알 수 있다.

예수 그리스도의 십자가에서의 고난과 죽음에 관하여 이 시(詩)는 매우 구체적으로 묘사한다. 예수 그리스도 자신이 희생의 제물이 되어 불살라지지만, 자신의 심지까지 불살라버린다. 즉, 예수 그리스도는 자신의 모든 것을 다 내어주며 희생하시는 분이시다. 그리고 이런 희생의 과정에서 백옥같은 하얀 눈물과 붉은 피를 흘리신다. 철저히 자신의 모든 것까지 내어주며 희생하시는 분이시다. 여기서 눈물을 흘리시는 예수 그리스도, 또한 피를 흘리시는 예수 그리스도의 이미지가 강렬하게 나타난다. 윤동주의 기독론의 핵심은 예수 그리스도의 십자가에서의 고난과 죽음을 중심으로 하되, 표상적으로는 바로 눈물과 피를 흘리시는 예수 그리스도의 모습이다.

그런데 이 시(詩)에서 주목할 점은 바로 그런 눈물과 피를 흘리시는 예수 그리스도가 고난과 죽음의 과정 중에서 춤을 추고 있다고 묘사하고 있다는 점이다. 고난이나 죽음은 춤과 어울리지 않으며, 눈물과 피도 춤과 어울리지 않는다. 그러나 윤동주의 기독론은 고난과 죽음의 예수 그리스도를 강조하면서도, 고난과 죽음을 춤으로 승화시키는 예수 그리스도를 드러낸다.

추가적으로 언급하면, 이 시(詩)에서는 예수 그리스도의 신성에 대한 논의나 언급이 전혀 없다. 어떤 형이상적이거나 추상적인 기독론이 아니라 이 세상에 오셔서 고난과 죽음의 희생의 제물이 되시지만, 이를 춤으로 승화시키며 또한 이 세계를 밝게 하고 향기롭게 하시는 변화를 일으키시는 구체적인 기독론이다.

3) 「팔복」

둘째, 「팔복」이라는 시(詩)가 있는데, 1940년 12월에 쓰였다. 이 시(詩) 자체에는 "십자가" 또는 "예수 그리스도"와 같은 단어들이 전혀 나오지 않는다. 그렇지만 팔복 자체가 예수 그리스도께서 말씀하신 산상수훈에 포함되기 때문에, 이 말씀의 내용을 통해서 예수 그리스도가 누구이신지를 생각해볼 수 있다. 이 시(詩)의 전문은 다음과 같다.

팔복(八福)

슬퍼하는 자는 복이 있나니

슬퍼하는 자는 복이 있나니

슬퍼하는 자는 복이 있나니

슬퍼하는 자는 복이 있나니

슬퍼하는 자는 복이 있나니

슬퍼하는 자는 복이 있나니

슬퍼하는 자는 복이 있나니

슬퍼하는 자는 복이 있나니

저희가 영원히 슬플 것이오.

(1940년 12월)

이 시(詩)에 관하여 백충현은 기존의 연구에서 「팔복」의 내용을 분석하면서 다음과 같이 다섯 가지로 정리하였다.

첫째, 1연에서 8가지 부류의 사람들이 모두 슬퍼하는 자로 바뀌어 있다는 것은 슬퍼하는 것, 즉 슬픔이 그들 모두에게 있는 공통점임을 암시한다.···

둘째, 1연에서의 슬픔은 이 땅에서의 슬픔이다.···그래서 이 땅의 사람들의 삶이 모두 슬퍼하는 자의 삶임을 알려준다.···

셋째, 이 시(詩)에 따르면 이 땅에서 슬퍼하는 자는 오히려 복이 있다.···

그러기에 복이 있는 삶을 살고자 한다면 오히려 슬퍼하는 자가 되어야 한다.…

넷째.…복의 구체적인 내용은 슬픔이 그치고 사라지는 것이 아니라, 오히려 영원히 슬퍼하는 것이다. 즉, 복은 영원한 슬픔이다.…

다섯째, 윤동주의 시(詩)에서는 하나님 나라 안에서의 모습들이 영원히 슬퍼하는 것으로 표현되어 있다.[18]

그런 다음에 동일한 기존의 연구에서 백충현은 「팔복」이 하나님에 관해서 얘기하는 신학적 의미에 관하여 다음과 같이 분석하였다.

윤동주의 "팔복(八福) – 마태복음 5장 3-12"이라는 시(詩)에서는 "신"(神) 또는 "하나님"이라는 단어가 나오지 않는다. 언어적으로 또는 명시적으로 하나님이 어떤 분이시고 누구이신지를 설명하거나 묘사하지는 않는다. 그렇다고 그의 시(詩)가 신(神) 없는 세계를 노래하는 것은 아니다. 오히려 신(神)이 있는 신학세계를 노래한다. 이 땅에서의 슬픔은 영원한 슬픔으로 심화 또는 도약할 수 있고, 그럼으로써 영원한 슬픔 또는 슬픔의 영원성을 맛보면서 영원하신 하나님을 만날 수 있고, 천국, 즉 하나님 나라를 경험할 수 있다. 그러기에 윤동주에게 하나님은 슬퍼하시는 하나님이시다. 슬픔 자체가 하나님인 것은 아니다. 그러나 영원하신 하나님은 슬퍼하시는 하나님이시다![19]

---

18 백충현, "윤동주의 시(詩)에서 드러나는 신학세계 – 하나의 신학적 분석", 109-110.
19 같은 책, 110.

그런데 이러한 연구에서는 하나님에 관한 모습을 분석하고는 있지만, 이 모습이 예수 그리스도와 어떤 연관성 또는 연결성이 있는지에 관해서는 다루지 못하는 한계가 있다. 「팔복」 시(詩) 자체 안에서는 예수 그리스도에 관한 언급이 없기 때문이다. 그렇지만, 우리는 이렇게 산상수훈에서 말씀하시는 이는 예수 그리스도이심에 주목할 필요가 있다.

즉 예수 그리스도가 하나님 또는 하나님 나라에 관하여 말씀하실 수 있는 것은 예수 그리스도 자신이 바로 하나님이시기 때문이다. 윤동주가 자신의 「팔복」이라는 시(詩)에서 슬퍼하는 자의 복에 관하여 말을 할 수 있었던 것은, 산상수훈을 말하고 있는 예수 그리스도가 바로 슬퍼하시는 자이기 때문이다. 그러기에 「팔복」이라는 시(詩)는 슬픔의 예수 그리스도를 드러내주며, 그러면서 슬픔의 기독론을 제시하고 있다.

20세기 중반 이후 현대신학에서는 신의 감동성(divine passibility)에 관하여 많은 논의를 제시하고 있다. 신의 감동성은 근본적으로 예수 그리스도의 십자가에서의 고통/수난(pathos)에 바탕을 둔다. 세상을 구원하시기 위하여 고난을 당하실 수 있는 예수 그리스도의 모습을 통하여 하나님 자신이 바로 함께 아파하실 수 있는 분이심을 강조한다. 그러기에 예수 그리스도의 고난은 현대신학에서도 매우 중요한 신학적 주제이다. 윤동주의 시(詩)는 그러한 현대신학에서의 논의보다도 시기적으로 훨씬 더 앞선다는 점에서 매우 중요한 의의가 있다. 다만, 그동안 윤동주의 시(詩)에 관한 신학적 연구가 많지 않았다는 현실은 이후로 한국 신학계에서 극복되어야 할 점이다.

윤동주의 슬픔의 기독론에서 또한 더 주목할 점은 그의 기독론이 슬픔 자체로 무한히 빠지는 것이 아니라는 점이다. 비록 "저희가 영원히 슬플 것이오"라고 문자적으로 노래하지만, 사실은 슬픔을 통해 영원

안으로 들어가서 영원의 하나님을 노래하고 있는 것이다. 그것은 슬픔을 경험하면서 슬픔의 예수 그리스도를 통하여 영원의 세계로 나아가고 있음을 드러낸다.[20] 여기에 윤동주의 기독론의 독특한 특징들이 담겨 있다고 할 수 있는데, 다만 여기에 관해서도 앞으로 많은 신학적인 분석과 논의가 나와야 한다고 본다.

4) 「십자가」

마지막으로, 1941년 5월 31일에 쓰인 「십자가」 시(詩)에서는 "십자가"가 두 번 나오고 "예수 그리스도"가 한 번 나온다. 이 시(詩)의 전문은 아래와 같다.

십자가(十字架)

쫓아오던 햇빛인데
지금 교회당 꼭대기
십자가에 걸리었습니다.

첨탑(尖塔)이 저렇게도 높은데
어떻게 올라갈 수 있을까요.

종소리도 들려오지 않는데

---

20   같은 책, 109.

휘파람이나 불며 서성거리다가,

괴로웠던 사나이,

행복한 예수 그리스도에게

처럼

십자가가 허락된다면

모가지를 드리우고

꽃처럼 피어나는 피를

어두워 가는 하늘 밑에

조용히 흘리겠습니다.

(1941년 5월 31일)

여기서 가장 인상적인 대목은 바로 4연인데, 예수 그리스도가 행복하다고 노래하고 있기 때문이다. 1941년은 1934년보다 훨씬 더 암울한 시대 상황이다. 그럼에도 불구하고, 윤동주에게 예수 그리스도는 행복한 분이시다. 물론, 여기서의 행복은 피상적인 단순한 행복이 아니다. 1934년도의 시(詩)에서 살펴보았던 것처럼, 눈물과 피를 흘리지만 춤을 통하여 승화시켜서 나오는 행복이라고 할 수 있다. 시대가 더 암울하고 암담하다고 하더라도, 역설적으로 춤을 통하여 승화되어 나오는 행복은 훨씬 더 커진다. 그러기에 예수 그리스도는 행복한 분이시다.

기존의 연구들 중에 이런 예수 그리스도의 모습을 숭고의 관점에서 파악한 흥미로운 분석이 있다.[21] 이 연구에서 유준은 다음과 같이 문학적으로 분석하는데, 이러한 분석은 철학적 연관성 또는 신학적 함의를 함께 지닌다.

> 숭고의 형식적 특질 중 가장 핵심적이라고 할 만한 모순적인 것들의 공존이나 전이라는 측면에서 고찰해 보자. 「십자가」에는 불쾌와 쾌의 감정이 공존한다. 그것은 비단 "괴로웠던"과 "행복한"이라는 시어가 이웃해 있음만을 근거로 해서 하는 말은 아니다. 앞서 논의했든 이 시 속에 드리워진 내러티브 전체가 그 혼란스런 이중감정의 바탕 위에서 전개되고 있으며, 시적 진술이 끝난 후에도 이는 종결되지 않는다. 라캉의 용어로 말해보면 상징계와 실재의 공존, 바르트의 용어로 말해보면 스투디움과 풍크툼의 공존이 이 시속에서 일어나고 있다. 이 공존에서 오는 혼란을 시인은 겸허하고도 정직하게 바라보고 받아들인다. 이는 일상적인 삶의 공간에서 대부분의 사람들, 하이데거의 용어를 빌려 '현존재'들이 심각한 고뇌와 응전의 태도를 생략한 채 손쉽게 상징계와 스투디움의 세계 속에서 안정을 얻으려는 것과는 대조되는 모습이다. 이 대조의 낙차가 숭고를 불러일으킨다.[22]

또한, 이 시(詩)에서 주목할 점은 예수 그리스도와 시적 화자의 관계다. 교회당 꼭대기 첨탑에 십자가가 있는데, 그 십자가는 예수 그리스도의 십자가이며, 이 십자가를 통하여 햇빛의 광명한 세계로 나아갈 수 있다.

---

21   유준, "숭고의 관점에서 바라본 윤동주의 시 – 「십자가」를 중심으로", 7-32.
22   같은 책, 20.

그런데, 이 십자가는 단지 예수 그리스도 자신의 십자가로만 한정되지 않고 있다. 우리 자신의 십자가가 되어야 한다. 그러나 처음에는 첨탑이 너무나 높기 때문에 시적 화자로서는 십자가까지 올라갈 엄두가 나지도 않는다. 사실 불가능하다. 당시 시대적인 암울함이 더욱 큰 상황 속에서 교회가 종까지 일제에 헌납하였기에 종소리가 전혀 나지 않는 절망의 상황이었다. 그러기에 첨탑은 더 높아 보이고 십자가는 우리와 더 멀어져 보인다. 사실상 그 십자가에 올라간다는 것은 불가능하다. 십자가를 지시는 분은 오직 예수 그리스도이시다. 우리 인간으로서는 도저히 십자가를 질 수 없다. 그러기에 인간인 우리는 십자가 밑의 주위를 맴돌며 서성거리고 휘파람도 불면서 괴로워한다.

그럼에도 불구하고, 시적 화자는 행복한 예수 그리스도에게서처럼 우리에게 십자가가 허락된다면, 피를 조용히 흘리겠다고 다짐을 한다. 예수 그리스도를 온전히 따른다고 장담을 할 수는 없지만, 그런 상황이 주어지더라도 목을 드리우며 피를 조용히 흘리겠다고 다짐한다. 여기서 윤동주의 기독론은 예수 그리스도에 관한 기독론일 뿐만 아니라, 그 예수를 따라가는 그리스도인의 삶에 관한 기독론이다. 즉 윤동주의 기독론에서는 예수 그리스도와 그를 따르는 인간의 삶이 긴밀하게 연결되어 있다. 긴밀하다고 하더라도, 인간이 예수 그리스도와 동일한 지위와 모습이 아니다. 인간은 예수 그리스도와는 전혀 다르기에 십자가에 제대로 도달할 수 없다. 그렇지만, 십자가를 지는 상황이 허락된다면, 행복한 예수 그리스도처럼 피를 흘리며 나아가고자 다짐할 수 있다.

3. 결론

위에서 살펴보았듯이, 윤동주의 시(詩)에서 드러나는 신학세계를 총체적으로 탐구하기 위한 연구작업의 일환으로 시도되는 이 논문은 그의 시(詩)에서 드러나는 예수 그리스도의 모습을 집중적으로 다루었다. 이를 위하여 그의 시(詩)에 대한 신학적 접근을 취하며, 특히 기독론적인 접근을 취하였다. 그리고 "예수 그리스도" 또는 "십자가"를 직접적으로 언급한 시(詩)들을 자료로 삼아 다루었다. 또한 이러한 단어들이 직접적으로 사용된 것은 아니지만 예수 그리스도 또는 십자가와 연관된 시(詩)들을 함께 다루었다. 구체적으로 1941년 5월 31일에 쓰인 「십자가」, 1934년 12월 24일에 쓰인 「초 한 대」, 그리고 1940년 12월에 쓰인 「팔복」을 중심으로 다루었다.

이 논문에서의 작업을 통하여 볼 때, 윤동주의 시(詩)에서 드러나는 예수 그리스도의 핵심적인 모습은 십자가에서의 고난과 죽음의 모습이지만, 그것을 춤으로 승화시킨 행복한 예수 그리스도의 모습이다. 이런 점에서 윤동주의 기독론은 예수 그리스도의 신성과 인성에 초점을 두는 형이상학적 기독론에 집중하지 않으며, 또한 신성에서 인성으로 나아가는 "위로부터의 기독론"(Christology from above)도 아니다. 오히려 "아래로부터의 기독론"(Christology from below)으로서 눈물과 피를 흘리시며 십자가에서의 고난과 죽음을 당하는 예수 그리스도에 집중한다. 이러한 기독론적 이해는 당시의 시대적 상황이 칠흑같이 어둡고 암울하였기 때문이었다. 시대적인 상황이 힘들면 힘들수록 예수 그리스도의 고난과 죽음에 대한 강조점이 많아진다고 할 수 있다.

본문에서 언급하였듯이, 20세기 중반 이후 신의 감동성이 현대신학에서 다루는 주요한 주제 가운데 하나가 되었다. 감동성은 근본적으로 십자가에 달리신 예수 그리스도의 고통이나 수난에 바탕을 둔다. 고난을 당하시는 예수 그리스도의 모습을 통해 하나님 자신이 바로 세상과 함께 아파하실 수 있는 분이심을 역설한다. 이런 점에서 예수 그리스도의 고난과 죽음은 현대신학에서 매우 중요한 위치를 차지한다. 윤동주의 시(詩)는 현대신학에서의 본격적인 논의보다 시기적으로 훨씬 더 앞선다. 그러기에 매우 중요한 의의를 지닌다. 다만, 그동안 윤동주의 시(詩)에 관한 신학적 연구가 많지 않았기에 앞으로 한국 신학계에서는 더 많이 논의될 필요가 있다.

그리고 윤동주의 시(詩)에 따르면, 예수 그리스도는 자신의 희생을 통하여 어두운 세계를 밝히시며 향내를 풍기시는 변화와 소망의 예수 그리스도시며, 고난과 죽음 자체를 춤으로 승화시키며 행복을 느끼는 예수 그리스도다. 그러기에 윤동주의 시(詩)는 앞으로의 소망을 제시한다. 다만 이러한 소망은 단순히 예수 그리스도의 부활에 대한 강조를 통해서가 아니라, 예수 그리스도의 십자가에서의 고난과 죽음에 대한 강조를 통해서 제시되고 있음이 특징적이다. 슬픔이 강조되어 영원한 슬픔을 노래하지만, 오히려 역설적으로 슬픔을 뚫고 들어가서 영원한 하나님을 만날 수 있음을 노래한다. 이러한 기독론은 슬픈 세계 속에서 슬픔을 당하고 있는 많은 이들에게 오히려 더욱 강력한 위로와 소망을 제시하여 줄 수 있기에 윤동주의 시(詩)에는 깊은 문학적인 감동과 울림이 흘러나온다고 할 수 있다.

또한 윤동주의 이러한 기독론은 우리 그리스도인들의 삶과 바로 연결된다. 즉 윤동주의 기독론은 기독교윤리와 매우 밀접한 관계에 있다. 기독론은 단순히 예수 그리스도에 관한 신학적인 논의로 끝나는 것이 아니다. 그렇다면 그러한 논의는 매우 사변적이고 공허한 것이다. 기독론은 예수 그리스도에 관한 논의를 하는 것이기에 그 예수 그리스도를 믿고 따라 사는 삶과 반드시 연결되어야 한다. 한국교회에 제기되는 많은 비판 가운데 하나는 예수를 믿는 것과 예수를 따르는 것이 분리되어 있다는 점이다. 예수 그리스도에 관한 성경 공부와 신학 공부는 많이 하지만 정작 예수 그리스도의 향기도 없고 모습도 없고 도리어 예수 그리스도의 삶과는 전혀 동떨어진 삶을 산다는 점이다. 이런 점에서 보자면, 윤동주의 시(詩)에서 드러나는 기독론은 한국교회에서 많이 묵상하고 실천해야 할 주제인 동시에 세계신학계에 소개하고 제시하여야 할 중요한 주제라고 할 수 있다.

이와 같은 점들을 고려하면, 윤동주의 시(詩)에서 드러나는 기독론은 신학 전체의 흐름에서 나름의 독특한 위치와 의의를 상당히 많이 지닌다고 보이는데, 여기에 관한 연구는 지면의 한계상 또 다른 작업을 필요로 한다.

참고문헌

권영민 엮음. 『윤동주 전집(100주년 스페셜 에디션)』. 서울: 문학사상, 2017.

김응교. "예견되는 헌신의 삶 – 윤동주의 첫시 〈초 한 대〉", 「기독교사상」 651(2013년 3월): 150-161.

_____. 『처럼 – 시로 만나는 윤동주』. 파주: 문학동네, 2016.

_____. "'처럼'의 현상학 –『십자가』와 스플랑크니조마이", 「기독교사상」 668(2014년 8월): 158-170.

_____. "단독자, 키에르케고르와 윤동주 –「길」,「간」", 「기독교사상」 670(2014년 10월): 166-178.

_____. "한국현대시에 나타난 기독교의 구원의식 – 윤동주, 김현승 시를 중심으로", 「문학과 종교」 9-1(2004): 27-52.

김재진. "윤동주 시상에 담겨진 신학적 특성"「제11회 윤동주기념강좌 자료집(윤동주기념사업회)」(2006년 6월 1일, 연세대학교 신학관 예배실), 1-26.

_____. "윤동주 시상에 담겨진 신학적 특성", 「신학사상」 136(2007): 131-171.

김형태. "윤동주 시의 신정론적 의미 연구", 「청람어문교육」 54(2015년 6월): 161-207.

_____. "Christian Ideology in Yoon Dongjoo's Poetry,"「동북아시아문화학회 국제학술대회 발표자료집」(2004년 11월): 115-122.

다고 기치로 지음. 이은정 옮김.『생명의 시인 윤동주 – 모든 죽어가는 것이 시가 되기까지』. 파주: 한울, 2018.

류양선.『윤동주 순결한 영혼』. 서울: 북페리타, 2015.

_____. "윤동주의 시에 나타난 기독교 신앙 –「십자가」를 중심으로", 「한국시학연

구」 31(2011년 8월): 141-168.

밀리오리, 다니엘 지음. 신옥수·백충현 옮김. 『이해를 추구하는 신앙 - 기독교 조직
　　신학 개론(개정3판)』. 서울: 새물결플러스, 2016.

배지연. "윤동주 십자가에 나타난 실존적 자기실현", 「신앙과 학문」 22-4(2017):
　　105-128.

백충현. "윤동주의 시(詩)에서 드러나는 신학세계 - 하나의 신학적 분석", 「한국조직
　　신학논총」 54(2019년 3월): 97-130.

_____. "윤동주의 신(神)론 - 그의 시(詩)에서 드러나는 하나님", 「신학사상」
　　189(2020년 여름): 255-278.

서굉일. "북간도 기독교인들의 민족운동 연구(II)", 「신학사상」 34(1981): 592-671.

손종호. "윤동주 시의 기독교의식", 「Comparative Korean Studies」 16-1(2008): 279-
　　308.

손호현. "윤동주와 슬픔의 신학 - 「팔복」에 드러나는 신정론을 중심으로", 「신학논
　　단」 81(2015년 9월): 107-138.

신익호. "현대시에 나타난 기독교적 메시아 사상 - 윤동주·박두진의 시를 중심으
　　로", 「국제어문」 21(2000): 61-74.

유준. "숭고의 관점에서 바라본 윤동주의 시 - 「십자가」를 중심으로", 「한국문예비
　　평연구」 52(2016년 12월): 7-32.

윤동주. 『하늘과 바람과 별과 詩(1955년 증보판 오리지널 디자인)』. 인천: 소와다리,
　　2016.

이남호. 『윤동주 시의 이해』. 서울: 고려대학교출판부, 2014.

이복규 엮음. 『윤동주 시전집(육필원고 원본대조)』. 서울: 지식과 교양, 2016.

이상옥. "윤동주 시에 나타난 죄의식", 「한국문예비평연구」 44(2014): 87-108.

이은애. "윤동주 시에 나타난 '영성 세계'의 순례-'어머니'에서 '그리스도'에로 혹
　　은 '그리움'에서 '사랑'에로 이르는 길", 「한국문예비평연구」 64(2019): 117-
　　159.

임영천. "윤동주의 시 세계와 기독교적 종말관 - 「십자가」와 「새벽이 올 때까지」를
　　중심으로", 「비평문학」 15(2001년 7월): 300-311.

정경은. "신앙과 삶과 문학의 길항: 윤동주의 신앙시를 중심으로", 「선교와 신학」 48(2018년 10월): 359-385.

_____. "윤동주가 삶으로 보여주었던 예수", 「기독교사상」 707(2017년 11월): 188-198.

정은경. "윤동주 시와 슬픔의 미학", 「한국문학이론과 비평」 43(2009년 6월): 103-135.

조재수. 『윤동주 시어사전 - 그 시 언어와 표현』. 서울: 연세대학교출판부, 2005.

차정식. "별의 시학 별의 신학 - 윤동주에서 이성복까지", 「기독교사상」 52-1(2008년 1월): 218-237.

_____. "한국 현대시에 투영된 예수의 초상", 「한국기독교신학논총」 79-1(2012년 1월): 207-250.

최명환. "윤동주의 「십자가」 분석", 「국제어문」 21(2000): 45-59.

한수영. "윤동주 시에 나타난 '하늘'의 형이상학", 「비평문학」 36(2010년 6월): 343-364.

한영자. "윤동주 시의 기독교적 생명의식 연구", 「새얼어문논집」 16(2004): 109-132.

한강희. "일제하 북간도 명동학교의 교과서에 나타난 민족주의와 근대 국가 개념", 「신학사상」 184(2019년 봄): 35-61.

허소라. "다시 읽는 기독교 명시 - 윤동주의 십자가", 「활천」 580-3(2002년 3월): 78-79.

삼위일체중심주의 기독론

예수 그리스도의 현대적 의미

Copyright ⓒ 백충현 2025

1쇄 발행 2025년 2월 20일

지은이   백충현
펴낸이   김요한
펴낸곳   새물결플러스

편 집   왕희광 정인철 노재현 이형일 나유영 노동래
디자인   황진주 김은경
마케팅   박성민
총 무   김명화 이성순
영 상   최정호
아카데미 차상희

홈페이지 www.holywaveplus.com
이메일   hwpbooks@hwpbooks.com
출판등록 2008년 8월 21일 제2008-24호
주 소   (우) 04114 서울시 마포구 신촌로28가길 29
전 화   02) 2652-3161
팩 스   02) 2652-3191

ISBN 979-11-6129-296-0 93230

책값은 뒤표지에 있습니다.